KB068245

혁신의 시간

스스로_파괴하지_않으면_파괴당한다

혁신의 시간

김영배·정구현 외 지음

Disrupt or be Disrupted

RHK
알에이치코리아

혁신 기업이 한국 경제의 미래다

최근의 경영 환경은 '복합 전환기'라 할 수 있다. 경제 위기, 기술 혁신, 지정학적 변화가 동시에 진행되면서 매우 복잡다단한 양상을 보인다. 세계경제는 6년 넘게 불황이 계속되고 있으며 본격적인 장기 침체기에 들어섰다는 주장도 나온다. 모바일 혁명으로 경제와 사회의 운영 방식이 근본적으로 바뀌고 인공지능과 같은 기술변화는 더 큰 패러다임의 전환을 예고한다. 여기에 중국 경제의 급성장은 여러 산업의 판도를 바꾸면서 지정학적 변화까지 야기할 것으로 보인다. 이처럼 급변하는 경영 환경에서 기업은 어떤 전략을 세워야 할까?

지금과 같은 대전환의 시기는 1990년 전후에도 있었다. 구소련 붕

괴와 냉전 종식, 자유민주주의와 시장경제의 확산, 디지털 혁명의 가속화, 유럽 단일 시장 출범 등 엄청난 변화가 동시다발적으로 일어났다. 한국은 이때 글로벌화와 디지털화라는 두 가지 큰 흐름에 성공적으로 올라탔다. 그 결과 현재 일인당 국내총생산GDP 3만 달러에 가까운 선진국으로 발전했고 삼성전자와 현대자동차 같은 기업을 글로벌 기업의 반열에 올려놓았다.

1990년 전후 대변화의 핵심은 지정학적 변화였다. 냉전시대의 양대 진영 중 하나인 소련이 무너지면서 공산주의와 계획경제가 막을 내리고 세계 정치와 경제의 판이 근본적으로 바뀌었다. 이런 지정학적 변화는 세계 각국의 정치 경제 제도의 변화를 촉발했고 그 이후 25년간 세계는 민주주의와 시장경제가 지배했다.

대전환의 시대 어떻게 생존할 것인가

그렇다면 2016년 전후부터 시작될 대변화의 기폭제는 무엇일까? 우선 지정학적 변화는 아닐 것이다. 지난 25년간 G2로 부상한 중국은 막강한 자금력을 바탕으로 세계경제에 영향력을 행사하고 있다. 그러나 중국이 미국을 제치고 세계 패권국가의 위치를 차지하기는 당분간 어려울 것으로 보인다. 국력은 경제 규모만으로 결정되지 않기 때문이다. 현재 일어나는 대전환의 핵심은 기술 혁신이다. 정보통신 분야에서 대변화가 일어나고 있으며 로봇과 무인자동차를 비롯한 기계,

소재, 3D프린팅, 에너지, 바이오 분야에서도 대대적인 기술 혁신이 진행되고 있다. 이 같은 기술 혁신은 거의 모든 산업과 기업은 물론 국가 경제와 안보에도 영향을 미칠 것으로 보인다.

지금과 같은 복합 전환기에 한국 기업은 다음의 다섯 가지 대변화에 주목해야 한다.

첫째로 한국 경제의 저성장과 저물가의 고착화다. 생산가능인구 감소, 자본의 한계생산성 감소, 고비용 구조로 인해 한국 경제는 당분간 3퍼센트 내외의 성장과 1퍼센트 내외의 물가상승에서 벗어나지 못할 것으로 보인다. 나아가 2020년대에는 2퍼센트대 성장과 0퍼센트대 물가상승이 일반화될 가능성이 크다. 이로 인해 소득 증가세가 멈추고 가계 경제가 정체되면 개인의 합리적이고 가치지향적인 소비가 이루어질 것으로 보인다.

둘째로 온라인과 모바일화의 가속화다. 쇼핑과 구매가 온라인화되면서 기업 마케팅과 산업 구조가 변화하고 이에 따라 소비자는 온라인과 오프라인을 넘나들며 새로운 가치를 찾아나설 것이다.

셋째로 다각화와 포트폴리오에 대한 개념 변화다. 전통적인 경영 교과서들은 기업이 다각화해도 기존 사업과의 시너지 창출이 필수적이라 말한다. 다각화된 기업의 공통 자산이나 노하우를 공유해야 기업 전체의 성과가 좋아진다는 주장이다. 그러나 이제 공유하는 자산이나 노하우가 달라지면서 정보가 시너지 창출의 원천이 되고 있다. 인터넷 기업은 고객과 지역 그리고 사물에 관한 빅데이터를 활용해 새로운 사업을 구상하기 시작했다. 산업의 경계가 무너지고 있는 것이다.

넷째로 정보화로 인한 독점의 가속화다. 네트워크 효과에 따라 보다 많은 가입자를 확보한 기업이 경쟁에서 유리하게 된다. 남보다 먼저 플랫폼을 구축해 시장을 선점한 기업이 경쟁에서 유리한 위치를 차지하는 것이다. 그 결과 더 이상 기업의 내부 투자와 성장만으로 시장을 선점하기 어렵고 민첩한 초기 대응이 필수적이다. 독립적인 기업들은 네트워크나 전략적 제휴를 통해 네트워크를 구축하거나 혹은 과감한 인수합병을 통해 기업 역량을 집중해야 한다. 기업 경영에서 속도와 전략적 기민성이 더욱 중요해진 것이다.

다섯째로 갈수록 치열해지는 내수시장 확보 경쟁이다. 내수시장을 선점해 글로벌 기업 반열에 오른다면 경쟁에서 매우 유리한 위치를 점할 수 있다. 미국 기업은 오래전부터 이런 우위를 누려왔으며 최근 중국 기업도 이 대열에 동참하고 있다. 중국의 인터넷 사용자 수와 스마트폰 사용자 수는 각각 6억 명과 5억 명에 이른다. 인터넷 사용자와 스마트 사용자의 급속한 확산으로 미국과 중국에 본사를 둔 기업들은 더욱 유리한 위치에 서게 될 가능성이 크다. 상대적으로 내수시장이 정체되어 있는 한국 기업들은 이 두 시장과 어떻게 손을 잡을 것인가를 중요한 과제로 삼아야 한다.

한계에 직면한 재벌기업 중심 산업 구조

이런 경영 환경의 변화는 한국 기업이 그동안 추구해온 전략과 경영 방식을 냉정하게 돌아보게 한다. 한국 기업이 처한 현실은 그다지 밝지 않다. 가장 큰 원인은 세계적인 저성장 흐름이지만 전자, 석유화학, 자동차, 조선 등 대표 산업의 경쟁력 저하에서 비롯된 내부의 위기가 국가 경제 전반을 뒤흔들고 있다. 그동안 한국 기업은 중국시장에 부품, 소재, 기술을 제공하며 성장해왔으나 이제 전세가 역전돼 중국 기업이 한국 기업을 앞지르는 일이 잦다. 한국 기업은 글로벌 시장에서 중국 기업을 막강한 경쟁자로 맞이하게 됐다.

한국은 1970년대 이후 경제성장을 주도해온 재벌기업 중심의 산업구조가 한계를 드러내고 있다. 외국 제품과 기술의 발 빠른 모방을 통한 비관련다각화는 더 이상 힘을 발휘하지 못하게 됐고 재벌기업들은 단기적인 재무 성과에만 매달린 나머지 창조와 혁신을 주도하지 못하기 때문이다. 창조와 혁신을 기치로 새로운 성장 전략을 도모하는 정부 역시 아직까지 가시적인 성과를 보여주지 못하고 있다.

경제 발전의 초기에 한국 대기업은 미비한 시장 여건을 극복하기 위해 노동이나 자본시장을 내부화했다. 자본, 기술, 인력 등을 보유한 재벌기업들은 이를 기반으로 외국 기업과 전략적 제휴를 맺으며 다각화하거나 혹은 혁신함으로써 경쟁우위를 확보해왔다. 그러나 1990년대 후반부터 한국 기업의 경영 환경이 개선되면서 재벌기업의 존재가 국가 경제 전체의 혁신 활동에 부정적인 영향을 미치기 시작했다. 과거에는 재벌기업이 자원시장의 내부화를 통해 수직적 통합과 비관련다각화로 경쟁력을 높이고 진입장벽을 구축함으로써 강력한 시장 지배력을 확보할 수 있었다. 그러나 이런 재벌기업의 전략은 수직적이고 폐쇄적인 산업 생태계를 구축함으로써 혁신에 필요한 자원을 독점하는 상황을 야기했고, 벤처기업 등 독립적인 혁신 기업의 출현을 저해해 산업 전체의 혁신 활동을 감소시키는 결과를 가져왔다.

이 같은 재벌기업 중심의 산업 구조는 강소기업의 출현과 성장을 가로막는 걸림돌로 작용했다. 자본과 인력 등 중요한 자원이 대기업에 몰려 있고, 대다수 주요 산업들을 대기업이 장악하고 있는 현실에서는 중소벤처기업의 약 60~70퍼센트가 기업간거래B2B에 종사하며 대기업 혹은 대기업 협력업체에 제품을 납품하는 구조에서 벗어날 수 없다. 대기업과 공급업체 간의 수직적, 폐쇄적 관계는 한편으로 중소벤처기업에게 사업 기회를 제공하지만 다른 한편으로 글로벌 경쟁력을 갖춘 히든챔피언으로 성장하는 데 한계를 갖게 한다.

중소벤처기업의 기술과 제품 경쟁력이 세계 최고 수준에 미치지 못하고 사업의 국제화를 선도할 수 있는 역량이 부족하다는 점도 성장의 한계로 작용한다. 따라서 정부가 창조와 혁신을 기치로 내걸고 새로운 성장 전략을 도모하더라도 현재의 산업 생태계와 중소중견기업의 역량으로는 가시적인 성과를 내기가 쉽지 않아 보인다.

새로운 성장동력 확보를 위한 혁신 절실

한국 경제가 선진국 수준으로 재도약하기 위해서는 그동안의 성공 방식에서 벗어나 새로운 성장동력으로서 혁신 기업 육성과 기업 생태계 재정립이 필요하다. 21세기 경제성장의 원동력은 혁신적인 기업 활동에서 나온다. 그러므로 이 책은 한국 기업의 혁신을 활성화할 수 있는 전략을 제시하는 데 초점을 맞추고자 한다. 재벌기업의 구조조정을 통한 혁신 성과의 제고와 함께 독립적인 기업의 혁신 활성화를 추구하는 양면 전략을 통해 한국 경제의 활로를 모색한다. 이를 통해 향후 한국 경제를 선도할 혁신 기업에 대한 청사진을 제시하고, 새로운 성공 모델을 보여주는 기업의 사례를 소개함으로써 기존 재벌기업의 구조조정뿐 아니라 떠오르는 중소중견기업의 혁신 전략에 대한 시사점도 제공하고자 한다.

이 책에서 자주 사용하는 용어인 혁신은 '창의적인 경영 방식을 통해 글로벌 경쟁력과 경제적 성과를 가져오는 모든 변화'로 폭넓게 정의하고자 한다. 여기서 창의란 새롭고$_{novel}$ 유용한$_{useful}$ 아이디어를 의미한다. 따라서 혁신은 새롭고 유용한 아이디어를 실행함으로써 경제적 성과를 가져다주는 모든 활동이라 할 수 있다. 이는 연구개발$_{R\&D}$ 투자를 통한 기술 혁신에 초점을 맞추는 협의의 혁신에서 벗어나 글로벌 경쟁력 향상과 경제적 성과 창출을 담보할 수 있는 기업 활동 전반에 걸친 새로운 변화의 실행을 말한다.

이 책에서는 혁신을 크게 전략적 혁신, 기능적 혁신, 조직 인프라 혁신, 기업 생태계 혁신으로 분류한다. 사업 영역, 가치 창출과 확보 방식의 혁신을 의미하는 전략적 혁신은 사업 포트폴리오 혁신, 국제화 혁신, 비즈니스 모델의 혁신을 다룬다. 경쟁 방식의 혁신을 의미하는 기능적 혁신은 마케팅 혁신과 기술 혁신을 포함한다. 조직 인프라 혁신은 혁신의 주체인 구성원을 관리하고 동기를 부여하는 조직관리 및 인적자원관리 혁신과 CEO의 리더십 혁신을 고려한다. 마지막으로 기업 생태계 혁신은 개별 기업의 범위를 벗어나 산업 차원에서 혁신 기업의 탄생과 성장을 이끌어내고 촉진할 수 있는 외부 경영자원 환경과 기업 생태계 환경변화를 다룬다.

이 책에서 혁신 기업을 4개 분야 아홉 가지 혁신으로 분류한 데는 이유가 있다. 현재 한국 기업들은 대기업과 중소중견기업으로 구분된다. 대기업, 특히 재벌기업 문제는 그동안 비관련다각화로 인한 경쟁력 약화와 신규사업 성과 부진 등을 들 수 있으며, 중소중견기업 문제

혁신 기업 분석 프레임워크 ‖‖‖

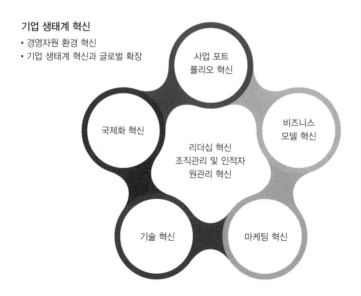

기업 생태계 혁신
• 경영자원 환경 혁신
• 기업 생태계 혁신과 글로벌 확장

사업 포트
폴리오 혁신

국제화 혁신

리더십 혁신
조직관리 및 인적자
원관리 혁신

비즈니스
모델 혁신

기술 혁신

마케팅 혁신

는 기술을 포함한 경영 역량과 국제화 미흡을 지적할 수 있다. 이런 문제를 해결하기 위해서는 사업 포트폴리오와 국제화 그리고 비즈니스 모델 같은 사업 영역 설정과 경쟁력 강화를 위한 혁신이 필요하다.

주어진 사업 영역에서 경쟁우위를 가져다줄 경영자원 및 역량 확보 과정에서는 기술 혁신과 마케팅 혁신이 가장 중요한 요인이 될 것이다. 한편 이런 전략적 혁신과 기능적 혁신을 가능하게 하려면 조직관리 및 인적자원관리 시스템 혁신과 CEO의 리더십 혁신이 필요하다. 아울러 기업 생태계 혁신도 필요한데 구체적으로는 경영자원 환경 혁신과 글로벌 확장 전략 차원에서 기업 생태계의 변화와 혁신이 시급히 요구되고 있다.

책의 구성

이 책은 혁신에 관한 연구 결과를 토대로 실무적인 시사점을 제공하는 데 초점을 맞추고 있다. 각 장은 주제와 관련해 한국 기업의 당면 과제를 제시하고 그 배경이 되는 이론과 주장을 기술했다. 이를 바탕으로 국내외 혁신 기업 사례를 소개함으로써 이론과 현실이 어떻게 연계되고 있는지 보여준다. 이 책에 소개되는 혁신 기업은 완벽한 모범 사례라고 할 수 없지만 한국 기업이 어떻게 혁신하는 것이 바람직한지 단초를 제공하는 데는 부족함이 없을 것이다. 각 장의 마지막에는 개인, 기업 그리고 정부에게 의미 있는 혁신에 관한 시사점을 제시했다.

비즈니스 모델 혁신을 다루는 1장은 비즈니스 모델이란 무엇이며 왜 중요한지 분석한 뒤, 비즈니스 모델 혁신을 통해 글로벌 경쟁력을 갖추고 경제적 성과를 올리는 해외 기업의 사례와 함께 한국의 코웨이와 골프존 사례를 살펴본다. 이들 사례를 통해 장수하는 혁신 기업이 되기 위한 비결과 과제를 제시한다.

2장은 기능적 혁신의 하나로 마케팅을 다룬다. 그동안 한국은 질 좋은 제품을 저렴하게 제공하는 것이 중요했던 마케팅 1.0 시대에서, 고객을 세분화하여 각 시장에 맞는 마케팅 믹스를 구사하는 것이 강조됐던 마케팅 2.0 시대를 거쳐 왔다. 그리고 이제 경제적 가치뿐 아니라 사회적 가치를 창출하는 마케팅 3.0 시대를 맞이하고 있다. 여기서는 한국 기업들이 어떻게 마케팅 혁신을 추진해야 하는지 알아보고 성공적인 마케팅 혁신을 위해서는 어떤 역량과 변화가 필요한지 배달의민족, 네이버 라인, 카카오 사례를 통해 탐색한다.

3장은 기술 혁신을 다룬다. 이제까지 한국 기업, 특히 중소중견기업은 대부분 선진기업의 기술과 제품을 더 싸게, 더 좋게, 더 빨리 모방하는 데 몰두해왔다. 그러나 갈수록 중국 등 후발국의 추격이 거세지고 선진국의 기술 유출 견제도 심해져 이제 모방이 아닌 창의적 기술 개발을 통한 글로벌 경쟁력 향상과 경제적 성과 창출이 절실하다. 여기서는 아모텍과 아이센스 등 글로벌 강소기업으로 성장한 기업들의 사례를 통해 성공적인 기술 혁신 전략과 이를 가능하게 한 경영 방식을 알아보고, 중소중견기업들이 기술 혁신을 통해 글로벌 기업으로 도약할 수 있는 실천 방안을 모색해본다.

4장은 리더십 혁신을 주제로 변화와 혁신을 지휘하는 CEO의 리더십을 다룬다. 세계적 혁신 기업에는 거의 예외 없이 CEO의 리더십이 존재한다. 과거 한국 재벌기업에도 전설적인 창업자가 있었다. 여기서는 CEO가 변화에 대한 구성원의 저항을 극복하고 성공적인 혁신을 도모하는 데 필요한 논리적 틀을 소개한다. 그리고 최근 급성장한 현대카드 사례를 통해 혁신 기업이 되려면 CEO가 어떤 리더십을 발휘해야 하는지 살펴본다.

5장은 조직관리 및 인적자원관리 혁신을 주제로 구성원에게 제공해야 할 조직 환경을 다룬다. 창의적인 혁신성을 강조하는 조직이 운영 효율성을 강조하는 조직과 어떻게 다른지 비교해보고, 이 두 가지를 균형 있게 관리하는 방안으로 양손잡이 조직을 소개한다. 마이다스아이티와 고영테크놀로지 사례를 살펴보면서 구성원의 자발적인 혁신을 이끌어내기 위해 조직 환경을 어떻게 조성해야 하는지 모색한다.

6장은 사업 포트폴리오 혁신을 주제로 재벌기업이 비관련다각화 사업 구조에서 벗어나 경쟁력 있는 사업 구조로 변신하는 데 필요한 전략을 다룬다. 기업 혁신은 중소중견기업 같은 독립적인 기업뿐 아니라 기존 재벌기업의 변신을 통해서도 가능하다. 여기서는 기업의 구조조정 전략에 대한 최신 이론을 소개하고, 아모레퍼시픽그룹과 두산그룹의 사례를 살펴보면서 재벌기업이 사업 구조를 개선하고 글로벌 경쟁력을 확보하는 전략을 고민한다.

7장은 국제화 혁신을 주제로 인력과 자원이 부족한 중소중견기업이 해외시장을 개척하고 해외 자원을 활용할 수 있는 방법을 모색한다.

중소중견기업이 어떻게 해외시장을 학습하고 외부 네트워크를 통해 필요한 역량을 확보할 수 있는지 휴맥스와 송원산업의 사례에서 답을 찾는다.

8장은 경영자원 환경 측면에서 미국과 달리 한국은 왜 우수한 인재들이 창업보다 대기업을 선호하는지에 대한 의문으로 시작한다. 무엇이 미국 명문대학의 우수한 인재들을 창업에 도전하도록 자극하는지 살펴보고 한국에는 이런 활동이 이루어지지 않는 이유를 고민한다. 골프존의 사례를 통해 우수한 인재와 자본을 신생기업 창업이나 중소중견기업으로 유인하기 위한 정책과 전략을 모색한다.

9장은 한국 기업의 바람직한 산업 생태계 조성과 글로벌 확장을 위한 혁신 방안을 모색한다. 21세기 기업의 새로운 경쟁력 원천으로서 신뢰를 기반으로 한 개방적, 협력적, 수평적 생태계의 중요성을 강조하고 한국 기업 생태계의 특징을 분석한 뒤 이로 인해 발생하는 문제를 살펴본다. 이를 해결하기 위한 대안으로서 새로운 기업 생태계를 모색하고 포스코와 이랜드의 사례를 통해 기업 간 새로운 생태계 전략에 대해서도 고민한다.

발문에서는 이를 종합해 한국 기업이 글로벌 경쟁력을 확보하기 위한 구체적인 시사점을 도출하고 기업 전략뿐 아니라 정부 정책에도 변화가 필요하다는 사실을 제안한다.

차
___
례

서문   혁신 기업이 한국 경제의 미래다_ 김영배, 정구현   4

1장   현재의 성공을 파괴하라
비즈니스 모델_ 박대순, 신현암   21
- -
비즈니스 모델이란 무엇인가 | 비즈니스 모델에 대한 CEO들의 관심 증가 |
방문판매에서 페이프리로, 코웨이의 도약 | 제품을 넘어 서비스로 진화한
골프존 | 성과 본격화되면 다음 단계 모델 구상해야

2장   플랫폼 비즈니스로 진화하라
마케팅 전략_ 김용준   45
- -
마케팅 3.0 시대의 생존 전략 | O2O 배달 서비스 플랫폼 배달의민족 | 모바
일 라이프 플랫폼 카카오 | 모바일 콘텐츠 플랫폼 네이버 라인 | 개방과 공
유로 가치 창출 | 정보통신기술 개발과 개방형 혁신

3장 공개하고 공유하라

기술 개발_ 이병헌   63

중소기업의 성장 경로 | 대기업과의 기술 협력에 성공한 아모텍 | 실험실 벤처기업 아이센스의 산학 협력 | 성공적인 기술 혁신을 위한 전략 | 자유로운 조직문화와 CEO 리더십 필수

4장 혁신적 리더, 무엇을 하는가

CEO 리더십_ 이홍   81

과거를 끊고 새 길로 들어선다는 것 | 현대카드의 새로운 경로 창조 | 기존 경로를 깨고 새 경로를 찾다

5장 효율과 혁신, 두 마리 토끼를 잡아라

조직 운영과 인적자원관리_ 김영배   105

추격자에서 선도자로 | 효율이냐 혁신이냐 | 관계와 자율을 중시하는 조직이 성과가 높다 | 마이다스아이티의 자연주의 인본 경영 | 고영테크놀러지의 그룹 지니어스 프로그램 | 어떻게 사람과 조직을 관리할 것인가

6장

선택과 집중해야 살아남는다

사업 포트폴리오_ 김성민, 홍덕표, 허진   129

사업 다각화에 따른 성과와 혁신 | 사업 포트폴리오 혁신을 위한 전략 | 사업 구조조정을 위한 인수합병 시 고려사항 | 핵심사업에 집중한 아모레퍼시픽그룹 | 본업을 버리고 큰 위기에 대비한 두산그룹 | 강력한 리더십과 체계적인 준비 필요

7장

세계를 기업으로 끌어들여라

국제화_ 이중우, 박영렬   165

시장 세분화와 제품 다각화 추구 | 휴맥스의 디지털 위성방송 시장 개척기 | 송원산업의 해외 인재 유치와 고객밀착서비스 | 기술 개발과 네트워크 구축이 관건 | 자원 제약을 어떻게 극복할 것인가

8장

미래를 이끌 인재와 자본을 유치하라

경영자원 환경_ 신현한   195

미국 명문대생들의 창업 활동 증가 | 티치포아메리카의 인재 유치 전략 | 스톡옵션과 현금 보상 | 인재와 자금의 결합이 낳은 골프존의 성공 | 차등의결권제도 도입이 낳은 한미 차이 | 크라우드펀딩 | 인재 있는 곳에 자본 몰린다

9장

지속 가능한 생태계를 찾아서

기업 생태계_ 정구현, 김경찬, 김창도   223

공생하고 공진하는 네트워크 시대 | 애플의 경쟁력, 3차원 기업특유우위 |
조직과 시장의 중간 형태로서 네트워크 | 한국 기업과 기업 생태계의 특징 |
포스코의 협업적인 기업 생태계 구축 | 이랜드의 해외 기업 생태계와의 연
결 | 강건한 기업 생태계의 속성 | 개방적이고 협력적인 네트워크 구축

발문	파괴당하기 전에 스스로 파괴하라_ 정구현, 김영배	257
주		288
필진 소개		300

1장

현재의 성공을
파괴하라

비즈니스 모델

진화론을 창시한 찰스 다윈은 "가장 강한 종이나 가장 똑똑한 종이 아
니라 변화에 가장 잘 적응하는 종이 살아남는다"고 했다. 비즈니스 생
태계도 끊임없이 변화하고 이에 적응하는 기업만이 생존하고 성장한
다. 한때 글로벌 1위의 위상을 자랑하던 소니, 노키아, 닌텐도 등이 급
락하는 데는 그리 오랜 시간이 걸리지 않았다.

글로벌 시장의 경쟁 패러다임은 1960~70년대에는 '더 싸게cheaper',
1980~90년대에는 '더 좋게better'에서 2000년대 이후에는 '남과 다르
게different'로 바뀌었다. 원가에서 품질로, 품질에서 비즈니스 모델로
변해온 것이다. 이는 원가와 품질이 더 이상 중요하지 않다는 뜻이 아

니라 원가와 품질만으로는 충분하지 않다는 것을 의미한다. 비즈니스 모델이라는 더 큰 관점에서 사업과 경영을 하는 것이 강조되고 있음을 뜻하는 것이다.

오늘날은 기술 자체만으로는 고객을 위한 가치를 창출하지 못하고 제품 자체만으로는 기업을 위한 가치를 획득하지 못한다. 기술은 제품을 통해 고객을 위한 가치를 창출하고 제품은 비즈니스 모델을 통해 기업을 위한 가치를 획득한다. 이제 동일한 기술과 제품에 대해서도 다양한 비즈니스 모델로 사업을 전개하는 것이 가능해졌다. 즉 어떤 비즈니스 모델을 선택하느냐에 따라 성과에도 커다란 차이가 나는 것이다.

래리 페이지Larry Page와 세르게이 브린Sergey Brin은 페이지랭크 PageRank 라는 새로운 검색 알고리즘을 개발해 1998년에 구글을 설립했다. 이들은 기존의 포털과는 달리 첫 화면에 검색창만 있는 무료 검색 서비스와 키워드 경매 방식의 수익 모델을 개발했다. 그때 두 사람이 단순히 기술을 라이센싱했거나 검색 서비스를 유료로 제공했다면 지금의 구글은 탄생하지 않았을 것이다.

비즈니스 모델이란 무엇인가

비즈니스 모델이라 하면 많은 사람들이 수익 모델, 즉 어떻게 수익을 창출하는가에 관한 것이라 생각한다. 그러나 비즈니스에 대한 모든 생각이 수익 창출에만 국한되면, 혁신과 창조를 위한 폭넓은 사고가 제약받게 된다. 비즈니스 모델은 수익 창출을 포함해 시장과 경영의 관점에서 좀 더 폭넓게 비즈니스를 보고자 하는 것이다.

비즈니스 모델에 대한 베스트셀러인《비즈니스 모델의 탄생Business Model Generation》은 비즈니스 모델을 '조직이 가치를 창출하고 전달하고 획득하는 원리'라고 정의한 바 있다. 풀어 설명하자면 비즈니스 모델은 고객에게 제공하는 가치, 가치를 전달하는 활동, 수익을 창출하는 구조의 통합 시스템을 의미한다. 따라서 비즈니스 모델 혁신은 조직이 더 큰 가치를 창출하고 전달하고 획득하기 위해 기존 사업의 비즈니스 모델을 재편하거나 혹은 신규사업의 비즈니스 모델을 개발하는 일련의 접근 방법이라 정의할 수 있다.

비즈니스 모델에 대한 학계와 재계의 관심이 높아지면서 그에 관한 이론적 틀도 수십 가지가 넘게 제시되고 있다. 그중 마이클 포터Michael Porter가 1985년에 제시한 가치사슬분석Value Chain Analysis이 비즈니스 모델에 관한 최초의 이론으로 인정받고 있다. 콘스탄티노스 마르키데스Constantinos Markides가 1997년에 제시한 전략 포지셔닝 맵Strategic Positioning Map이 비즈니스 모델의 핵심 구성 요소를 체계화했고, 김위찬이 2005년에 제시한 전략 캔버스Strategy Canvas가 비즈니스 모델에 관한 관심을 고취시켰다. 알렉산더 오스터왈더Alexander Osterwalder가 2010년에 제시한 비즈니스 모델 캔버스Business Model Canvas는 비즈니스 모델에 관한 실무적 방법론을 체계화함으로써 이정표적 모델로 인정받고 있다. 이 책에서는 현재 전 세계적으로 가장 널리 사용되고 있는 비즈

그림 1-1 | 비즈니스 모델 캔버스 ||||||||||||||||||||||||||||||||||||||||||||||||||||

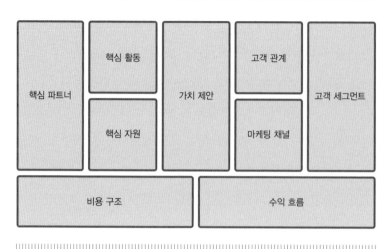

||||||||||||||||||||||||||||||||||||||||||||||||||||||||||||||||||||||||||||||||||||||||||||

니스 모델 캔버스를 연구의 틀로 적용한다. 비즈니스 모델 캔버스의 전체 구조와 개별 요소를 좀 더 자세히 살펴보자.

비즈니스 모델 캔버스는 조직이 가치를 창출하고 전달하고 획득하는 통합 시스템을 아홉 가지 요소로 구성된 캔버스로 설명하는 모델이다. 비즈니스 모델 혁신을 위해서는 이 같은 아홉 가지 요소를 개별적으로 혁신하는 것도 중요하지만, 본질적으로는 이런 요소들이 상호 간에 정합성을 확보하고 시너지를 창출할 수 있도록 설계하는 것이 더 중요하다.

아홉 가지 요소를 간단하게 정리하면 다음과 같다.

- **고객 세그먼트**: 상이한 유형의 사람이나 조직 중 선정한 하나 혹은

복수의 목표 고객을 말한다. 매스마켓과 니치마켓, B2B와 B2C, 직접 고객과 간접 고객 등과 같은 다양한 유형으로 구분할 수 있다.

- **가치 제안**: 특정한 고객 세그먼트가 필요로 하는 가치를 창출하기 위한 상품과 서비스의 조합을 말한다. 기능적 가치(가령 고성능 저가격), 사회적 가치(가령 브랜드 이미지), 감정적 가치(가령 패션 디자인) 등 다양한 요소를 포함하지만 특히 기업의 관점에서 '무엇을 파는가'가 아니라 고객의 관점에서 '왜 사는가'를 명확히 인식하는 것이 중요하다. "우리 제품은 다른 것보다 두 배나 빠릅니다"가 아니라 "우리 제품은 고객의 시간과 비용을 50퍼센트 줄여줍니다"가 되어야 한다.

- **마케팅 채널**: 고객 세그먼트에게 가치를 제안하기 위해 커뮤니케이션하며 상품과 서비스를 주문하고 전달하는 경로를 말한다. 의사소통을 위한 채널(가령 매스미디어 광고)과 판매 및 유통을 위한 채널(가령 오프라인 매장과 온라인 쇼핑몰)을 포함하지만 최근에는 SNS를 통한 의사소통과 오프라인, 온라인, 모바일의 옴니 채널을 통한 판매 및 유통의 중요성이 강조되고 있다.

- **고객 관계**: 특정한 고객 세그먼트와의 거래와 접촉을 통해 맺는 관계의 형태를 말한다. 직접 관계(가령 영업사원)와 간접 관계(가령 도매업자), 단속적 관계(가령 판매)와 지속적 관계(가령 회원) 등과 같은 다양한 유형으로 구분할 수 있지만 고객 커뮤니티의 집단적 관계와 코크리에이션co-creation의 협력적 관계를 주목할 필요가 있다.

- **수익 흐름**: 각 고객 세그먼트로부터 창출하는 수익의 유형과 규모,

가격 책정을 말한다. 판매수익, 이용료, 가입비, 수수료 등 다양한 수익 요소에 대해 고정가격이나 변동가격을 책정함으로써 창출되지만, 제품과 서비스를 제공받는 사람에게 원가 가산cost plus 방식으로 가격을 책정한다는 단순한 관점에서 탈피해야 한다.

- **핵심 자원**: 해당 비즈니스를 원활히 수행하기 위해 필요한 자원을 말한다. 물적 자원, 인적 자원, 재무 자원과 같은 유형의 자원이나 지식재산, 고객 기반 등과 같은 무형의 자원을 포함한다.

- **핵심 활동**: 해당 비즈니스를 원활히 수행하기 위해 필요한 중요한 활동을 말한다. 일반적으로 제조회사는 생산 활동, 컨설팅회사는 문제 해결, 금융기관은 위험 관리가 중요하지만 비즈니스 모델에 따라 가치 활동의 상대적 중요성이 달라진다.

- **핵심 파트너**: 비즈니스 모델을 원활히 작동시켜줄 수 있는 공급자-파트너 간의 네트워크를 말한다. 전략적 제휴, 코피티션coopetition, 합작투자, 원청업체와 협력업체 관계 등과 같은 다양한 형태를 포함한다.

- **비용 구조**: 비즈니스 모델을 운영하는 과정에서 발생하는 모든 비용 및 자금 조달을 말한다. 고정비, 변동비와 같은 비용이 어느 정도 발생하고, 이런 비용을 어떻게 절감하고, 어떻게 필요한 자금을 조달할 것인가에 관한 것이다.

이와 같이 아홉 가지 요소로 구성된 비즈니스 모델 캔버스는 총체적이기 때문에 전략적 관점에서 접근할 수 있고, 시각적이기 때문에 이해하기 쉬우며, 협업을 조장하기 때문에 참여가 촉진되고, 수정이 용이하기 때문에 창의성이 제고된다는 장점이 있다.

비즈니스 모델에 대한 CEO들의 관심 증가

2012년의 글로벌 음악시장에서 매출액이 가장 많은 회사가 어디일까. 한국 사람이 2012년 신용카드 해외결제를 가장 많이 한 회사가 어디일까. 둘 다 애플이다. 2012년 글로벌 디지털 음악시장의 4분의 3을 애플이 점유하고 있었다. 2012년 4분기에 한국인이 BC카드로 애플에 결제한 금액이 해외의 모든 호텔, 레스토랑에서 결제한 금액을 합친 것보다 많은 1억9000만 달러에 이른다.[1]

2007년 2분기에 판매를 시작한 애플의 아이폰은 2011년 4분기에 글로벌 휴대전화 시장에서 판매량 기준으로는 9퍼센트, 판매액 기준으로는 39퍼센트, 영업이익 기준으로는 75퍼센트의 점유율을 차지했다. 스마트폰이 피처폰보다 훨씬 비싸고, 스마트폰 중에서도 아이폰이 가장 비싸기 때문에 판매량 기준에 비해 4배 이상 높은 판매액 기준의 점유율은 쉽게 이해된다. 그러나 75퍼센트에 이르는 영업이익 점유율을 원가나 가격만으로는 충분히 설명할 수 없다.

삼성전자가 2012년 1분기에 판매량 4200만 대와 판매액 45조 원으로 애플의 4500만 대와 44조7000억 원을 추월했지만 영업이익은 5조8000억 원으로 애플(17조6000억 원)의 3분의 1에도 미치지 못했다.

2013년에도 판매액 기준으로 애플(15.5퍼센트)의 2배가 넘는 32.3퍼센트의 점유율을 기록했으나 영업이익은 역시 애플에 미치지 못했다. 글로벌 기업을 자부하는 삼성전자가 왜 애플보다 2배 이상을 판매하면서도 영업이익은 낮은 것일까? 애플은 삼성전자와는 달리 하드웨어, 소프트웨어 및 인터넷 서비스가 융합된 복합적 비즈니스 모델을 전개하고 있다. 이로 인해 높은 가격의 제품과 콘텐츠 그리고 서비스를 통한 부가 수입을 창출하고 있다는 것이 가장 중요한 이유일 것이다.

이런 성공 비결을 파헤치기 위해 애플의 새로운 역사가 시작된 2001년으로 거슬러 올라가보자. 1985년 애플에서 쫓겨난 스티브 잡스가 1997년에 컴백해 2001년에 아이팟을 출시했을 당시만 해도 MP3플레이어 시장의 리더는 한국이었다. 1998년 새한정보시스템이

그림 1-2 | 애플 아이팟 최초 모델 |||||||||||||||||||||||||||||||||||||||||||||||||||||||||||||||||||||||||||||

|||||||||||||||||||||||||||||||||||||||||||||||||||||||||||||||||||||||||||||||||||||||||||||||||||||||

세계 최초의 MP3플레이어인 'MP맨-F10'을 출시한 이후 2000년 아이리버가 'iMP-100'을 출시해 시장을 선도하고 있었다.

하지만 아이팟의 등장으로 이들 제품은 급속하게 경쟁력을 상실한다. 어떤 사람은 아이팟의 강점을 디자인에서 찾지만 최초의 아이팟이 시장을 뒤흔들 정도의 멋진 디자인을 가지고 있었다고는 보기 어렵다. 아이리버가 MP3 파일을 저장해 음악을 듣는 제품에 불과했다면, 아이팟은 아이튠즈와 함께 글로벌 음악 팬들이 편리하게 음악을 경험할 수 있는 콘텐츠와 서비스를 제공했다는 점이 진짜 이유일 것이다.

아이튠즈는 음악회사들과 제휴해 많은 음악을 검색해서 들어보고, 구매해서 다운로드하고, 아이팟으로 쉽게 옮길 수 있는 사이트다. 애플은 편리하게 음악을 들을 수 있는 아이팟과 더불어 음악산업에 획기적인 비즈니스 모델을 제시한 것이다. 이로 인해 CD를 중심으로 한 음악산업이 디지털 음원을 다운로드하는 패러다임으로 전환하면서 급속히 성장했고, 애플이 그 시장을 선도했다. 잡스는 2001년 사업설명회에서 "누구도 발견하지 못했던 디지털 음악산업의 레시피를 애플이 발견했다"고 말했다. 그 레시피가 바로 제품과 콘텐츠 그리고 서비스를 결합한 '디지털 허브Digital Hub'라는 개념의 비즈니스 모델인 것이다.

애플은 아이팟-아이튠즈 비즈니스 모델을 아이폰-앱스토어로 발전시켜 2012년 50억 달러의 음악 매출과 함께 앱(43억 달러), 소프트웨어(36억 달러), 전자책·비디오 등을 포함해 총 230억 달러의 콘텐츠 매출을 올렸다. 잡스가 "더 좋은 것으로는 충분하지 않다. 달라져야 한다Better is not enough. Try to be different"라고 강조했는데, 그 정신이 오랫동

그림 1-3 | 애플 '아이팟–아이튠즈'의 비즈니스 모델 ||||||||||||||||||||||||||||||||||||||||||||

핵심 파트너	핵심 활동	가치 제안	고객 관계	고객 세그먼트
음악회사 OEM 제조사	·하드웨어 개발 ·소프트웨어 개발 ·마케팅	편리한 음악 경험	·러브마크 브랜드 ·회원 가입 ·신용카드 번호 등록 ·높은 전환비용	글로벌 음악 팬
	핵심 자원 ·애플 브랜드 ·아이팟 하드웨어 ·아이튠즈 소프트웨어 ·콘텐츠 계약 ·우수한 인재		**마케팅 채널** ·애플스토어 ·아이튠즈 ·홈페이지 ·소매점	

비용 구조	수익 흐름
인건비 제조 및 마케팅 비용	기기 판매 수익 음악 판매 수익

안 애플의 슬로건이었던 '다르게 생각하라Think Different'가 됐다.

이 같이 혁신적인 비즈니스 모델을 무기로 세계 최고가 된 애플이지만 최근에는 새로운 비즈니스 모델로 무장한 두 회사로부터 커다란 도전을 받고 있다. 하나는 2010년에 창업해 2011년 휴대전화를 출시한 후 2013년 애플을 제치고 단숨에 중국시장에서 5위에 오른 샤오미Xiaomi다. 샤오미는 가치사슬의 주요 단계별로 애플의 단일 모델과 앱스토어, 구글의 OS플랫폼, 델의 선주문과 위탁생산, 아마존의 전자상거래와 물류시스템, 그루폰의 공동구매와 SNS마케팅, P&G의 연계개발C&D[2] 등을 벤치마킹해 하나로 결합했다. 이후 소프트웨어를 매주 업데이트하는 차별화를 통해 품질은 비슷하지만 가격은 50퍼센트 이하인 '값싼 프리미엄 스마트폰'이라는 비즈니스 모델을 구현하고 있다.

다른 하나는 2006년 스웨덴에서 창업해 2011년 미국에 진출한 후 2015년 초에 4500만 무료회원과 1500만 유료회원을 확보한 스포티파이Spotify다. 애플이 음악산업의 패러다임을 CD에서 다운로드로 바꿨다면, 스포티파이는 다운로드에서 스트리밍으로 바꾸고 있는 선두 주자다. 스포티파이는 광고를 듣는 무료 서비스와 광고가 없는 유료 서비스를 제공하는 '프리미엄freemium'[3] 비즈니스 모델을 운영한다. 음악산업의 패러다임 변화를 선도했던 애플은 물론 구글과 삼성전자 등도 이제 스포티파이를 모방한 스트리밍 서비스를 제공하고 있다.

삼성전자는 2013년 2월에 동영상·음악·도서·게임·교육 등의 콘텐츠몰을 삼성허브로 통합하겠다고 발표했지만 2014년 단계적으로 독자적인 사업을 종료하면서 서비스 사업자와 제휴하는 전략으로 전환하고 있다. 갤럭시는 2007년에 출시된 아이폰을 5년 만에 추월했지만, 2001년에 오픈한 아이튠즈나 2008년에 오픈한 앱스토어는 추월하지 못하고 있다. 이는 제품 중심의 삼성전자와 비즈니스 모델 중심의 애플이라는 차이를 단적으로 보여주는 사례다.

삼성그룹의 이건희 회장이 2014년 신년사에서 "5년 전, 10년 전의 비즈니스 모델과 전략, 하드웨어적인 프로세스와 문화는 과감하게 버립시다. (중략) 지난 20년간 양에서 질로 대전환을 이루었듯이 이제부터는 질을 넘어 제품과 서비스, 사업의 품격과 가치를 높여 나갑시다"라고 한 것은 바로 'Cheaper → Better → Different'로 이어지는 비즈니스 모델의 관점을 반영한 것이라 할 수 있다.

IBM은 2004년부터 격년으로 경영의 현안 과제와 대응 전략 등에 대한 'Global CEO Study'를 조사 및 발표하고 있는데, 비즈니스 모델에 대한 글로벌 기업 CEO들의 관심이 점차 높아지고 있다. 특히 2006년 의 조사에서는 "비즈니스 모델 혁신이 중요하고, 비즈니스 모델 혁신 이 CEO의 최우선 과제가 됐다"라고 결론을 내린 바 있다. 이와 더불 어 보스턴컨설팅그룹(2008)이나 맥킨지(2009) 등에서 실시한 많은 연 구 조사에서도 비즈니스 모델 혁신이 프로세스나 제품 혁신에 비해 경 영 성과에 미치는 영향이 크다는 주장을 제기하고 있다.

한국에서는 1989년과 2000년에 중소기업으로 출발해 현재 중견기 업으로 성장한 코웨이와 골프존이 바로 비즈니스 모델의 관점에서 사 업에 접근한 대표적인 기업이다.

방문판매에서 페이프리로, 코웨이의 도약

옛날에는 수돗물에서 냄새가 나 끓여 마셔야 했고 그 바람에 보리차 가 인기였다. 오늘날의 수돗물은 생수처럼 마셔도 된단다. 물론 서울 시의 주장이다. 생수 느낌을 주기 위해 수돗물에 '아리수'라는 브랜드 까지 붙였다. 그래도 여전히 생수시장은 크고, 정수기 판매는 활발하 다. 습관을 고치는 것은 역시 어렵다. 국내에서 생수를 마시고 정수기 를 사용한 지 25년이 흘렀다. 1986년 아시안 게임, 1988년 서울올림 픽을 개최하면서 다양한 생수가 매대에 진열됐다. 사람들은 물을 '돈 주고 사서' 마시기 시작했다. 1990년대 초반 낙동강 페놀 오염 사건은

'마시는 물의 안전성'에 대한 주의를 더욱 환기시켰다. 정수기 시장도 급속히 생성됐다. 1989년 '한국코웨이'라는 명칭으로 설립된 정수기 회사도 그중 하나였다.

웅진 코웨이의 초기 비즈니스 모델은 방문판매였다. 코웨이의 모회사였던 웅진그룹 윤석금 회장의 이력을 보면 이해가 간다. 젊은 시절 윤 회장은 브리태니커 백과사전 방문판매원이었다. 어느 해인가에는 전 세계 판매왕에 올랐다. 방문판매에 관한 한 세계 제일이 된 셈이다.

성장을 거듭하던 정수기 방문판매 사업은 그러나 1997년 외환위기를 맞으며 위기를 겪는다. 소비 심리는 꽁꽁 얼어붙었다. 대당 100만 원이 넘는 정수기를 사겠다는 소비자는 거의 없었다. 재고는 점점 쌓여갔다. 그러자 1998년 4월 윤 회장은 결단을 내렸다. "정수기를 빌려주자!" 주위에서는 난색을 표명했지만 윤 회장의 결심을 꺾을 수는 없었다. "어차피 팔리지 않을 거라면 차라리 빌려주자. 그래서 자금의 흐름이라도 만들어보자." 이것이 아이디어의 출발점이었다. 웅진코웨이의 정수기 렌털 사업이 시작되는 순간이었다. 보증금 10만 원에 월 2만6000원을 렌털료로 책정했다. 1년 만에 10만 대가 렌털로 팔렸다. 1997년 11억 원의 적자는 1998년 30억 원의 흑자로 반전됐다.

아이디어가 좋았다. 그래도 코디CODY가 없었으면 이 정도의 성공을 기대하기 어려웠다. 코디란 코웨이 레이디COway laDY의 준말이다. 코디의 역할은 대단하다. 기존의 판매 방식, 즉 방문판매나 매장판매는 일회성 거래에 그친다. 하지만 렌털 비즈니스는 다르다. 코디는 2~3개월에 한 번씩 고객의 집을 방문한다. 늦어도 하루 전에는 SMS 등으로 방문시간까지 알려준다. 고객이 안심할 수 있도록 방문하는 코디의 사진 등 구체적인 정보 전달도 필수다. 또한 렌털 제품의 정기 점검, 수질 검사, 필요시 필터 교체 등의 다양한 서비스도 제공해야 한다. 이런 과정을 통해 회사와 고객은 더욱 가까워진다.

사전 관리의 개념도 이때 도입됐다. 제품에 문제가 발생하면 A/S를 받는다. 문자 그대로 'After Service', 즉 사후 관리. 필터를 점검하거나 수질을 측정하는 서비스는 문제 발생을 사전에 막기 위해 실시한다. 'Before Service', 즉 사전 관리를 시행하고 있는 셈이다. 이런 노력을 통해 2013년 현재 586만 명의 고객 계정 보유, 해약률 1퍼센트대라는 경이적인 성과를 실현했다.

코웨이는 비즈니스 모델을 방문판매에서 렌털로 변화시켰다. 경쟁사도 유심히 시장의 변화를 관찰했다. 다른 업종에서도 렌털시장을 새롭게 인식하기 시작했다. 최근에는 침대 매트리스도 렌털이 인기다. 가격도 가격이지만 렌털 기간 동안 무료로 살균 서비스까지 받을 수 있는 점이 매력적인 요소로 부각됐다. 빌려 쓰는 제품이지만 남이 쓰던 중고품은 아니다. 어엿한 신제품이다. 렌털 기간이 끝나면 구매해도 된다. 반납할 경우에는 폐기처분되거나 재활용품 표시가 붙은 상태로 해외로 수출된다.

최근 안마기 시장의 변화도 흥미롭다. 파나소닉 등 해외 브랜드가 일색이었던 안마의자 시장에 '바디프렌드'라는 국산 제품이 등장해 시장을 주도하고 있다. 훌륭한 디자인 등 다양한 성공 요인을 보유하고 있는데 그중 하나가 렌털이다. 300만 원이 넘는 제품을 월 5만 원 정도의 렌털료를 지불하면 사용할 수 있다. 서울에 있는 고객이 지방에서 거주하는 부모님께 선물하기에도 부담 없는 비용이다.

2009년 코웨이는 또 다른 비즈니스 모델을 내놓았다. 외환카드와 공동으로 페이프리 pay free 카드를 선보이면서 시장에 돌풍을 일으켰다. 카드를 쓰면 포인트가 쌓인다. 좋기는 한데 포인트를 어떻게 사용해야 하는지 고객은 잘 모른다. 외환카드는 매월 3만 원까지 코웨이의 정수기, 공기청정기 렌털비를 대신 납부해주는 카드를 발급했다.

렌털 이용료를 외환카드가 지불해주니 웅진 입장에서는 신규 수요가 창출된다. 외환카드 입장에서는 카드 발급 고객이 늘어난다. 일반적으로 카드 모집인에게는 장당 5만 원 정도의 수수료가 지급된다. 페이프리 카드는 출시된 지 4개월 만에 6만 장 이상이 발매됐다. 외환카드 입장에서는 30억 원이 넘는 비용을 절감한 셈이다.

2012년 회사명을 변경한 '코웨이'는 깐깐한 물의 대표 브랜드 '코웨이 정수기'를 시작으로 맑은 공기를 대표하는 '코웨이 공기청정기', 즐거운 욕실 문화를 표방하는 '코웨이 룰루비데', 코웨이 음식물 처리기 등으로 대표되는 환경가전 서비스 기업이 됐다. 렌털시장이 커질수록 그만큼 강력한 고객 네트워크를 보유하게 된다. 이 네트워크에 다른 렌털 상품을 더하는 것은 해볼 만한 도전이다. 코웨이의 슬로건은 '생활에 가치를 더하다'다. 렌털 제품을 더하든, 가치를 더하든 간에 코웨이는 무언가 하고 있다.

코웨이의 경영 철학은 '착한 믿음'이다. 구체적으로는 "내가 하는 일과 우리가 하는 일들이 모여 더 나은 세상을 만들어간다는 믿음을 가지고 한 번도 가보지 않은 새로운 길을 함께 그리고 즐겁게 달려갑니다"라는 자부심이다. '환경을 건강하게, 사람을 행복하게'라는 미션과 'The Lifestyle Design Company'라는 비전을 보유하고 있다.

이런 경영 철학은 사회공헌과 연결된다. 코웨이의 '물 쉼표 시간'이라는 프로젝트는 기업의 성격을 잘 살린 사회공헌 프로젝트다. 유아 열 명 중 여덟 명이 물 섭취 부족 상태라고 한다. 3~5세 아이의 하루 수분 섭취 권장량은 1400ml인데 실제 음용량은 훨씬 적은 것이다. 매일매일 자라는 아이들은 신진대사와 세포대사가 활발해 끊임없이 물을 필요로 한다. 하루에 두 번 물 마시는 시간, 그것도 율동과 함께 즐겁게 물을 마시는 시간을 마련하자는 것이 이 프로젝트의 취지다. 전국 1000곳의 유아원과 어린이집에서 6만여 명의 어린이가 참여하고 있다.

'방문판매에서 렌털로', '렌털에서 페이프리로' 지속적인 비즈니스 모델 업그레이드를 통해 코웨이는 2014년 말 기준으로 매출액 2조 원, 영업이익 3775억 원의 탄탄한 중견기업으로 성장했다. 이후 어떠한 비즈니스 모델로 또 한 번 힘찬 도약을 이뤄낼지 궁금해진다.

제품을 넘어 서비스로 진화한 골프존

당구장, 호프집에 이어 직장인의 새로운 놀이공간으로 손꼽히는 곳이 있다. 바로 스크린 골프장이다. 부담 없는 가격으로 즐길 수 있는 스크린 골프장의 역사는 1990년대 초반 골프 시뮬레이터가 등장하던 시절로 거슬러 올라간다. 미국에서 개발된 이 제품은 독일, 일본을 거쳐 1990년대 중반 한국에서도 출시됐다. 고급 호텔 피트니스 센터에서 선을 보인 시뮬레이터는 언론의 눈길을 끌었다. 2000년대 초에는 강남권 골프연습장에까지 보급됐다. 하지만 여기까지였다. 1억 원 전후의 높은 가격과 A/S의 어려움으로 인해 더 이상의 확산은 무리였다.

이때 외국산은 무리이지만 국내산이라면 시장 확장이 가능할 것으로 판단한 사람들이 있었다. 2000년 5월 대덕단지에 '골프존'을 설립한 김영찬 대표도 그중 한 명이었다. 이공계 출신으로 삼성전자 사업부장을 역임한 그는 임직원 총 5명으로 출발해 각고의 노력 끝에 2002년 제품을 출시했다.

골프존보다 먼저 시장에 진입한 회사는 'VR 필드'였다. 이 회사는 수입 부품에 자체 소프트웨어로 개발한 '알바트로스'를 출시해 국산화 시대를 열었다. 비슷한 시기에 유사 제품이 쏟아져 나왔다. 경쟁사들은 소프트웨어만 자체 개발하고 센서 및 주요 부품은 수입해 조립하는 사업 구조였다. 이내 환율 문제, 제품의 안정적인 공급 문제 등이 발생했다. 그러나 골프존은 센서도 자체 개발했다. 그 덕에 소비자의 요구사항을 빠르게 반영할 수 있었고 그만큼 기술 노하우도 축적됐다.

사업 초기의 비즈니스 모델은 전시회나 박람회, 영업사원을 주요 채널로 활용하면서, 골프연습장을 대상으로 시뮬레이터를 판매하는 방식이었다. 수입 제품에 비해 가격이 3000만 원 정도로 저렴하고, 경사가 조절되는 발판 등 기술적으로도 우월한 제품인 까닭에 판매량은 서서히 늘기 시작했다. 시간이 흐르자 동시에 여러 대를 구입하는 수요

처가 등장했다. 한 곳도 아니고 여러 곳에서 주문이 들어왔다. 무슨 일인가 궁금해졌다. 이때가 2005년, 국내 최초로 스크린 골프장이 등장하던 시절이었다. 1970년대 음악다방, 1980년대 당구장, 1990년대 노래방과 PC방을 잇는 새로운 공간문화가 창조되는 순간이었다.

골프존은 이런 환경변화를 보고 또 다른 사업 모델을 구상했다. 골프연습장에서의 시뮬레이터는 보조 도구다. 그러나 스크린 골프장에서의 시뮬레이터는 핵심 도구다. 골프존은 스크린 골프장을 개설하는 사업주와 지속적인 관계를 맺으며 이들의 사업을 도와주었다. 프랜차이즈는 아니었지만 가맹사업 비슷한 형태가 됐다. 프로그램도 심어주고, A/S도 확실하게 해주면서 사업을 키워나갔다. 스크린 골프장 개설을 희망하는 고객을 대상으로 창업 설명회도 열었다. 골프연습장 사장과의 거래가 일회성 거래라면 스크린 골프장 사업주와의 거래는 지속적 거래였다. 비즈니스 모델이 바뀐 것이다.

한편 2006년에 특허 등록한 '네트워크에 의해 제어되는 골프 시뮬레이터 장치'는 제품 위주에서 서비스 위주로 비즈니스 모델을 전환하는 계기가 됐다. 이 기술을 기반으로 골프존 라이브 토너먼트라는 온라인 전국대회가 매월 개최된다. 경기 기록에 따라 랭킹, 상금 순위가 나오자 많은 사람들이 골프존을 찾았다. 골프존이 경쟁 제품보다 최소 20~50퍼센트 가격이 높은데도 급성장할 수 있었던 것은 네트워크를 기반으로 다양한 서비스를 제공했기 때문이다.

골프존은 본격적인 사업 다각화를 위해 4개 자회사를 설립했다. 골프존 네트웍스는 제품 설치 및 A/S를 담당한다. 기술 개발도 중요하

그림 1-4 | 골프존의 비즈니스 모델 ||||||||||||||||||||||||||||||||||||||||||||||||||||||||||

핵심 파트너	핵심 활동	가치 제안	고객 관계	고객 세그먼트
공동개발회사 위탁생산회사	·연구 개발 ·마케팅 활용 ·네트워크 운영	골프＋IT＋ 문화를 결합한 새롭고 즐겁고 유익한 스크린 골프	·최종 고객과 회원 관계 ·사업주와 지속적 관계	골퍼 초보 골퍼 스크린 골퍼
	핵심 자원 ·HW & SW 기술 ·네트워크 인프라 ·브랜드 이미지 ·회원 베이스		**마케팅 채널** ·골프연습장 ·스크린골프방	

비용 구조	수익 흐름
·연구 개발　　·장비 생산 ·마케팅 활동　·네트워크 운영	·골프 시뮬레이터 판매 ·네트워크 그린피

||||||||||||||||||||||||||||||||||||||||||||||||||||||||||||||||||||||||||||||||||||||||

지만 고객과의 관계도 중요하기 때문이다. 실내 골프, 스크린 골프의 한계를 넘어설 필요성도 절감했다. 골프존 카운티는 골프장을 운영하고 노하우를 컨설팅한다. 이외 골프존 리테일은 온라인 및 오프라인 골프 관련 용품 판매를 관장하고, 골프존 엔터테인먼트는 온라인 게임 및 모바일 게임 사업에 심혈을 기울이고 있다. 골프 사업 관련 플랫폼 사업자를 최종 목표로 두고 있는 것이다.

'네트워크를 활용한 새로운 비즈니스 모델 개발'은 골프존의 미래 먹거리다. 김 대표도 "우리 사업의 본질은 제조가 아닌 망network 사업"이라고 말한다. 10년 넘게 누적된 고객 데이터와 전국에 촘촘히 구축한 네트워크는 다른 기업이 따라오기 힘든 골프존만의 경쟁력이다. 골프존 회원 수는 140만 명을 넘는다. 회원 개개인의 정보가 골프존 중앙

서버에 저장된다. 18홀을 돌고 나면 "오늘 드라이버 평균 비거리는 220야드인데, 평소 당신의 기록보다 15야드 더 나간 것이다"라며 친절하게 설명해준다. 빅데이터로 갈 수 있는 기반을 마련하고 있는 셈이다.

온라인 회원을 위한 이력관리 및 랭킹 시스템은 더 나아가 개인화된 이력관리 시스템 및 클럽 추천 시스템에까지 연결된다. 서울, 부산 등 다른 지역에 사는 사람들이 함께 라운딩을 할 수 있는 기회도 제공되며, 광고주 전용 온라인 골프장도 만들어준다. 예를 들어 현대자동차에서 요청하면 첫 홀부터 마지막 홀까지 매 홀마다 현대자동차 광고판을 노출시킬 수 있다.

2000년 출발한 골프존은 2008년 매출 1000억 원을 돌파한 뒤 2014년 4285억 원의 매출을 올리는 탄탄한 벤처기업으로 자리 잡아가고 있다. 2011년 5월 코스닥 상장에 성공해 탄탄한 자금력을 확보했으며 5명이었던 종업원은 어느새 500여 명에 이르렀다.

골프존의 비즈니스 모델은 계속 진화하고 있다. 초기에는 스크린 골프(하드웨어) 시장에 집중해 초석을 마련한 뒤, 네트워크 서비스(소프트웨어)를 강화해 사업을 확대해왔다. 이제 골프존은 지속적인 성장을 위해 어떤 방향으로 사업을 모색해야 할까?

첫째, 국내시장의 사업 다변화가 필요하다. 2013년 설립한 마음골프가 설립 3년 만에 900여 곳에 3000대 이상의 스크린 골프 장비를 판매하며 업계 2위(점유율 15퍼센트)로 올라섰다. 반면 골프존의 판매량은 하락세를 걷고 있다. 새로운 서비스를 결합시켜 신규 수익원을 모색해야 한다.

몇 가지 가능한 사업의 예를 들어보자. 회원 데이터베이스와 빅데이터를 이용해 골프 사업 계획, 골프 장비 개발, 골프 서비스 제공 등에 필요한 정보 및 지식 제공자로 발전해도 된다. 앞서 현대자동차 광고를 사례로 들었지만 이 사업도 강화할 수 있다. 골프 시뮬레이터의 대형 스크린을 통해 다양한 광고와 콘텐츠를 전달하는 미디어 기업으로 발전하는 것이다. 골프 시뮬레이터를 플랫폼으로 만들 수도 있다. 네트워크로 연결된 골프 시뮬레이터에 누구나 코스, 게임, 앱 및 매시업mash-u 서비스를 개발, 판매, 이용할 수 있는 개방적 산업 생태계를 구축하는 것이다. PC방을 바탕으로 e스포츠 시장이 형성된 것과 마찬가지로 가상현실을 기반으로 한 골프를 다른 스포츠에도 확대하는 방향도 검토해볼 만하다.

둘째, 해외 사업을 확장해야 한다. 영국에서 특허 침해 관련 논란이 일고 있고, 해외 사업이 아직 적자를 면치 못하고 있지만 끊임없이 해외시장 진출 방안을 고민해야 한다. 다양한 사업을 영위하고 있는 국내와 달리, 해외 사업은 골프 시뮬레이터 제품 판매가 대부분이다. 수출 규모도 2013년 기준 207억 원으로 총매출의 5퍼센트 정도에 불과하다. 국내 사업이 자리를 잡을 수 있었던 것은 PC방, DVD방 등 소위 한국 특유의 방 문화가 존재했기 때문이다.

국가 간 문화의 차이로 인해 해외에서 동일한 비즈니스 모델을 전개하기란 쉽지 않다. 그럼에도 불구하고 유사한 모델을 찾아야 한다. 일본은 와인바, 가라오케가 결합된 골프바처럼 스크린 골프가 하이브리드 형태로 확산될 전망이다. 중국에는 대형 건물에 수백 개의 골프 스크린을 운영하는 업체가 등장했다. 국내에서 성공한 비즈니스 모델을 외국의 레저 및 엔터테인먼트 문화와 어떻게 접목시키느냐가 관건이다. 아울러 온라인 스크린 골프대회를 전 세계로 확대하는 것도 생각해볼 수 있다. 우선은 해외 동포를 중심으로 시작하고, 점차 외국인이 참여하는 대회도 구상해볼 만하다.

골프존은 훌륭한 비즈니스 모델을 갖고 있다. 다만 지속 가능성이라는 측면에서 상생 관련 이슈에 좀 더 민감해질 필요가 있다. 한 건물을 사이에 두고 골프존 매장이 들어와 문제가 된 적이 있다. 골프존이 가맹 사업자가 아닌 것으로 법원의 판결이 나오긴 했다. 그래도 국민 정서는 그렇지 않다. 상권보호, 상도덕이란 측면에서 여전히 문제의 소지가 있다. 편의점도 250미터 내 출점을 금지하고 있다. 중견 벤처기업을 넘어 더 큰 기업으로 성장하기 위해서는 주변을 좀 더 살피고 배려하는 자세가 요구된다.

성과 본격화되면 다음 단계 모델 구상해야

비즈니스 모델은 기술, 프로세스, 제품에 비해 널리 활용되지 못한 혁신의 원천이고, 쉽게 복제하기 어려운 차별화의 원천이며, 경영 성과에 미치는 영향이 큰 경쟁력의 원천이다. 그러나 아무리 혁신적인 비즈니스 모델이라 해도 기술이나 제품과 마찬가지로 머지않아 모방이 나타나거나 진부해진다. 따라서 애플, 구글, 아마존, 넷플릭스를 비롯한 많은 혁신 기업들은 '우리는 항상 베타Always in Beta 버전'[4]이라는 인식을 바탕으로 지속적으로 비즈니스 모델을 개선하고 혁신하기 위한 노력을 기울이고 있다. 베타 버전은 소프트웨어나 하드웨어가 출시되기 전에 일반인에게 무료로 배포해 시장의 반응을 살피고, 오류를 수정해 최종 제품에 피드백하기 위한 단계의 제품을 말한다.

기존 비즈니스 모델이 더 이상 유효하지 않다고 생각될 때 새로운 비즈니스 모델 개발에 착수하는 것은 너무 늦거나 혹은 성공하기 힘들다. 어떤 비즈니스 모델이 본격적인 성과가 나타나는 그 시점부터 다음 단계의 비즈니스 모델을 구상해야 한다. 그리고 그 비즈니스 모델이 쇠퇴기에 접어들거나 경쟁력을 상실하기 전에 새로운 비즈니스 모델로 전환함으로써 지속적인 성장을 이뤄야 한다.

히말라야 고산 등정에서 발생하는 추락사고의 48퍼센트는 정상을 정복한 직후에 발생한다고 한다. 애플이 아이폰을 판매하기 시작했던 2007년 노키아는 역사상 가장 많은 6000만 대의 휴대전화를 판매해 49.3퍼센트의 시장점유율을 기록했다. 그러나 2008년부터 급속하게 쇠락의 길을 걷게 된다. 2006년에 소니의 '플레이스테이션2', 마이크로소프트의 '엑스박스'와 달리 남녀노소가 쉽게 즐길 수 있는 낮은 사양의 동작 인식 게임기를 출시한 닌텐도는 2009년에 1조8000억 원의 매출과 2791억 원의 순이익을 기록했다. 그러나 2억 대 이상 판매한 닌텐도 위와 닌텐도 DS라는 게임기 플랫폼에 집착해 모바일 플랫폼으로의 전환이 지연되면서 2011년 6477억 원 매출에 431억 원의 적자를 보게 된다.

스티브 잡스는 "스스로 잠식하지 않으면 잠식당하고 말 것"이라고 말했다. 아이폰을 출시하면 아이팟의 판매가 저조하게 될 것이라는 생각에 아이폰의 개발과 출시를 주저했다면 다른 회사가 그것을 했을 것이고, 애플은 세계 최고 회사가 되지 못했을 것이다. 수많은 혁신과 도약의 출발점은 지금 성공하고 있는 것을 와해시키는 것이다.

모든 기업은 매년 아직도 현재의 비즈니스 모델이 유효한지, 이제 새로운 변화가 필요한 것은 아닌지를 검토하고, 늦기 전에 새로운 비즈니스 모델로 전환하기 위한 전략적 준비를 해야 한다. 나아가 '고객에게 제공하는 가치, 가치를 전달하는 활동, 수익을 창출하는 구조'라는 비즈니스 모델의 아홉 가지 요소별 개선 방안이 늘 탐색되고 실행되어야 한다. 그런 의미에서 비즈니스 모델 혁신은 전략부서나 전략 담당자에 의한 전문적이고 주기적인 업무가 아니라 모든 부서와 구성원에 의해 전사적이고 일상적인 업무로 추진돼야 할 것이다.

이제 이 책을 읽는 독자에게 "당신은 어떤 전략적 도구를 사용하는가"라는 마지막 질문을 던져본다. 갖고 있는 도구가 해머밖에 없는 사람은 모든 것을 못처럼 두드린다는 말이 있다. 어떤 때는 박아야 하지만 어떤 때는 뽑고 어떤 때는 구부리고 어떤 때는 잘라야 한다. 비즈니스도 마찬가지다. 경쟁에서 이기기 위해서는 원가가 중요할 때도 있고 품질이 중요할 때도 있고 비즈니스 모델이 중요할 때도 있다. 비즈니스 모델 혁신이 만병통치약은 아닐지라도 한국 기업에게 새로운 시각과 영감을 줄 수 있는 전략적 비결인 동시에 과제인 것은 분명하다.

2장

플랫폼 비즈니스로 진화하라

마케팅 전략

한국 기업들은 그동안 질 좋은 제품을 값싸게 전달하는 것을 가장 중요한 마케팅 전략으로 생각해왔다. 그러나 점차 시장 경쟁이 치열해지면서 고객의 니즈에 기반한 제품 개발이나 제품 특성을 효과적으로 전달하는 마케팅 전략이 중시되기 시작했다.

최근에는 여기서 더 나아가 고객과 기업이 공동으로 필요한 제품을 개발하거나 회사 혹은 제품 브랜드에 기반한 브랜드 커뮤니티를 구축하고, 사용자 혁신을 전략적으로 활용하는 크라우드펀딩crowd funding 콘테스트나 사용자 혁신 커뮤니티 활동 등 소비자 중심의 다양한 마케팅 혁신이 등장하고 있다.

마케팅 3.0 시대의 생존 전략

제품이나 서비스를 효과적으로 전달해 높은 가치를 창출하려면 어떻게 해야 할까? 제품 중심의 마케팅 1.0 시대에서 소비자 중심의 마케팅 2.0 시대를 거쳐 이제 사회적 가치를 창출하는 마케팅 3.0 시대를 맞이하고 있다. 마케팅 1.0은 질 좋은 제품을 낮은 비용으로 생산해 좀 더 많은 사람들에게 판매하는 것을 중시했다. 마케팅 2.0은 정보통신기술을 활용해 고객을 세분화하고 각 시장에 맞는 마케팅 믹스

그림 2-1 | 마케팅 패러다임의 변화 ||||||||||||||||||||||||||||||||||||||||||||||||||||||||

	마케팅 1.0 제품 중심 마케팅	마케팅 2.0 소비자 중심 마케팅	마케팅 3.0 가치 중심 마케팅
목표	제품 판매	고객만족	더 나은 세상 만들기
동인	산업혁명	정보통신기술	새로운 기술
기업이 시장을 보는 관점	물리적 니즈를 가지고 있는 대중 구매자	이성과 감성을 지닌 똑똑한 소비자	이성, 감성, 영혼을 지닌 완전한 인간
핵심 콘셉트	제품 개발	차별화	가치 창조
마케팅 지침	제품 구체화 및 세분화	기업과 제품의 포지셔닝	기업의 미션, 비전, 가치
가치 제안	기능적	기능적, 감성적	기능적, 감성적, 영적
소비자와의 상호작용	일대다 관계	일대일 관계	다대다 협력

자료: 필립 코틀러 저, 안진환 역, 《마켓 3.0》, 타임비즈, 2010년

||||||||||||||||||||||||||||||||||||||||||||||||||||||||||||||||||||||||||||||||||

를 개발하는 데 집중했다. 그리고 마케팅 3.0은 소비자의 욕구를 충족시키는 단계에서 한 걸음 더 나아가 세상을 좀 더 살기 좋은 곳으로 만드는 것을 목표로 한다.

마케팅 2.0이 상품의 기능적 혹은 감성적 차별화를 통해 고객의 마음을 사로잡는 것을 중시했다면 마케팅 3.0은 여기에 더해 소비자의 영혼까지 자극해 기업이 중시하는 가치를 전달하려 한다. 이는 경영활동 전반을 구성하는 다양한 이해관계자에게 공공의 가치를 창출할 수 있어야 한다는 점에서 기존 소비자 중심 패러다임과 큰 차이가 있다. 이제 한국시장도 소비자 중심 마케팅에서 사회적 가치를 창출하는 마케팅으로의 전환이 필요한 시점이다.

마케팅 3.0으로 거듭나기 위해 기업들은 무엇을 주목해야 할까? 마케팅 3.0이 기존 관점과 다른 점은 새로운 가치를 창출하는 것이다. 이를 위한 효율적인 수단으로 정보통신기술의 활용을 꼽을 수 있다. 정보통신기술은 새로운 가치 창조의 가능성을 제공하며 마케팅 3.0으로의 도약을 돕는 역할을 한다.

┃ O2O 배달 서비스 플랫폼 배달의민족

스마트폰과 태블릿PC의 발달로 온라인 소비자와 오프라인 매장을 연결해주는 O2O Online to Offline 서비스가 주목받고 있다. 소비자가 상점에 들어서면 이를 감지해 할인 쿠폰을 스마트폰으로 보내주거나 스마트폰으로 주문한 음료를 실제 카페 매장에서 마시는 등의 서비스가 있다. 대표적으로 음식 배달 애플리케이션을 들 수 있다. 국내 배달음식 시장은 연간 10조 원 규모로 추정되며 이 중 10퍼센트가 배달의민족, 요기요, 배달통 같은 TOP 3 배달 앱을 통해 이루어지고 있다. 국민 4명 중 3명에 육박하는 높은 스마트폰 보급률과 배달음식 문화가 발달한 국내시장 상황을 고려하면 배달음식산업은 앞으로도 계속 성장할 것으로 예측된다.

이처럼 변화하는 소비자 행동 양식을 반영하고 있는 O2O 서비스 산업은 기존 오프라인 상거래시장이 모바일 상거래와 결합되어 급속도로 확장되고 있는 소비자 중심 마케팅 플랫폼 중 하나로 평가된다. 흥미로운 점은 100여 개 이상의 배달 앱이 존재하지만 TOP 3의 시장 점유율이 90퍼센트 가까이 차지한다는 것이다. 최근에는 2, 3위 업체인 요기요와 배달통의 인수합병으로 시장 흐름이 급변하고 있다.

2010년 6월 출시된 배달의민족은 처음부터 업계 1위 자리를 차지한 것은 아니다. 초기 진입자인 배달통에 밀려 한동안 고전을 면치 못하다가 2013년 하반기 이후 역전의 기회를 얻었다. 그 결과 2014년 5월 현재 누적 다운로드 수 1100만 건, 월간 주문량 340만 건, 하루 주문 성사 건수 11만 건, 월간 거래액은 600억 원에 이른다. 그해 10월 네이버의 자회사인 라인과 손잡고 일본에 진출했고 11월에는 골드만삭스에서 400억 원을 투자받기도 했다.

배달의민족 서비스 혁신은 앱 인터페이스와 주문 기능 그리고 프로모션의 세 가지 측면에서 주목할 만하다.

첫째로 앱 인터페이스다. 배달의민족은 직장 내 배달음식 주문자가 신입사원 혹은 막내라는 점에 착안해 젊은 층을 공략할 수 있는 코믹한 디자인으로 앱을 구성했다. 재미있는 캐릭터와 문구 등을 활용한 친근한 디자인으로 구성된 배달의민족 앱과 홈페이지는 타사와 차별화되는 대표적인 특성 중 하나다.

음식 이외에도 꽃 배달, 세탁 등의 생활 편의 메뉴를 추가했다. 메뉴 보기도 흔히 사용하는 치킨, 중식, 피자 같은 천편일률적인 분류에서 벗어나 메뉴 결정 도우미 기능과 프랜차이즈 분류를 별도로 마련해 상황에 따라 편리하게 선택할 수 있도록 했다. 최근에는 지역의 맛집 음식을 배달해주고 소비자에게 배달 대행료를 받는 서비스를 시작해 수익 모델을 보완해가고 있다. 이외에도 배민문방구, 푸드박스 주문 서비스 등을 이용할 수 있는 인터페이스를 마련했다.

둘째로 배달의민족은 앱을 통한 주문 기능도 기존 전단지를 이용한 주문 방식과 차별화된다. 배달의민족은 주문 결제 방식을 다양하게 제공한다. 기존의 음식 배달 방식과 동일하게 주문한 음식이 도착한 후 결제하는 방식과 함께 모바일 결제, 문화상품권 결제 등이 가능하다. OK캐시백 등과 연계해 포인트를 사용한 결제 및 적립 기능도 추가했다.

최근에는 카카오페이와 연계해 간편 결제가 가능한 시스템을 구축했다. 이런 간편 결제 기능은 앞으로도 지속적으로 확대될 전망이다. 배달의민족은 검색 서비스의 장점을 살려 소비자의 지속적인 구매가 가능하도록 통합 포인트 제도도 실시하고 있다. 충성 고객에게 특별

할인 혜택을 부과하는 제휴 신용카드를 출시하고 배달된 음식이 불만족스러울 때 환불해주는 제도도 도입해 소비자에게 수준 높은 서비스를 제공하고자 노력한다.

셋째로 배달의민족은 프로모션 활동에도 소홀하지 않는다. 음식점과 소비자를 연결해주는 검색 서비스의 장점을 살려 통합 포인트 제도를 실시하고 있다. 그동안 중국집과 피자집 등 개별 음식점별로 제공된 쿠폰을 포인트와 결합해 사용할 수 있는 혜택을 제공함으로써 기존 전단지를 이용한 주문 방식과 차별화를 꾀하고 있다. '우리가 어떤 민족입니까?'라는 카피를 내세운 명화 패러디 광고와 영화 예고편 광고 그리고 절묘한 카피로 웃음을 자아내게 하는 옥외 광고는 전 연령층의 관심을 끌고 있다. 심지어 배달 앱 서비스의 대중화를 이끌었다는 평가를 받기도 했다.

소비자 중심 마케팅의 일환으로 도입된 음식 배달 앱은 메뉴 분류의 편리성, 시간과 장소에 구애받지 않고 검색 가능한 편리한 인터페이스 제공, '음식 정보+주문+배달+결제'가 동시에 진행되는 복합 서비스를 제공한다. 하지만 소비자 중심의 마케팅에서 사회적 가치를 창출하는 마케팅 3.0으로 도약하기 위해서는 아직 해결해야 할 과제가 남아 있다.

배달 앱은 최근 영세 자영업자에게 판매액의 10퍼센트 이상을 수수료 부과하는 문제가 사회적으로 논란이 됐다. 영세 자영업자들은 정부와 국회에 이 문제를 피력했으며 이로 인해 배달 앱의 규제 가능성이 제기되고 있다. 위기감을 느낀 배달 앱은 영세 자영업자와의 상생을 내세우며 수수료를 잇달아 인하하고 있다. 배달의민족 역시 2015년 7월 가맹점으로부터 받는 수수료를 전격 포기했다. 수익 모델에 대한 혁신이 여전히 현재진행형인 배달의민족은 마케팅 3.0으로 진화하기 위한 상생 협력 대안을 모색하고 있는 중이다.

모바일 라이프 플랫폼 카카오

카카오는 2014년 10월 다음커뮤니케이션과 카카오가 합병해 출범됐다. 포털사이트 다음Daum의 검색, 지도, 미디어 기능과 카카오톡Kakao Talk의 모바일 메신저가 결합되어 모바일 라이프 플랫폼 기업으로 도약하기 위한 시도며, 두 기업의 결합 시너지 효과에 대해 많은 관심이 모아지고 있다.

2014년 국내시장을 중심으로 한 카카오톡의 가입자 수는 약 1억 4000만 명으로 미국 왓츠앱(7억 명), 중국 위챗(6억 명), 한국 라인(5억 명)과 비교할 때 매우 낮은 수준이다. 국민 메신저라는 타이틀을 갖고 있지만 국내시장의 성장 한계로 미래에 대한 돌파구가 필요한 시점이다. 카카오는 그 해결책으로 모바일 라이프 플랫폼 기업으로 거듭나고자 노력하고 있다.

카카오에서 제공하는 주요 서비스들은 최근 변화하는 소비자 행동 양식을 반영해 진화하고 있다. 주력 분야인 커뮤니케이션 및 커뮤니티 관련 서비스에는 카카오톡, 다음메일, 카카오그룹, 카카오스토리,

그림 2-1 | 뱅크월렛카카오 구조 ||||||||||||||||||||||||||||||||||||||||||||||||||||||||||||||||||||||||||||||||||

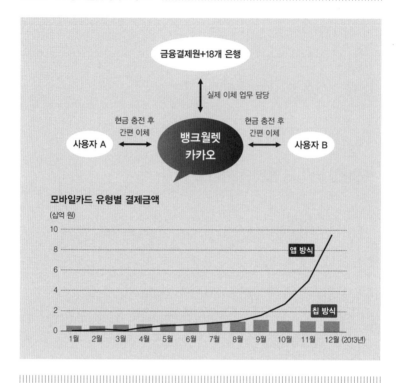

다음카페 등이 있다. 카카오는 요금이 부과되는 휴대전화 문자메시지를 대신하는 서비스로 일대일 커뮤니케이션뿐만 아니라 그룹 커뮤니케이션도 가능한 모바일 메신저를 출시했다. 여기에 다음커뮤니케이션이 갖고 있던 검색 서비스, 다음 지도, 카카오플레이스 등의 서비스를 통해 소비자의 편의성을 높였다.

미디어와 콘텐츠 분야 서비스에는 미디어다음, 카카오뮤직, 스토리볼, 부동산, 카카오페이지, 영화, 카카오스타일, 도서, TV팟, 카카오

TV 등이 있으며, 최근에는 핀테크, O2O 서비스 등으로 사업 영역을 확장하고 있다.

카카오는 2015년 검색, 지도, 미디어 콘텐츠 서비스를 강화하고 모바일 금융 서비스인 핀테크 사업에 진출했다. 핀테크Fintech는 금융Financial과 기술Technology의 합성어로서 모바일 기술이 금융과 융합되면서 새롭게 생겨난 용어다. 현재 국내외 인터넷기업들이 중점적으로 추진하고 있는 서비스 중 하나다. 페이스북, 애플, 아마존 등 글로벌 기업은 물론 알리바바, 텐센트, 바이두 등 중국 기업, 심지어 국내 주요 인터넷기업들까지 모두 모바일 금융시장에 진출했다.

카카오는 소액 송금 서비스인 '뱅크월렛카카오'와 간편 결제 서비스인 '카카오페이'를 출시했다. 기존 공인인증서의 대체 기술로 알려진 LG유플러스의 '엠페이'를 적용해 보안 등급도 강화했다. 뱅크월렛카카오는 은행과 연계해 계좌번호가 없어도 뱅크월렛카카오에 가입된 카카오톡 친구 계정으로 송금이 가능한 간편 송금 서비스다. 하지만 아직 모바일 간편 송금이 정착되지 않아 이에 따른 오류와 보안성을 강화하기 위한 정부의 불가피한 조치로 일별 이체한도와 결제한도가 제한되어 있는 단점이 있다.

카카오페이는 기존 공인인증서를 이용한 상품 구매 시 거쳐야 했던 6단계 이상의 결제 과정을 '카카오톡에서 간편 결제 선택 → 비밀번호 입력'의 2단계로 간소화한 간편 결제 서비스다. 뱅크월렛카카오와 달리 카카오페이는 신용카드 한도 내 결제가 가능하다. 이런 핀테크 사업 진출은 카카오가 가진 게임, 미디어, 쇼핑 분야의 결제 서비스와 연계되어 새로운 수익원이 될 전망이다.

한편 배달의민족과 마찬가지로 카카오도 O2O 서비스가 미래의 성장동력이 될 것으로 예상하고 관련 서비스를 출시하고 있다. 대표적으로 카카오택시는 온라인시장에서 벗어나 오프라인시장을 공략하기 위한 서비스 중 하나다. 2015년 상반기에 출시된 카카오택시는 승객이 앱을 통해 현재 위치를 지정하고 택시를 호출하면 근거리에 위치한 택시가 배차되는 시스템이다. 현재 신용카드나 현금으로 결제가 이루어지고 있으나 카카오페이와 뱅크월렛카카오와 연동하는 것을 고려하고 있다. 서울특별시운송사업조합, 한국스마트카드와 업무 협약을 맺어 카카오는 앱 시스템 운영과 홍보를 담당하고, 서울시택시조합은 안정적인 기사 회원을 확보하며, 한국스마트카드는 데이터 연동 기술을 지원함으로써 서비스 확산에 주력하고 있다. 카카오택시는 카카오가 가진 서비스 분야를 통합적으로 사용해 시너지를 극대화한다는 점에서 주목된다.

카카오는 소비자 중심의 다양한 통합 서비스를 제공해주며 마케팅 혁신을 이루어왔다. 하지만 지속 가능한 기업으로 거듭나기 위해서는 시장과 공공가치 창출을 중심으로 도약해야 될 것이다. 카카오는 사용자 위치를 기반으로 오프라인 상점 정보 전달 관련 사업을 추진 중이다. 서울버스 앱을 인수하고 다음 지도를 통합한 새로운 O2O 서비스를 신설할 예정이다. 어린이집과 교사, 학부모를 스마트폰 앱으로 연결해주는 모바일 알림장 서비스인 키즈노트 앱을 인수해 서비스를 제공하고 있다. 키즈노트 앱과 카카오가 결합해 어떤 공공 가치가 창출될지 주목된다. 향후 카카오는 마케팅 3.0이 추구하는 새로운 가치 창출을 위해 지속적으로 정보통신기술을 활용한 비즈니스 모델을 개발할 예정이다.

한편 카카오가 송금 지급 결제 시장에 뛰어들긴 했으나 미국 374개, 영국 57개 기업이 진출한 것에 비해 한국에는 이렇다 할 핀테크 기업이 부재한 상황이다. 글로벌 모바일 결제 시장의 규모가 2013년 2354억 달러에서 2017년에는 7210억 달러로 증가될 것으로 예상되는 만큼 이에 따른 대비책과 정부의 규제 완화가 동반되어야 할 것이다.

모바일 콘텐츠 플랫폼 네이버 라인

네이버는 2014년 시가총액 10위권에 진입하면서 대기업보다 높은 기업 가치를 인정받았다. 이 같은 기업 가치 상승에는 네이버의 일본 자회사에서 만든 모바일 메신저 '라인'의 성장이 큰 몫을 했다. 네이버 라인은 현재 전 세계적으로 가입자가 5억 명에 육박하며 글로벌 모바일 콘텐츠 플랫폼으로 성장하고 있다. 특히 초기 일본을 중심으로 성장한 라인이 전체 가입자의 80퍼센트를 일본 이외의 지역에서 확보했다는 점에서 세계적인 메신저로서의 성공 가능성을 보여주고 있다. 네이버의 기업 가치인 20조 원의 절반 이상은 라인이 차지하고 있다고 해도 과언이 아니다.

네이버는 지난 2001년 일본시장에 진출해 검색 서비스를 시작했으나 야후 재팬의 아성을 넘지 못하고 2005년 철수했다. 이후 검색엔진 서비스 업체인 '첫눈'을 인수해 검색 기술력을 높인 네이버는 2009년 재출시됐다. 콘텐츠 확보를 위해 일본 포털사이트 '라이브도어'를 인수했지만 역시 큰 수익을 내지 못했다.

이렇다 할 성공 사례가 없던 중에 2011년 6월 첫눈 개발진들이 만든 모바일 메신저 라인이 일본에서 큰 성공을 거두었다. 2011년 3월 대지진 속에서도 한국으로 철수하지 않고 남아 있던 직원들이 당시의 절박한 상황을 지켜보면서 언제 어디서나 편리하게 연락을 주고받을 수 있는 모바일 메신저를 개발한 것이다. 다소 폐쇄적인 언론 구조를 가진 일본에서 SNS가 실시간으로 사건들을 전달하는 모습을 연출하면서 라인은 출시되자마자 단번에 일본의 커뮤니케이션 문화를 바꿔놓았다.

라인이 인기를 끌자 네이버는 회사 이름도 NHN 저팬에서 라인주식회사로 바꿨다. 네이버는 일본시장 진출에 실패한 아픈 기억이 있었지만, 내수기업이라는 한계를 벗고 글로벌 기업으로 부상했다. 라인을 만들기까지 지난 10여 년간 일본에서 실패와 교훈 얻기를 반복하면서 오랜 노력 끝에 대성공을 거두게 된 것이다.

네이버는 일본에서의 성공을 발판 삼아 스페인, 멕시코, 아시아 지역에서도 거침없는 질주를 하고 있다. 스마트폰 시장이 급속도로 성장하는 인도에서는 현지 언어를 지원하는 한정판 스티커를 발매하고 TV 광고 제작에 공을 들였다. 그 결과 본격적으로 인도에 진출한 지 3개월 만에 이용자가 1000만 명을 돌파하는 성과를 냈다.

마케팅에 집중했던 스페인은 유럽이면서도 남미 국가들과 문화적 공감대를 형성하고 있어, 유럽뿐만 아니라 남미로도 진출할 수 있는 통로라고 생각했다. 이런 선택과 집중 전략은 적중했고 스페인, 멕시코 등지에서 꾸준히 이용자가 증가하고 있다. 터키, 독일 등 서유럽 지역의 신규 가입자들도 점점 늘고 있다. 앞으로는 프랑스, 독일, 이탈리아 등지에서 각 지역의 특화된 프로모션을 펼치고 현지 통신사 및 단말기 제조업체와도 협력을 강화해나갈 방침이다.

네이버는 1일 방문자 수 1800만 명, 1일 페이지뷰 12억 뷰인 국내 최고의 인터넷기업이다. 초기에는 검색 서비스 시장에서 한글 콘텐츠가 부족해 지식인, 블로그, 카페처럼 사용자의 지식과 경험 콘텐츠를 생산하며 성장했다. 이후 변화된 디지털 환경과 플랫폼에서는 웹툰 서비스를 시작했다. 신인 작가와 작품을 발굴하고 역량 있는 창작자들이 성장할 수 있는 플랫폼이 만들어지면서 네이버는 플랫폼 비즈니스 모델 구축에 박차를 가하기 시작했다.

네이버의 일본 자회사에서 만든 네이버 라인은 빠르고 간편하게 친구들과 무료로 메시지를 나눌 수 있는 모바일 메신저로서, 일대일은 물론 그룹 대화도 가능하며 아이폰과 안드로이드, 윈도폰, 블랙베리, 노키아폰 등의 스마트폰뿐만 아니라 PC에서도 즐길 수 있다.

라인의 성공 요인은 크게 네 가지를 꼽을 수 있다. 첫째, 사진과 동영상 공유 등의 기능을 제공해 소비자의 행동 양식 변화에 대응했다. 둘째, 캐릭터 스티커, 이모티콘 등 부가 서비스로 차별화를 시도해 다양한 개성 표현이 가능했다. 셋째, IT 이해도가 낮은 소비자에게 상대적으로 간편한 사용법으로 소구해 인기를 얻었다. 넷째, 성장 가능성이 큰 개도국을 집중 공략하고 현지 업체와 제휴 마케팅을 성공적으로 수행해 여러 국가에 진출했다.

라인이 전 세계적으로 선풍적인 인기를 끌으면서 네이버는 라인을 모바일 메신저를 넘어 다양한 플랫폼으로 개발하고 있다. 문자 서비스, 무료 통화, 타임라인 등 다양한 커뮤니케이션 서비스에서 비롯된 높은 사용자 충성도를 기반으로 라인은 수익 모델을 다양화하고 있다.

현재 라인 채널 서비스에는 운세, 쿠폰, 키즈, 밴드 등 다양한 콘텐츠가 제공되고 있으며 앞으로 음악, 웹툰, 영화, 쇼핑 등을 보강해 디지털 콘텐츠 유통 플랫폼으로 발전시킬 계획이다. 광고 수입에 의존하는 페이스북이나 트위터와는 달리 라인은 스탬프 판매, 게임, 광고, 콘텐츠 등 플랫폼 서비스에 의존하는 만큼 사용자 수가 일정 수준 이상 확보되면 매출 확대 속도가 더욱 빨라질 것으로 보인다.

최근에는 주식을 사거나 가전제품을 작동하는 등 라인을 활용한 다양하고 흥미로운 접근이 시도되고 있다. 이처럼 모바일 메신저는 단순한 커뮤니케이션 도구일 뿐 아니라 다방면에서 삶의 인프라가 되어 다양한 거래나 사업의 기반이 될 수 있다. 메신저 플랫폼이 무료 서비스를 제공해 사용자를 모집하고 그 안에서 다양한 가치를 창출하는 것이다.

다가오는 사물인터넷 시대에는 모바일 메신저의 활용 역량에 따라 기업의 미래 성장동력이 결정될 것이다. 모바일 메신저는 현재 커뮤니케이션의 도구로서 사용되고 있다. 라인은 사람과의 커뮤니케이션

뿐만 아니라 사물과의 커뮤니케이션으로 적용 범위를 넓히기 위해 사업 영역을 지속적으로 확대해나가고 있다.

개방과 공유로 가치 창출

플랫폼 사업 모델은 전통산업 모델과는 크게 다르다. 전통산업은 생산, 판매, 유통이 한 방향으로 이루어지는 파이프라인과 같다고 해서 파이프라인 모델이라 불리는 반면 플랫폼 모델은 양방향으로 고객이 존재한다는 뜻에서 양방향시장으로 지칭된다. 양방향에서 개방과 공유를 통해 새로운 가치가 창출된다는 의미에서다.

플랫폼의 기본 개념은 나누고 공유하는 것이다. 각 분야 전문가들이 능력을 나누고 공유해 더 좋은 제품을 만들고 새로운 가치를 창출하는 것이 플랫폼 비스니스 모델의 핵심이다. 플랫폼은 관계를 기반으로 가치를 창출하는데 이를 위해서는 플랫폼에 기여한 모든 참여자들이 공정하게 이득을 얻는 구조인 공유 가치가 확보되어야 한다. 다시 말해 건전한 플랫폼은 공정한 가치 창출과 분배가 이루어져야 한다.

플랫폼 비즈니스를 대표하는 기업으로는 우버Uber와 에어비앤비Airbnb가 있다. 2009년 미국에서 설립된 우버는 차량 소유자와 이동이 필요한 수요자를 모바일 앱으로 연결하는 차량 공유 플랫폼이다. 우버를 통해 차량 수요자는 언제든 차를 이용할 수 있고, 차량 소유자는 승차 서비스를 제공해 수익을 올릴 수 있다. 2008년 미국에서 시작된 에어비앤비는 집주인과 여행자를 연결시켜주는 숙박 공유 플랫폼으로, 집주인은 집을 빌려줌으로써 수익을 얻고 여행자는 저렴한 비용에 숙박할 수 있다. 이처럼 개방과 공유를 통해 가치를 창출하는 플랫폼 비즈니스 모델이 기존의 산업을 넘어 새로운 시장을 만들어가고 있다.

최근 구매자와 공급자 사이의 불편을 해소해주고 양쪽을 모두 플랫폼으로 끌어들여 거래를 일으킴으로써 새로운 수익 모델을 만들어내는 아이디어 오디션이나 숍윈도 같은 모바일 플랫폼 사업자들이 대거 등장하고 있다. 모바일 플랫폼 비즈니스 모델은 마케팅 3.0 실현에도 앞장서고 있는데, 한국시장에서 이 모델이 정부 규제나 기존 사업자의 대항을 어떻게 이겨내고 혁신을 추진해나갈 것인지 매우 궁금하다. 미국식 마케팅 3.0 혁신이 한국시장과 한국 기업에 어떤 영향을 미치고 어떤 방향으로 진행될지는 아무도 예측할 수 없다. 중·장기적으로 한국 소비자가 현명한 선택을 할 것으로 보인다.

정보통신기술 개발과 개방형 혁신

배달의민족, 카카오, 네이버 라인의 사례에 비추어볼 때 현재 한국 기업들의 마케팅 혁신 단계는 소비자 중심의 마케팅 2.0에서 사회적 가치를 창출하는 마케팅 3.0으로 도약하기 위한 마케팅 2.5단계에 있다고 할 수 있다. 소비자와 쌍방향 소통을 위한 다양한 마케팅을 실시하고 있지만 아직 사회적 가치 창출 단계까지는 접근하지 못했다.

해외 사례를 통해서도 알 수 있듯 마케팅 혁신을 통한 마케팅 3.0으로 거듭나기 위해서는 시장의 리더가 기술이나 브랜드 마케팅 역량을 공유해 사회적 가치를 창출하는 과정이 필요하다. 테슬라는 전기자동차 관련 특허를 모두 공개해 아이디어 공유와 협업을 통한 더 높은 가치를 창출하는 데 성공했다. 구글이 인수한 벤처기업인 네스트는 스마트 온도 조절 장치, 연기 감지기 등 스마트홈 플랫폼을 외부에 공개해 아이디어 공유와 사물인터넷 확산에 기여할 것으로 예상된다. 이처럼 정보통신기술의 활용은 마케팅 혁신을 촉진하고 있다.

제조업계뿐만 아니라 교육산업에서도 사회적 공유 가치 창출을 통한 마케팅 혁신이 이루어지고 있다. 대규모 공개 온라인 강좌인 무크MOOC, Massive Open Online Course는 교육 혁명을 가져왔다. 1994년 펜실베이니아대학에서 시작된 이래 미국, 유럽 등 주요 국가에서는 온라인 공개 교육 서비스에 참여하고 있다. 바야흐로 한국에 거주하면서 전 세계 유명대학의 강의를 들을 수 있게 됐다. 일부 과정에서는 수료 증서와 전 세계 수강생들 간의 온라인 인맥까지 형성할 수 있는 서비스도 제공한다.

한국도 유명 대학을 중심으로 해외 무크 사이트에 강의를 제공하고 있으며 정부 차원의 'K-MOOC' 플랫폼도 개발하고 있다. 그러나 각 대학마다 무크 플랫폼이 다르고 공동 목표나 개발 계획이 부족한 것이 현실이다.

삼성전자, 네이버, 현대자동차, 포스코와 같은 업계 1위 기업들도 공유경제에 의한 아이디어 공유와 확산에는 소극적인 입장이다. 소비자의 영혼을 사로잡을 만한 가치를 창출하기 위해서는 새로운 접근법이 필요하다. 마케팅 2.0에서 벗어나 마케팅 3.0으로 도약하기 위해서는 무엇보다도 다양한 분야와 연결해 아이디어를 공유할 수 있는 열린 사고가 절실하다. 공유 가치는 내 것뿐 아니라 우리 모두의 것을 중시하는 열린 사고에서 나온다. 이런 열린 사고에서 우리가 지금까지 몰랐던 혁신적인 아이디어가 나온다.

공유 가치를 누리려면 이에 상응하는 정부의 규제 완화 정책도 필요하다. 한국의 핀테크 산업이 글로벌 수준에 비해 떨어져 있는 이유도 정부 규제에서 기인한 것이라는 시각이 지배적이다. 실제로 이런 환경 때문에 한국 기업들이 글로벌 기업에 비해 서비스 제공 수준의 한계를 극복하지 못하고 있으며 서비스 확장에도 어려움을 겪고 있다. 마케팅 혁신을 하려면 한국 기업들이 사물인터넷, O2O와 같은 새로운 정보통신기술 개발을 게을리 해서는 안 된다. 아울러 개방형 혁신open innovation으로 협력업체와 동반성장할 수 있는 기업 문화를 구축해야 한다.

3장

공개하고
공유하라

기술 개발

2000년 삼성전자 무선사업부에 휴대전화용 칩 바리스터를 납품하면서 연매출 120억 원을 올린 중소기업 아모텍. 2009년에는 757억 원, 2013년에는 2480억 원이라는 기록적인 매출을 달성한다. 대학교수두 명의 아이디어에서 출발해 실험실 벤처기업으로 창업한 아이센스. 휴대용 혈당측정기를 개발해 사업화한 아이센스는 2013년 코스닥에 상장했고 2014년 연매출 820억 원으로 국내 최고의 혈당측정기 제조업체로 우뚝 서게 된다.

이 두 기업의 성공 키워드는 일견 단순해 보이지만 실상은 해내기 어려운 기술 혁신이었다. 과거 대기업들이 선진기업의 기술을 도입해

소화, 흡수 및 개량에 성공해 글로벌 기업으로 성장하는 동안, 자본과 인력 면에서 열세에 있던 중소기업들은 선진기업의 기술에 접근하기가 쉽지 않았고 자체 기술 역량 축적도 어려웠다. 그 결과 1997년 외환위기 이후 대기업과 중소기업 간 경쟁력이 양극화되는 현상이 심화됐다.

하지만 대기업 위주의 경제 구조 속에서도 일부 중소기업들은 활발한 기술 혁신을 통해 대기업 못지않은 기술력을 축적해 규모는 작지만 글로벌 경쟁력을 확보한 강소기업으로 성장했다.

중소기업의 성장 경로

한국에서 제조업에 종사하는 중소기업들은 사업 영역과 경쟁우위의 기반이 되는 보유 자원 그리고 기업 역량에 따라 크게 하청 기업군, 특화 기업군, 품목다변화 기업군, 생산 중점기업군, 기술 혁신 기업군의 다섯 가지 유형으로 구분된다.

하청 기업군은 특별한 기술이나 자본 없이 다른 기업의 생산 공정 혹은 특정 부품이나 원재료의 일부를 하청받아 생산하는 기업들이다. 대다수의 중소기업들이 이 같은 방식으로 창업하는데, 이런 유형에 속하는 기업들은 일용근로자 등과 같은 비정규직 인력에 대한 의존도가 높고 생산물의 부가가치는 낮기 때문에 경쟁력이 취약하다.

하청 기업군으로 창업한 기업들 중 기술 혁신을 위한 노력 없이 단

그림 3-1 | 중소기업의 전략 유형과 성장 경로 |||||||||||||||||||||||||||||||||||||||||||||||||||||||

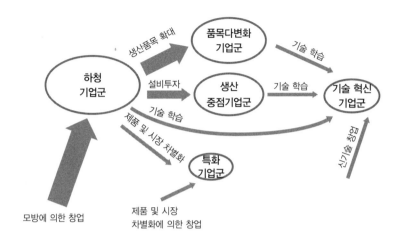

순히 매출 성장만을 꾀하는 기업들이 있는데, 이런 기업들이 규모가 커지면 차별화된 기술력 없이 생산 품목과 고객만을 확장하는 품목다변화 기업군으로 진입하게 된다.

한편 하청 기업군 중 설비투자를 통해 특정 부품이나 원재료의 생산설비를 갖추는 데 성공한 기업들은 생산 중점기업군으로 성장하게 된다. 생산 중점기업군은 특정 품목에 집중하여 최신의 생산설비를 갖추고 원가 경쟁력을 확보한 기업들이다. 그러나 이들이 생산하는 품목들은 범용성이 강하기 때문에 중국 등 후발국 기업들과의 가격 경쟁을 피하기 어렵다.

하청 기업군으로 창업한 기업들 중에서 아주 소수의 기업들이 특화 기업군이나 기술 혁신 기업군으로 진화하게 된다. 특화 기업군에 속하는 기업들은 봉제인형, 신발, 앨범 등과 같은 소비재 경공업 분야에서 선진국 기업의 주문자상표부착생산OEM을 담당했던 기업들 중 자체 상표와 디자인으로 제품을 개발, 생산, 판매하는 단계로 발전한 기업들이다. 기술 혁신 기업군은 자체 브랜드나 디자인으로 제품을 개발, 생산, 판매한다는 점에서는 특화 기업군과 같지만 특화 기업군에 비해 높은 기술력을 보유하고 있고 IT, 바이오 같은 첨단 제품을 생산하는 기업들이다.

이 같은 다섯 가지 유형의 기업군 중 기술 혁신 기업군에 속하는 기업들은 그 수가 매우 적어 전체 중소기업의 5퍼센트 수준에 불과하다. 하청 기업군이나 생산 중점기업군에 속한 기업들 중 기술력을 축적해 기술 혁신 기업군으로 성장한 기업은 극히 드물다. 이는 차별화된 기술력을 토대로 창업 시점부터 기술 혁신 기업군의 입지를 확보한 기업들이 매우 적기 때문이다.

한국에서 기술 혁신 기업군으로 발전하는 경로는 크게 두 가지다.

첫째는 하청 기업군이나 생산 중점기업군에 속한 기업들 중 극히 일부가 대기업이 필요로 하는 부품이나 원재료를 독자적으로 개발, 생산하면서 기술 혁신 기업군으로 발전하는 경로다. 예를 들어 2013년 삼성전자가 올해의 강소기업으로 선정한 부전전자는 1980년대 초반 삼성전자에 전자부품인 부저를 생산, 납품하는 하청기업으로 설립되어 휴대전화용 진동 부품을 전문화한 후 지속적인 기술 개발을 통해 기술 혁신 기업군으로 성장했다.

둘째는 대기업이나 대학 그리고 정부 출연 연구소의 연구원들이 모태 조직에서 개발한 신기술을 기반으로 벤처기업을 설립해 기술 혁신 기업군으로 직접 진입하는 경로다. 예를 들어 자성 전자부품을 생산하는 자화전자는 한국과학기술연구원KIST 출신 연구원이 창업한 벤처기업으로 출발해 기술 개발을 통해 혁신 기업으로 성장했다. 이들은 창업 멤버들이 보유한 기술을 기반으로 독자적인 제품과 서비스를 개발해 정부 지원을 받고 벤처캐피털 등으로부터 투자를 유치하며 시장을 개척해 고객을 확보하는 데 성공했다.

여기서는 기술 혁신 기업군으로 성장하는 데 성공한 대표적인 기업의 사례를 통해 기술 혁신 기업군으로 발전하는 두 가지 전략을 살펴본다. 사례 기업은 세계적인 기술력과 경쟁력을 인정받아 정부에 의해 '월드클래스World Class 300'으로 선정된 기업들 중 골랐다.[1] 한 기업은 대기업과의 기술 협력을 통해 성공한 기업이며, 다른 한 기업은 실험실 벤처기업으로 출발해 산학 협력을 통해 기술 혁신에 성공한 기업이다.

대기업과의 기술 협력에 성공한 아모텍[2]

아모텍은 서울공대에서 금속재료공학을 전공한 김병규 박사가 1994년 설립한 전자부품 업체다. 10여 년간 전자부품 제조업체에서 개발 책임자와 연구소장으로 일한 김 박사는 아모퍼스 물질을 이용해 열을 차단하는 기능을 갖춘 컴퓨터 전원장치 부품을 개발하는 데 성공했다. 이 제품을 대만의 컴퓨터 OEM 업체에 수출해 1998년 연매출 약 80억 원 규모로 사업을 성장시켰다.[3] 1995년에는 스마트 인버터 모터인 BLDC 모터, 1996년에는 내장형 내비게이터용 GPS 안테나, 1998년에는 휴대전화용 칩 바리스터를 개발했다.[4] 2000년에는 삼성전자 무선사업부에 칩 바리스터를 납품하면서 120억 원 규모로 매출이 증가했다.

이후 아모텍은 전 세계 시장점유율 1위인 칩 바리스터를 포함해 휴대용 전자제품의 전자파를 차단하는 제품을 생산하는 ESD/EMI 부품 사업부, 칩 및 패치 형태의 다양한 내장형 안테나를 생산하는 안테나 부품 사업부, BLDC 모터 부품 사업부를 3대 핵심사업을 축으로 성장했다.

사업 초기에는 칩 바리스터 제품과 삼성전자 등 국내 전자회사에 대한 매출 의존도가 높았으나 지속적인 해외시장 개척과 매출 품목의 다변화를 꾀해 중국 산둥(2003년), 칭다오(2006년), 상하이(2009년)에 제품 자회사를 설립했다. 그 결과 수출이 차지하는 비중은 2012년 기준 전체 매출의 60퍼센트에 달했다.

아모텍은 2003년 코스닥에 등록됐고 기술력과 신사업 추진력을 인정받아 정부 지원과 각종 포상을 받았다. 이 밖에 1999년에는 중소기업청으로부터 기술력 우수 기업, 2009년에는 한국수출입은행으로부터 한국형 히든챔피언, 2011년에는 월드클래스 300 기업, 2013에는 코스닥 히든챔피언으로 선정됐다.

아모텍은 자체 연구개발과 더불어 수요자인 대기업뿐 아니라 공급업체들과의 공동 개발을 통해 기술 혁신을 이루어졌다. 수요 대기업은 신제품에 요구되는 성능과 규격을 제시하고 아모텍이 개발한 시제품에 대한 성능 평가를 통해 기술 개발 목표와 방향을 설정했다. 1998년 정부 지원을 받아 자체 개발한 칩 바리스터의 샘플 제품은 대만과 홍콩의 전자회사로부터 절연저항이 떨어진다는 기술적 문제가 제기됐으나, 전문가를 영입해 이 문제를 해결한 뒤 2000년 말 삼성전자의 성능시험을 통과해 본격적인 판매를 시작했다.[5]

아모텍은 소프트웨어 업체와 공동으로 이 제품의 대량생산을 위한 생산설비와 공정을 개발함으로써 칩 바리스터의 양산 체제를 갖추게 됐다. 이후 수요자인 대기업의 요구에 부응해 휴대전화용 칩 바리스터의 소형화에 성공하면서부터 아모텍은 경쟁사를 물리치고 시장점유율을 높일 수 있었다.

삼성전자와 LG전자 등 글로벌 경쟁력을 갖춘 국내 전자회사와 협력해 개발한 신제품은 대기업의 해외 사업망 확장과 더불어 자연스럽게 세계시장으로 확산됐다. 삼성전자와 LG전자 출신 기술자들이 창업한 100여 개 이상의 휴대전화 설계회사들이 칩 바리스터를 설계에 포함시키고 중국 휴대전화 제조업체들이 이를 생산하게 되면서 아모텍은 자연스럽게 중국과 대만으로 시장을 넓혀갈 수 있었다. 이후 화웨이, 폭스콘, 모토롤라, 소니에릭슨, 애플 등이 차례로 주요 고객이 되면서 수요층 다변화에도 성공하게 된다. 현재는 전체 매출에서 삼성전자가 차지하는 비중이 18퍼센트까지 떨어졌지만 아모텍의 성장에 있어 삼성전자는 매우 중요한 역할을 했다.

아모텍은 글로벌 종합 부품기업을 목표로 전자 소재 분야의 다양한 제품을 개발하며 사업 영역을 확장해왔다. 세계 최고의 제품을 세계 최초로 개발하는 것을 목표로 3대 핵심사업 영역에서 시장 수요 대비 3년에서 5년 정도 선행해 신제품을 개발하고 있으며 특허도 국내에 424건, 해외 100건을 보유하고 있다. 이 같은 차별화된 기술력을 토대로 아모텍은 핵심사업 분야 이외의 새로운 시장에 진출하는 전략을 취하고 있다. 이 과정에서 기존 사업 영역과 관련성이 낮은 제품군들은 〈표 3-1〉과 같이 별도 회사로 분사해 사업화했다.

2004년에 설립된 아모그린텍은 아모텍이 개발한 신소재를 에너지, 나노, 환경 및 바이오 분야에 응용해 상업화하기 위해 설립된 벤처기업이다. 아모엘이디는 아모텍의 LED 사업 부문을 분리해 2008년 8월

표 3-1 | 아모텍 계열사 현황

회사명	주요 사업	지분율
아모그린텍(2004년 설립)	나노 신소재 부품 개발, 제조, 판매	13.2%
아모엘이디(2008년 설립)	LED 제품 개발, 제조, 판매	27.6%
아모센스(2008년 설립)	센서 제품 개발, 제조, 판매	25.5%
아모럭스(2009년 설립)	LED 조명기구 개발, 제조, 판매	27.0%

자료: 아모텍 사업보고서, 2012년 12월

에 설립됐다. 이 회사는 아모텍이 개발한 세라믹 재료와 기반 기술을 결합시켜 휴대전화의 플래시와 조명, 자동차 등에 적용되는 LED 패키지와 LED 모듈 등을 생산하는 회사다. 아모센스는 아모텍이 10여 년에 걸쳐 개발한 비정질 소재 기술을 센서 제품에 응용하기 위해 2008년 11월 설립한 벤처기업이다. 2009년 설립된 아모럭스는 아모텍이 개발한 고효율 LED 조명 시스템 기술을 바탕으로 가로등, 튜브형 조명기기, 면발광 조명기기, A-Lamp 등 다양한 조명기기를 개발하는 데 주력하고 있다.

실험실 벤처기업 아이센스의 산학 협력

고령화와 식생활 서구화로 당뇨병 발병률이 증가하면서 개인용 혈당측정기 시장이 급성장하고 있다. 자가 혈당측정기와 혈액 내의 전해질, 가스 농도를 측정하는 혈액분석기를 제조하는 아이센스는 광운대 화학과 차근식 교수와 남학현 교수가 2000년 설립한 실험실 벤처기업이다. 기업으로부터 연구개발 용역을 수주하거나 혹은 교수들이 보유한 바이오센서 기술과 특허를 라이센싱해 수익을 창출한다는 단순한 아이디어에서 시작됐다.

그러나 당시 그들이 보유하고 있던 바이오센서 기술과 특허를 라이센싱하려는 기업이 없었다. 이에 따라 아이센스는 자신들이 보유한 기술과 특허를 적용한 제품을 직접 개발, 생산, 판매하는 방향으로 사업 전략을 수정하고 벤처캐피털로부터 필요한 자금을 투자받았다. 설계와 대량생산을 위한 공정 기술을 학습하는 과정에서 많은 시행착오를 겪은 끝에 마침내 차별화된 제품을 개발하고 생산하는 데 성공했다. 2003년 10월부터 국내 의료기기 대리점을 통해 혈당측정기 판매를 시작했으며 그와 동시에 케어센스CareSense라는 자체 브랜드로 해외 시장에도 진출했다. 전 세계 혈당측정기 시장에서 5위를 차지하고 있는 일본 기업에 혈액을 묻힐 수 있게 화학적으로 제조된 용기인 혈당 스트립을 OEM 방식으로 납품해 기술력을 인정받았다. 2010년 미국에 이어 중국에 진출하며 유럽, 아시아, 북남미 등에 전체 매출의 80퍼센트 이상을 수출하는 글로벌 기업으로 성장했다.

아이센스가 자가 혈당측정기 시장에서 로슈, 존슨앤존슨, 애보트 등 다국적 제약회사들과 겨룰 수 있는 경쟁력의 원천은 지속적인 연구 개발을 통해 축적한 기술력에 있다. 아이센스는 혈당 측정 시스템에 관한 52건의 특허를 포함해 총 150여 개의 특허를 보유하고 있다.

창업 초기의 핵심 기술은 바이오센서 중 가스, 전해질 분석 분야에 있었다. 이 분야는 아이센스가 오랫동안 연구해왔고 특허도 다수 보유하고 있었지만 비용이 많이 들어 개발 대상에서 제외됐다. 대신 비교적 적은 인원과 자금으로도 충분히 개발 가능한 혈당측정기를 우선적으로 사업화하기로 했다. 혈당측정기는 바이오센서 시장의 90퍼센트가량 차지할 정도로 규모가 크고 다른 바이오센서 제품에 비해 진입 장벽이 낮았지만 경쟁 제품이 너무 많아 위험 부담이 컸다.

2001년 2월 아이센스는 로슈 등 이미 제품을 출시한 다국적기업들과 경쟁하기 위해 기존 제품에 비해 높은 성능과 낮은 가격을 구현하는 것을 목표로 기술 개발에 착수했다. 아이센스 연구진은 최소의 혈액으로 최단 시간에 보다 정확한 결과를 얻을 수 있는 혈당 측정법을 찾기 위해 다양한 실험을 했으며, 그해 12월 마침내 자체 개발한 유동 감지전극 기술을 적용해 시제품을 개발했다. 이후 1년간 의대 교수들과 공동으로 실험과 연구를 거듭한 끝에 2002년 3월 마침내 상용 시제품을 개발하는 데 성공했다.

2002년 9월 아이센스는 산업자원부에서 지원하는 부품소재 과제에 선정된 직후 녹십자, 대웅제약, 유한양행 등 몇몇 기업들과 기술 이전을 위한 접촉을 시도했다가 협상이 무산되자 기술 라이센싱에서 자체 생산으로 사업 계획을 변경했다. 5개 창업투자회사와 산업은행으로부터 모두 21억 원의 투자를 유치한 아이센스는 2003년 3월 혈당 스트립의 대량생산을 위한 기술 개발에 성공한다. 이 과정에서 외국의 설비업체로부터 일부 설비를 도입하는 한편 자동화 기계를 자체 설계해 회사 주변 공업사와 청계천의 기계제작소 등을 활용해 제작하기도 했했다. 2003년 9월에는 케어센스라는 브랜드로 자가 혈당측정기를 출시했고, 2003년 10월에는 충북대 연구진과의 공동 개발을 통해 케어랜스CareLance라는 이름으로 보다 간편한 채혈기를 출시했다.

2004년에는 해외시장 진출을 목적으로 유럽 다국적기업과 협력해 스페인, 이탈리아, 미국 병원에서 임상실험을 했다. 2004년 4월 세계적인 권위의 공식 인증기관인 독일기술검사협회TUV PS로부터 인증을 받고 CE-IVDD 마크를 획득했으며 2005년 11월 미국 식품의약국FDA

으로부터 OEM 스트립을 인증받는 등 다양한 품질 인증을 받았다. 이후 혈당센서, 전해질센서, 면역센서 등에서 차세대 제품을 개발하기 위해 지속적으로 투자했다. 그 결과 2010년 병원에서 사용되는 전해질 분석기 아이스마트를 개발해 상품화하기도 했다.

성공적인 기술 혁신을 위한 전략

아모텍과 아이센스를 비롯해 기술 혁신에 성공한 중소기업에서 공통적으로 발견되는 특징은 여섯 가지로 정리할 수 있다.

첫째, 핵심사업 영역에 연구개발을 통한 기술력이 축적되어 있다. 자금과 인력이 제한된 중소기업이 기술 경쟁력을 확보하기 위해서는 대기업에 비해 상대적으로 우위에 있는 특정 분야에 연구개발을 집중할 필요가 있다. 기술 혁신에 성공한 중소기업들은 대부분 기존 기업들이 관심을 갖지 않지만 시장 수요가 존재하는 분야에 집중했다.

아모텍은 다양한 전자부품을 생산하고 있으나 회사가 보유한 핵심기술은 실리콘과 금속을 합성해 비결정질 물질을 제조하는 기술이며, 이 분야에 대한 지속적인 연구개발을 통해 다양한 신소재를 개발해왔다. 아이센스의 경우 창업 초기에는 다양한 화학 소재를 이용한 센서 제작 기술을 보유하고 있었으며 이후 지속적인 연구개발을 통해 혈당기 시장에서 세계적인 기술 경쟁력을 확보했다.

둘째, 외부에서 투자와 인재를 유치해 연구개발 역량을 축적하고 있다. 내부 자원이 부족한 중소기업이 연구개발에 투자하기 위해서는 기술보증기금이나 벤처캐피털 등으로부터 투자를 유치해야 한다. 아모텍과 아이센스도 설립 초기 벤처캐피털을 통해 기술 개발에 필요한 자금을 확보할 수 있었다.

기술 개발에 필요한 우수 인재를 확보하는 것도 중요하다. 충분한 금전적 보상을 해줄 수 없는 중소기업의 경우 창업자의 개인적 인맥을 활용해 인재를 유치해야 하며 이들에게 개인적인 성공 기회를 보장해 주어야 한다. 아모텍은 창업자의 박사과정 후배들을, 아이센스의 경우 연구실 학생들을 적극 유치했다. 이들 핵심 인재에게 회사 지분은 물론 세계적인 엔지니어로 성장할 수 있는 경력 개발 기회도 제공했다.

셋째, 외부와 적극적이고 다양한 기술 협력과 공동 개발 체계를 구축하고 있다. 자원이 부족한 중소기업이 기술 혁신에 성공하기 위해서는 자체 연구개발 투자 확대와 함께 외부 기술과 인력을 적극적으로 활용해야 한다. 기술 혁신을 위한 협력 파트너로는 수요자인 대기업, 대학, 정부 출연 연구소 등이 있다. 수요자인 대기업은 중소기업이 개발하는 제품이나 공정과 관련된 다양한 기술과 정보의 원천이며, 대학과 정부 출연 연구소는 부족한 기초 원천 기술의 공급원인 동시에 연구개발 인력을 보완해줄 수 있다. 무엇보다 이들 외부 파트너와 협력해 기술 개발할 경우 정부가 비용의 일부를 지원하므로 적극 활용하는 것이 좋다.

아모텍의 경우 삼성전자 등 대기업들과의 기술 협력을 통해 성능 좋은 제품을 개발하고 품질에 대한 신뢰성을 확보할 수 있었다. 아이센스는 대학 병원과 공동 연구로 시제품을 개발하고 성능 평가를 실시했다. 이들 기업은 공동 기술 개발 프로젝트를 수행하는 데 필요한 자금의 일부를 정부로부터 지원받기도 했다.

넷째, 미래 수요를 예측해 선제적으로 연구개발하고 있다. 중소기업이 성장 혹은 성숙 단계에 있는 제품이나 서비스를 뒤늦게 모방하는 것만으로는 기술 경쟁력을 확보하기 어렵다. 반대로 시장 수요보다 앞서 제품을 출시해도 수익을 거둘 수 없다. 시장 수요에 맞춰 경쟁자보다 먼저 시장에 진입하는 것이 중요하며, 이를 위해서는 미래 수요를 예측하고 신제품 개발에 선제적인 투자를 게을리해서는 안 된다.

아모텍이 기술 혁신에 성공할 수 있었던 요인 중 하나는 휴대전화 시장의 성장과 초소형 칩 바리스터 제품에 대한 수요를 예측하고 신제품 개발에 선제적으로 투자했기 때문이다. 아이센스도 자가 혈당측정기 수요가 증가할 것을 예측하고 기술 개발에 나섬으로써 우수한 제품을 적시에 출시할 수 있었다. 두 기업은 지금도 미래 수요를 예측하고 3~5년 후에 출시할 신제품을 연구개발하고 있다.

다섯째, 시행착오와 실패를 통해 기술력을 축적하고 비즈니스 모델을 진화해왔다. 중소기업이 초기 시장에 진입해 글로벌 경쟁력을 확보하면서 경험하는 다양한 시행착오와 실패는 피할 수 없다. 이 과정에서 기술력을 축적하고 비즈니스 모델을 시장 친화적으로 진화해가는 것이 중요하다.

아모텍의 경우 초기에 휴대전화용 칩 바리스터 시장에 진입하기 전에는 컴퓨터 전원장치 부품을 생산했으나 대만 등 해외 경쟁사들에 밀려 시장에서 철수할 수밖에 없었다. 아이센스는 사업 초기 자체 개발한 혈당측정기의 핵심 부품을 라이센싱하려던 비즈니스 모델에 실패하면서 혈당측정기와 핵심 부품을 자체 생산, 판매하는 방식으로 비즈니스 모델을 변화시켰다. 이후 완제품 생산 역량이 축적되면서 국내시장에서 해외시장으로, 혈당센서에서 다른 의료기기로 제품을 다각화하는 사업 전략의 진화가 이루어졌다.

여섯째, 전략적 제휴를 통해 신기술 사업화에 필요한 보완적 역량을 확보하고 있다. 중소기업이 신기술을 기반으로 개발한 신제품을 태동기 시장에 성공적으로 출시하기 위해서는 대량생산 기술 확보, 원재료 및 부품 공급선 확보, 고객 발굴과 유통경로 개척 등 새로운 공급망 구축을 위한 다양한 보완적 역량이 필요하다. 대기업과 달리 자원이 부족한 중소기업은 신제품 생산, 유통, 판매 과정에서 필요한 모든 역량을 확보하는 데 어려움을 겪기 마련이므로 다른 기업들과 다양한 형태의 전략적 제휴가 필요하다.

아모텍은 삼성전자와 LG전자 등 국내 기업뿐만 아니라 화웨이, 폭스콘, 모토롤라, 소니에릭슨, 애플 등 글로벌 기업과 전략적 제휴를 맺고 있다. 아이센스도 생산설비 개발과 제작을 위해 청계천 기계제작소와 공동 개발, 채혈기 개발을 위해 충북대 연구팀과 공동 연구, 제품의 판매 확대를 위해 국내외 업체에 자체 개발한 혈당 스트립을 OEM 방식으로 공급하는 등 다양한 전략적 제휴를 활용했다.

자유로운 조직 문화와 CEO 리더십 필수

기술 혁신에 성공한 중소기업이 갖고 있는 조직 내부의 원동력에는 세 가지 공통점이 있다.

첫째, 기술 혁신에 대한 CEO의 비전과 리더십이다. 기술 혁신에 성공한 중소기업은 창업 초기부터 핵심 분야에서 세계 최고 기업으로 성장하겠다는 분명한 비전을 갖고 있다. 이런 비전은 CEO의 의지에 따라 구체적인 의사결정에 반영됨으로써 구성원에게 동기부여가 된다. 아모텍 CEO는 'World Best', 'World First'라는 비전 하에 기술적 역량과 전략적 안목을 갖추고 있다. 아이센스 CEO들은 기술 혁신에 대한 장기적인 비전을 제시하면서 탈권위적인 리더십을 발휘해 구성원의 자발적인 동기부여를 유도한다.

둘째, 개방적이고 자율적인 조직문화와 인재를 중시하는 인적자원 관리 시스템이다. 기술 혁신에 성공한 중소기업은 무엇보다 기술 인력의 자발적 몰입이 중요하다는 사실을 인지하고 우수 인재를 유치하고 교육하며 적절한 보상 체계를 확립하는 데 많은 노력을 기울였다. 아모텍은 2000년대 초반 동양화학과 한보철강에서 근무하던 세라믹, 금속 전문가들을 영입해 핵심 분야인 칩 바리스터 사업의 성장을 도모했다. 이들은 현재 관련 사업을 담당하는 부사장과 전무로 일하고 있다. 아이센스도 대학 실험실과 같은 자유로운 조직문화를 유지하고 우수 인재에 대한 충분한 보상을 통해 동기부여를 이끌어낸다.

셋째, 분권화되고 투명한 의사결정과 조직 운영 체계다. 기술 혁신에 성공한 중소기업은 중요한 투자나 기술 개발에 관한 의사결정에 중간관리자나 실무자를 폭넓게 참여시키고 사업 수행에 관한 의사결정은 대부분 실무자에게 위임한다. 재무 상태나 수익 배분 등 회사 운영에 관한 주요 정보도 투명하게 공개해 구성원들과 공유한다. 이런 조직 구조와 운영 체계는 회사에 대한 구성원의 소속감을 높여주고 열정을 갖고 업무에 임하도록 동기부여를 해준다. 아모텍 CEO는 각 사업부의 담당 임원에게 대부분의 의사결정을 위임하고 각 사업부는 담당 임원의 책임하에 자율적으로 운영되고 있다.

4장

혁신적 리더,
무엇을 하는가

CEO 리더십

세어보지는 않았지만 기업에서 사용되는 말 중 혁신이라는 단어가 차지하는 비중이 꽤 높을 것이다. 경영층으로 올라갈수록 그 비중은 상위 1~3위 안에 들지 않을까 하는 생각이 든다. 그만큼 기업에게 혁신이 절실하다는 의미일 것이다. 혁신의 대상은 다양하다. 이 책에서 다루고 있듯이 사업 포트폴리오, 기술, 마케팅, 기업 문화 그리고 비즈니스 모델 등이 혁신의 대상이 될 수 있다. 어떤 것이 됐든 간에 본질적인 혁신의 대상은 하나다. 바로 '경로 궤적의 무게'다. 기업 내부에 존재하는 기술, 제도, 프로세스, 문화, 업무 방식, 비즈니스 방식 등 모든 것들은 과거로부터 물려받은 경로 궤적의 산물이다. 문제를 일으킬

때 이것을 변화시키는 일이 바로 혁신이다.

과거를 끊고 새 길로 들어선다는 것

좀 더 논의해보자. 〈그림 4-1〉에 따르면 기업은 3단계에 걸쳐 발전하면서 경로 궤적을 남긴다. 첫 단계가 '경로 형성 이전 단계'다. 기업이 설립되면 매우 막막하다. 모든 것이 생소하고 어떻게 해야 하는지를 스스로 찾아가면서 다양한 시도를 해보는 단계다. 생산이나 품질 문제 처리 방식, 제품 개발 및 각종 제도와 영업 방식 등에서 시행착오가 일어나는 시기다. 이때를 넘어서면 차츰 방향성이 생겨난다. 기업 내부에 독특한 질서가 잡히는 시기다. '경로 형성 단계'라고도 한다. 마

그림 4-1 | 경로 의존성과 수렴1 ||||||||||||||||||||||||||||||||||||||||||||||||||||||||||||

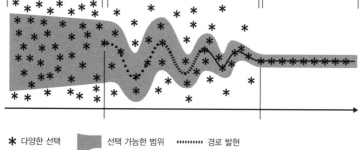

지막 단계는 '경로 결착 단계' 혹은 '경로 의존성 단계'로 표현된다. 기업 내부에 형성된 질서가 더 이상 변화하지 않는 공고함이 형성되는 단계다. 기업 내부에서 운영되는 제도와 시스템, 업무 방식과 문화가 서로 견고하게 얽혀 단단하게 응집되는 시기다.

일단 결착이 일어나면 이 경로 궤적은 웬만해서는 무너지지 않는다. 결착을 중심으로 부서 간 이해관계가 단단하게 형성되어 누군가가 건드리거나 벗어나려 하면 극렬한 저항이 일어난다. 이때부터 과거의 무게가 강력하게 작용한다. 경로 의존성에 의한 수렴 현상이 일어나는 것이다. 이는 과거의 경험적 궤적이 응집되어 하나의 끈으로 단단히 연결되는 현상을 말한다.

결착은 장점이 될 수도 있고 단점이 될 수도 있다. 장점이 되는 이유는 기업이 '경로 형성 이전 단계 → 경로 형성 단계 → 경로 결착 단계'로 이어지는 과정을 거치면서 경쟁에서 이길 수 있는 가장 효율적인 방법들이 응축됐기 때문이다. 이기는 방법의 요체들만 남아 다른 기업들이 흉내 내기 어려워진 것이다. 하지만 단점도 있다. 결착이 종종 외부 환경의 변화에 저항하면서 구성원의 이해관계를 과도하게 보호하는 방향으로 나타날 수 있기 때문이다. 이것은 경쟁력 관점에서 기업에게 부담이 될 수 있다.

결착은 기업의 불행을 유발시킬 수 있다. 특히 경영 환경이 급격히 바뀔 경우 기업을 구렁텅이로 몰아넣는 주범이 되기도 한다. 예를 들면 새로운 기업 혹은 경쟁자가 와해성 제품 기술을 출시하여 시장을 휘저어버릴 때가 그렇다. 와해성 제품 기술은 기존 제품과는 전혀 다른 것으로서 기존 기업이 이 제품의 기술을 뛰어넘으려면 엄청난 내부 변화를 요구하게 된다.

그런데 결착의 정도가 높으면 내부 변화 요구의 강도만큼 저항도 강해진다. 제도와 사람, 업무 방식, 조직문화, 이해관계가 단단하게 얽혀 있기 때문이다. 독점적 지위나 준독점적 지위를 오랜 시간 누리다가 어느 날 갑자기 경쟁을 해야 하는 상황으로 돌입할 때 특히 저항이 거세다. 이런 기업들은 독점 상황에 적합하게 만들어진 경로 궤적을 가지고 있다. 독점 기간이 길수록 경로 궤적은 시멘트처럼 단단해져 변화를 상상하는 일조차 어려울 수 있다.

혁신이란 과거로부터 만들어진 경로 궤적의 무게를 덜어내고 새로운 경로를 창조하는 것을 의미한다. 다시 말하면 과거로부터 이어져 온 경로 의존성을 끊고 새로운 길로 들어서는 것이다. 그렇다면 새로운 경로를 찾아가는 혁신은 어떻게 일어나는 것일까? 이 과정에서 리더는 어떤 역할을 해야 하는가?

이 질문에 답할 만한 기업이 있다. 바로 현대카드다. 현대카드는 업계 꼴찌에서 단숨에 업계 2위로 오르는 엄청난 사건을 일으켰다. 업계 전문가들이 곧 망할 것으로 예상했던 기업이지만 어느 날 신데렐라처럼 업계 선망의 대상이 됐다. 많은 사람들은 현대카드에서 혁신이 일어났다고 말했다. 이 혁신을 이끈 사람은 정태영 대표다. 그는 과연 무슨 일을 벌이고 어떤 성과를 이뤄낸 것일까?

현대카드의 새로운 경로 창조

새로운 경로가 창조되는 과정은 험난한 여정이다. 그 길 위에서 구성원들을 이끌어가야 하는 사람은 바로 리더다. 현대카드의 정태영 대표는 어떻게 이 여정을 이끌었을까?

경로 탐색자, 새로운 경로를 탐색하다

현대카드의 변화는 새로운 경로를 탐색하는 정태영 대표의 역할에서 시작됐다. 새로운 경로를 연다는 것은 기업을 혁신시킨다는 말과 동의어다. 그리고 이 과정은 만만치 않다. 기존 경로에 대한 관성에 젖어 있는 구성원들의 저항에 부딪히기 때문이다. 과연 리더는 이 저항을 헤쳐나가며 새로운 경로를 만들 수 있을까? 그 시작은 바로 경로 탐색이라는 행위다. 리더의 이런 행위를 경로 탐색자로서의 역할이라고 한다.

리더가 새로운 경로 탐색을 하기 위해서는 일련의 사건과 과정이 필요하다. ①경로 파괴 사건의 경험 ②갭 인식 ③경로 탐색 ④방향 제시가 그것이다.

첫째, 경로 파괴 사건의 경험이다. 혁신은 어느 날 갑자기 시작되지 않는다. 기존 경로에 익숙해 있던 기업이 갑자기 경로를 변경하는 일은 쉽지 않다. 경로 변경이 가능하려면 우선 경로 파괴 사건path-breaking event을 경험해야 한다. 경로 파괴 사건이란 변화하지 않으면 생존에 위협이 느낄 만한 사건을 말한다. 기업의 경우 충격적인 경영 성과를 경험하는 것이 경로 파괴 사건이라 할 수 있다. 이렇게 생존의 절박함이 느껴져야 혁신의 가능성이 높아진다.

현대카드의 출발은 2001년 다이너스카드를 인수하면서부터다. 현대카드에서 경로 파괴 사건은 2003년에 일어났다. 그해 회사는 6273억 원이라는 엄청난 영업적자를 보았다. 그리고 정태영 대표가 현대카드에 부임한다. 그는 엄청난 두려움과 함께 현대카드가 과거와 결별하지 않으면 생존할 수 없는 상황임을 직감했다.

둘째, 갭 인식이다. 새로운 경로로 진입하기 위해서는 문제 발생지를 파악하고 앞으로 가야 할 목적지를 선택해야 한다. 이를 위해서는 갭 인식이 있어야 한다. 쉽게 말하면 문제를 느껴야 한다. 전략적 시각에서 갭 인식은 크게 세 가지로 나뉜다. 악성적 성과와 그 원인을 인식하는 '성과갭 인식', 새로운 기회의 방향을 인식하는 '기회갭 인식', 경쟁자 등 비교 대상을 통한 차이와 원인을 인식하는 '비교갭 인식'이 그것이다.

이 중 정 대표가 경험한 경로 파괴 사건은 열악한 성과를 극복해야 한다는 성과갭과 이를 위해 새로운 기회를 찾아야 한다는 기회갭 인식이었다. 현대카드의 거대한 적자는 자신들의 길에 심각한 문제가 있음을 제시하는 사건이었다. 정 대표는 문제의 원인을 비즈니스 모델에서 찾았다. 엄청난 적자의 원인은 엄청난 비용과 관련이 있었다. 연체율이 너무 높아서였다. 카드 업계에서 비용이 높아지는 고질적인 병은 이 연체율이 영향을 미칠 때가 많다.

2003년 현대카드의 연체율은 10퍼센트를 넘었고 이로 인한 미수금이 1조 원을 넘었다. 당시 현대카드의 카드당 매출액은 업계 꼴찌 수준이었다. 현대카드의 비즈니스 모델에 총체적인 문제가 있었던 것이다. 문제의 출발점은 현대카드가 맺고 있던 고객의 특성에 있었다. 현대카드는 수수료는 낮게 주고 연체비용은 증가시키는 고객군과 관계를 맺고 있다는 사실을 이해하게 됐다. 길은 하나밖에 없었다. 그것은 고객에게 변화를 주는 길이었다.

셋째, 경로 탐색이다. 갭 인식을 통해 문제와 그 문제를 해결할 새로운 기회에 대한 인식이 갖춰지면 리더는 새로운 경로를 탐색해야 한다. 이때 크게 세 가지 경로 탐색이 이루어진다. ①비즈니스 경로 탐색 ②조직 운영 경로 탐색 ③비즈니스 정합성 탐색이 그것이다.

정 대표 역시 현대카드를 회생시키기 위해서는 비즈니스의 새로운 경로가 필요함을 인식했다. 정 대표의 진단에 의하면 현대카드의 문제는 연체와 미수를 일으키고 있는 기존 고객에게 있었고, 이에 대처하기 위해서는 새로운 고객이 필요했다. 방향은 명확했다. 우량 고객이 필요했다. 현대카드는 지금까지 고객에게 감흥을 주는 어떤 서비스도 제공하지 못했다. 새로운 비즈니스 경로가 탐색된 것이다.

우량 고객과 새로운 관계를 맺는 것이 절대적으로 중요했지만 이는 단순히 고가 카드를 판매하는 것만을 의미하지는 않았다. 현대카드가 우량 고객에게 다가가기 위해서는 기존의 모든 것을 버려야 했다. 무엇을 어떻게 버려야 하는가? 이에 대한 고민이 바로 '조직 운영 경로 탐색'이다. 그런데 간단한 일이 아니다. 지금까지 걸어왔던 길을 버리고 전혀 새로운 길을 가야 하기 때문이다. 새로운 서비스 상품 개발은 물론 우량 고객을 감동시킬 업무 방식, 조직문화, 시스템 등 모든 것을 바꿔야 한다. 이에 대해 정 대표는 다음과 같은 술회를 한 적이 있다.

"점유율에 관심이 없는 카드회사는 없습니다. 우리도 당연히 관심이 있지요. 점유율이 떨어지면 규모의 경제가 불가능해지고 어려움이 커집니다. (하지만) 진성 회원을 대상으로 한 실체성이 있는 시장점유율이어야 합니다. 연회비를 낮추고, 회원 심사 기준을 낮추고, 지점 수를 늘리면 1등을 할 수 있겠죠. 그게 우리가 원하는 1등은 아닙니다. 어떤 1등인지가 중요하다는 얘기지요."[2]

넷째, 방향 제시다. 리더가 변화를 외친다고 기업이 새롭게 변화하는 것은 아니다. 새롭게 가야 할 길에 대한 리더의 명확한 진단이 있어도 구성원들이 이를 받아들이지 못하면 아무 소용이 없다. 변화는 두려움을 낳는다. 따라서 문제를 해결하려면 리더는 구성원들에게 분명한 방향을 보여주어야 한다. 분명한 방향이란 현재의 문제를 돌파하기 위해 전력을 다해야 하는 길이다.

정 대표 이를 공감하고 있었다. 그는 몇 가지 키워드로 구성되는 방향을 구성원들에게 제시했다. 그것은 바로 '속도speed', '끝없는 변화never-ending change', '전략적 집중strategic focused', '혁신innovation'이라는 키워드였다.[3] 이것이 현대카드를 회생의 길로 이끈 4대 경영 방침이었다. 정 대표는 이 네 가지를 실천할 수 있으면 얼마든지 1등도 가능하다고 믿었고 그런 믿음의 메시지를 구성원들에게 전달했다.

경로 결착 해제자, 구성원의 시각을 바꾸다

새로운 경로로 가기 위해 리더는 구성원들의 마음속에 결착된 경로를 해제해야 한다. 경로 결착 해제는 기존 방식을 더 이상 용납하지 않는다는 것을 상징적으로 표현하고 이에 대한 결단을 구성원들에게 인식시켜주는 행위를 말한다. 그러려면 우선 '인지적 재구조화'가 필요하다. 구성원들이 세상을 바라보는 시각을 바꿔주어야 한다는 말이다. 그다음으로 세상 사람들이 자신을 어떻게 바라보고 있는지 인식하도록 유도하는 것이 필요하다. 이 시선으로부터 기업의 문제가 시작되고 있음을 인식시키기 위함이다. 이것을 다른 말로 '외부 자극의 유입'이라고 말한다. 마지막으로 리더의 의도는 '지속적으로 일관'되어야 한다. 리더의 의도가 일관되지 못하면 대다수 구성원들은 일회성 현상으로 인식하고 피상적으로 몰입하게 된다.

인지적 재구조화부터 차례로 살펴보자.

인지적 재구조화란 "우리는 안 된다", "해봐야 소용없다"와 같은 부정적인 생각을 "우리는 할 수 있다", "해보자" 등의 긍정적 생각으로 바꿔주는 것을 말한다. 여기에는 세 가지 요령이 있다.

첫째로 인지적 재정의가 필요하다. 대부분의 사람들은 고정된 틀 속에서 사고하는 경향이 있다. 오랫동안 하나의 경로 속에 머물러 있게 되면 이런 현상은 더욱 고착화된다. 이런 틀을 새롭게 바꾸는 것을 인지적 재정의라고 한다.[4] 현대카드는 패배의식으로 가득 찬 기업이었다. 그저 앞서가는 경쟁자를 부럽게만 보고 경쟁자가 무엇인가를 하면 그제야 따라가는 회사였다. 자신들이 만들어낸 서비스도 없었다.

모두 베낀 것들이었다. 의욕이 상실된 구성원들만 있는 곳이었다.

실제로 정 대표가 부임하던 시절 그의 지시는 후발주자가 해서는 안 되는 위험한 것이라는 대답으로 돌아왔다. 정 대표는 어떻게든 이런 인지적 결착을 풀 필요가 있었다. 이 문제를 해결하기 위해 그는 후발주자의 장점을 다섯 가지씩 정리해 보고하고 지시했다. 이를 통해 후발주자가 불리하다는 생각이 얼마나 잘못된 것인지를 알려주고자 했다. 다른 한편으로는 후발주자이기 때문에 아무것도 할 수 없다고 생각하는 것이 얼마나 수치스러운 태도인지를 알려주기 위한 목적도 있었다. 정 대표는 패배의식이야말로 그 어떤 것보다도 회사의 생존을 불안하게 만드는 핵심 요인임을 알고 있었다.[5]

둘째로 단호한 거절이 필요하다. 이는 과거의 방법이 더 이상 용납되지 않음을 분명히 하는 것을 말한다.[6] 리더가 기존의 경로를 해제하기 위해서는 용납하지 못하는 것들에 대한 단호한 거절과 자신이 선언한 것들에 대한 분명한 의지를 보여주어야 한다. 정 대표는 사장이 행사장 입장 시 모두가 일어서서 박수를 치는 행동을 금하겠다는 말을 공개적으로 했다. 하지만 행사 담당 팀장은 리더의 본심이 아닐 것으로 생각하고 이전과 마찬가지의 행동을 유도했다. 정 대표는 행사 담당 팀장을 공개적으로 질책했다. 그 효과는 매우 컸다. 이 사건 이후 구성원들은 대표의 변화 의지가 매우 크다는 것을 알게 됐다.

마지막으로 직접적인 대화가 필요하다. 기존의 경로를 파괴하고 새로운 경로로 이행하기 위해서는 리더의 확고한 의지가 구성원에게 일관되게 전달될 필요가 있다. 정 대표에게서 관찰된 한 방법은 CEO 자신이 직접 구성원에게 보고하는 직접적 의사소통이었다. CEO가 보고서를 통해 자신의 경영 철학과 비전, 전략 등을 알리는 방식이었다.

이런 직접 대화는 정례적으로 이루어졌다. 대리나 과장급 직원들에게 직접 이메일을 보내는 시도도 했다. 실무 직원들도 사장에게 직접 이메일을 보낼 수 있도록 했다. 회의실과 임원실 벽은 모두 대형 유리로 바꾸고 밖에서 안을 볼 수 있도록 했다. CEO가 모든 의사결정을 투명하게 진행하고 구성원들과의 장벽을 치지 않겠다는 의지를 표명한 것이다.

다음으로 새로운 경로가 창조되기 위해서는 변화의 자극이 지속적으로 유입되어야 한다. 정 대표는 이런 자극을 고객에게서 찾아냈다. 고객의 시각을 끊임없이 회사 내부로 끌어들여 스스로 고해성사를 하도록 유도한 것이다. 이런 전략의 일환으로 현대카드는 '생생 Talk!–고객! 현대카드를 말하다'와 '통곡의 벽'을 설치했다. 둘 다 2010년에 시행된 제도다. 이보다 한 해 먼저 RM relationship manager 제도도 도입됐다.

'생생 Talk!–고객! 현대카드를 말하다'는 현대카드 구성원이 한자리에 모여 고객의 불만을 모두 듣는 행사다. 고객을 직접 회사에 초청해 불만을 토로하게 하는 방식이다. 사원에서부터 임원에 이르기까지 현대카드의 모든 계층 사람들이 들어야 한다. 고객의 이야기만 듣는 것은 아니다. 필요에 따라서는 금융감독원이나 유관기관 직원들의 불만을 듣는 자리이기도 하다. 이런 자리를 통해 고객과 외부인이 현대카드 때문에 얼마나 분통을 터뜨리고 있는지를 알도록 했다.

'통곡의 벽'은 본사 로비에 설치된 고객 불만사항 게시용 LED 스크린을 말한다. 인터넷과 콜센터에 접수된 고객의 불만을 누구나 볼 수 있도록 회사벽에 게시했다. 그것도 손님이 드나드는 로비에 설치했다. 회사의 잘못으로 고객이 받는 고통을 직접 느끼게 하기 위해 정 대표가 내부 반대를 무릅쓰고 실행한 아이디어다. 현대카드 구성원은 회사를 출입할 때마다 '통곡의 벽'에 올라온 고객 불만을 확인하고 해결책을 반드시 찾아야 했다. 과거에는 고객 서비스 전담부서만 고객 불만을 다루었으나 비슷한 불만이 계속 나오자 이를 원천적으로 봉쇄하기 위한 조치로 마련됐다.

RM은 고객의 불만 요인을 사전에 해소하는 선제적 시스템이다. 현대카드 내부에는 본부별로 '릴레이션십매니저'라는 직책을 두고 있다. 이들은 부서 간에 얽힌 업무 비효율을 파악해 개선하도록 유도하는 역할을 담당한다. 이들에 의해 고객의 불편이 파악되면 지체 없이 프로세스의 개선과 부처 간 조율에 뛰어든다.[7]

마지막으로 새로운 경로로 가기 위해 필요한 것은 리더의 의도가 일관되게 추진되어 구성원들의 믿음을 사야 한다. 변화가 일어날 경우 대부분 지속성에 의심을 갖는 경우가 많다. 일정 시간이 흐르면 위에서부터 흐트러지면서 과거로 회귀했던 경험이 있었기 때문이다. 정 대표는 새로운 경로를 향해 기업이 가고 있다는 방향성에 흐트러짐이 없음을 일관되게 보여주었다. 이런 노력이 없으면 과거의 경로 파괴는 불가능하다. 특히 경로 파괴자로서 CEO의 일관된 의지와 행동은 매우 중요하다. 정 대표는 과거의 경로를 파괴하면서 일관된 원칙을 고수했다.

"CEO의 말이 아래까지 도달하기 위해서는 자신이 한 말을 지켜야 한다. 휴가를 마음대로 써도 된다고 했으면 휴가를 가도 문제가 없어야 한다. 직원들에게 내 앞에서 담배를 피워도 된다고 했으면 회의하다 가도 맞담배 피워도 괜찮아야 한다. 그런 사람에게 '왜 그렇게 눈치가 없어?' 이런 분위기가 되면 안 된다. 이런 사소한 게 안 지켜지면 사장이 콩으로 메주를 쑨다고 해도 안 믿는다."[8]

"회사의 철학이 아래까지 도달하려면 첫째, 명확하고 일관된 철학과 비전이 필요하다. 자주 바꾸거나 왔다 갔다 하면 흐트러진다. 가늠자의 1밀리미터 오차가 목표물에서는 수 킬로미터 오차가 되는 것이다. 둘째, 강력한 실행 의지가 필요하다. 수압이 높아야 수도꼭지까지 물이 흘러간다. 셋째, 초기에는 직접 실무를 챙겨야hands-on 한다. 지시만 한다고 다 되는 건 아니다. 얼마 전에 현대카드 홈페이지 개편 때는 내가 실무자와 함께 한 줄 한 줄 직접 검토했다. 요즘은 이런 일이 거의 없다. 이제 워낙 잘 알아서 하니까."[9]

경로 창조자, 기존 방식을 새로운 방식으로 대체하다

결착된 기존 경로를 해제하는 작업은 혁신을 위한 다음 단계인 경로 창조를 위함이다. 리더의 주요 역할 중 하나가 바로 경로 창조자로서의 역할이다. 경로 창조는 기존 방식을 새로운 방식으로 대체하는 행위를 말한다. 이를 통해 새로운 방식을 심는 것이다. 현대카드에서는 네 가지 작업이 진행됐다.

첫째, 과거의 습관이나 격식을 대체하기 위한 노력이 시작됐다. 예를 들어보자.[10] 이전에는 사장의 호출을 받으면 그 직원은 사장실로 바로 가는 것이 아니라 자기 사무실로 먼저 달려갔다. 격식을 갖추기 위해 양복 상의를 챙겨 입어야 했기 때문이다. 정 대표는 이런 관행을 없애라고 지시했다. 넥타이도 자율에 맡겼다. 회의 때 직원들은 당연히 어디에 앉아야 하는지를 고민한다. 대개 암묵적으로 고정 좌석을 만들어놓곤 하는데 이것도 폐지했다.

대표가 회사 행사에 입장할 때 박수를 치던 관행도 없애버렸다. 대표가 있다고 주눅이 들어 뻣뻣하게 앉아 있던 옛 방식도 없앴다. 퇴근 시간이 지나도 상사의 눈치 보느라 자리를 지키고 있는 관행도 없애버렸다. 이런 조치들이 지켜지지 않을 때 정 대표는 앞서 설명한 '단호한 거절'이라는 방법을 사용했다. 필요에 따라서는 공개적으로 질타를 하기도 했다.

둘째, 업무 루틴에도 큰 변화가 있었다. 특히 부서 간 업무 방식의 변화에 집중했다. 부서 간 의사소통의 장벽을 제거하기 위한 조치였다. 과거에는 여러 부서가 모이는 회의에서 타 부서의 업무에 대해 의견을 내는 것은 매우 위험한 행동이었다. 지적받은 부서의 보복이 있을 수 있었기 때문이다. 이런 문제점을 잘 알고 있었던 정 대표는 업무 보고를 위한 임원회의를 모두 없애버리고 정례적으로 행하던 업무 보고를 모두 이메일로 대체했다. 대신 임원들은 회사에 중요한 이슈 서너 가지에 대해 집중적으로 토론하는 이른바 '포커스 미팅'에 참여하도록 했다.

이때 핵심은 각 부서가 적어도 2~3개월에 하나는 타 부서와 관련된 이슈를 제기해야 한다는 것이었다. 그러자 다른 부서 업무에 대해 의견을 내놓는 것이 일상화되기 시작했고 계급의식 때문에 하위자들이 입을 열지 못하던 관행에도 변화가 생겼다. 부서 간 업무 진행 상황을 공유하기 위해 현대카드에서는 분기당 한 번꼴로 한 부서의 장이나 간부가 다른 부서에 가서 업무를 보도록 하는 '홈앤드어웨이' 제도도 운영했다.

의사결정의 속도를 높이기 위한 변화도 시작됐다. 과거 현대카드의 의사결정 속도는 한없이 느리기만 했다. 정 대표는 이것에 손을 댔다. 빠른 의사결정을 위해 부서마다 결재에 걸리는 시간을 사내 전산망에 공개하는 방식을 도입했다. 이 방식을 내부에서는 '리드타임lead time 제도'라고 부른다. 일반 품의에 의한 결재뿐만 아니라 직원들의 각종 개선 아이디어에 대한 의사결정 시간도 대상이다. 이렇게 하자 의사결정에 걸린 부서별 평균 리드타임은 과거의 40시간 이상에서 9.7시간으로 단축됐다. 회사 내부에 숨어 있는 관료적 비용을 늘리는 업무 관행들도 손보기 시작했다. 한 예로 파워포인트 금지령을 들 수 있다.

셋째, 기존 시스템을 대체하는 노력이 전개됐다. 구성원이 기존 경로에서 벗어나 새로운 경로로 가도록 하기 위해서는 시스템의 핵심 요소가 변경될 필요가 있다. 기업의 경우 인사제도는 핵심 시스템 중 하나다. 인사제도는 구성원 행동에 대한 게임의 규칙을 바꾸는 것을 의미하기 때문이다. 현대카드는 여기에도 변화를 주었다. 먼저 성과평가 방식을 변경했다. 사업부서 평가 시에는 다른 사업 부서들이 해당 부서를 평가하는 '동료평가peer review' 방식이 도입됐다.

평가는 5등급으로 이루어졌는데 타 사업부장들이 해당 사업부를 평가한 결과는 곧바로 공개하도록 했고 사장도 5등급 평가 중 1등급 정도만 조정할 수 있도록 했다. 부서 간 이동에 대한 규칙도 변경했다. 현대카드에서는 부서나 개인이 필요한 사람을 뽑거나 자신의 직무 역량에 따라 부서를 옮길 수 있는 권한을 부여하고 있다. 또한 현대카드에는 '스페셜 트랙'이라는 인사제도가 있는데, 일반적으로 통용되는 스펙에 상관없이 자신만의 독특함과 개성을 가지고 있는 사람을 우대하는 제도다.

퇴사한 직원을 다시 근무할 수 있도록 한 '연어 프로젝트'도 재미있다. 다만 인사고과의 공정성에 대해서는 엄격한 태도를 유지하고 있다. 인사고과를 애매하게 하는 경우 벌금 2000만 원 혹은 사직까지 각오해야 한다.

2012년부터는 핵심성과지표KPI를 없앴다. KPI는 부서나 개인의 목표 달성을 측정하는 보편적인 방법이다. 정 대표는 KPI를 낡은 경영 방식으로 규정했다. 이런 방식으로는 부서나 사람들이 정말 해야 될 행동을 유도하기 어렵다고 생각했다. 대신 각 본부장들에게 성과 평가의 자율권을 주고, 본부별로 성과를 정성적 방법으로 평가하도록 유도했다.

관행과 격식이 파괴되고 업무 루틴에 변화가 생기고 시스템, 특히 인사제도에 혁신이 일어나자 현대카드에는 새로운 문화가 만들어지기 시작했다. 한 예로 무작정 일하던 기존 방식에서 관찰하고 생각하면서 일하는 문화가 만들어지기 시작했다. 이전에는 타 부서나 다른 사람들은 생각하지 않고 자신의 일만 하던 버릇이 있었는데 이제는 타 부서와 타인의 관점에서 생각하며 일하는 분위기로 바뀌었다. 이런 습관을 들이다 보니 전사적 시각에서 업무를 파악하는 역량도 길러졌다. 사고가 유연해지기 시작했고 지시에 순응하며 일하던 사람들이 질문을 던지며 적극적으로 일하는 모습으로 바뀌어갔다. 이런 현대카드의 변화를 정리한 것이 〈표 4-1〉이다.

넷째, 비즈니스 모델을 변경하는 노력도 빠르게 진행됐다. 현대카드가 선택한 경로 창조의 핵심은 우량 회원과 초우량 회원을 확보하는 것에 모든 초점을 두는 것이었다. 기존의 일반 고객을 대상으로 한 카드 발급 경로가 아닌 철저히 기업의 비용과 수익 모델을 건강하게 유

표 4-1 | 경로 창조 전후의 조직문화 비교

구분	경로 창조 이전	경로 창조 이후
일하는 방식	무작정 일하기 지시 순응적 고립적	관찰하고 생각하면서 일하기 질문을 통한 일 처리 협력적
사고방식	자기중심적 사고 경직적 사고	타인중심적 사고 유연한 사고
최적화 방식	국부 최적화	전체 최적화
해결 방식	미봉책	근원적 해결
소통 방식	자기주장, 방어	소통과 의미 공유
시간 지향성	과거 지향	미래 지향

지해줄 고객 수를 늘리는 것이었다.

2003년 현대카드가 M카드를 출시할 당시만 하더라도 경쟁사들은 연회비와 현금서비스 수수료 낮추기 경쟁에 돌입해 있었다. 현대카드도 동일한 방식으로 경쟁에 뛰어들었다가 엄청난 비용을 치러야 했다. 연회비와 수수료 인하 경쟁의 선봉장이었던 LG카드가 붕괴하자 현대카드는 더 이상 연회비와 수수료 낮추기로 경쟁해서는 안 된다는 생각에 이르렀다.

그러자 비즈니스에서 경로 파괴가 시작됐다. 그 방향은 우량 고객에 기반한 비즈니스였다. 모든 전략은 여기에 맞춰 필요한 방향으로 흘러갔다. 프리미엄 카드(블랙카드, 퍼플카드, 레드카드) 발급, 초우량 고객과 우량 고객을 위한 차별화된 카드 디자인 그리고 초우량 고객을 위한 문화 이벤트 슈퍼시리즈를 설계했다.

우량 고객이 아니더라도 가능한 카드당 매출액을 높이기 위한 전략도 구사됐다. 이 전략의 대표적인 방식이 챕터 2이다. 현대카드는 1000만 명이 넘는 고객들의 카드 이용 패턴을 정밀하게 분석한 후 기존 22개의 카드를 7개로 대폭 줄이고 서비스를 포인트 적립과 캐시백으로 단순화하는 전략을 내놓았다.

이와 더불어 월 50만 원 이상 사용하는 고객에게는 더 많은 혜택을 주고 100만 원 이상 사용하는 고객에게는 추가 혜택을 주는 전략도 구사했다. 이 방법으로 카드 출시 1년 만에 신규 회원수가 200만 명을 돌파하는 성과를 얻었다. 1인당 평균 카드 사용 금액도 65만 원에서 89만 원으로 증가했다.

경로 정련자, 불필요한 경로를 잘라내다

새로운 경로 창조로 모든 것이 이루어지는 건 아니다. 때로 이런 행위로 인해 이전보다 복잡한 경로가 만들어지는 부작용이 발생하기도 한다. 따라서 불필요하게 복잡해지거나 부작용을 나타내는 새로운 경로들을 가지치기할 필요가 있다. 이 역시 리더의 몫이다. 이것을 경로 정련자의 역할이라고 한다.

현대카드에서도 기존 경로가 파괴되고 새로운 경로가 실험되는 과정에서 또 다른 문제가 발생했다. 창의적 사고에 의한 경로 파괴가 강조되다 보니 새로운 것에만 집착하는 습관이 생겨났고, 이로 인해 내부의 업무 루틴들이 오히려 복잡해지기 시작했다. 이를 교정하기 위한 노력이 필요했다.

정 대표는 새로운 경로들에 대한 가지치기가 필요하다고 생각해 '단순화simplification' 운동을 전개했다. 생각은 넓은 시각에서 하되 단순하면서도 일관성 있는 생각을 유도하기 위한 것이다. 이를 통해 카드 상품과 운영 등을 개별 부서 단위가 아닌 전사적 수준에서 하도록 자극했다. 일정한 방향 없이 새로운 것만을 추구하다 보면 회사가 어디로 가는지 알 수 없었기 때문이다.

이런 시각에서 2003년 현대카드를 회생시킬 때 사용했던 4대 경영방침이 2014년에 변경됐다. 기존의 '속도', '끝없는 변화', '전략적 집중', '혁신'을 '전략과 실행strategy+execution', '속도speed', '끝없는 변화never ending change', '다양하지만 하나인diverse yet united'으로 바꾼 것이다.

기존 경로를 깨고 새 경로를 찾다

지금까지의 내용을 종합해보자. 기업에서 혁신은 어떤 과정을 통해 일어나는 것일까? 이것을 보여주는 것이 〈그림 4-2〉다. 이 그림은 기업의 혁신 과정을 기존 경로의 궤적을 파괴하면서 새로운 경로를 창조하는 관점에서 바라본 것이다. 혁신의 시작은 이것을 촉발하는 최초의 방아쇠를 필요로 한다. 그것이 바로 경로 파괴 사건이다. 이 사건으로 변화의 필요성이 절실해지면 경로 탐색이라는 단계로 진입하게 된다. 어떤 방향으로 혁신할 것인가를 결정짓는 단계다. 다음은 구성원들의 마음 밭을 변화시키는 단계다. 경로 결착 해제가 이 단계다. 이 단계가 종료되면 본격적인 경로 창조 단계로 진입하게 된다. 경로 창조는 일종의 시행착오 과정이다. 이때 불필요한 경로들도 만들어지는데 이를 버리는 것을 경로 정련이라고 한다. 여기까지가 기업에서 혁신이 일어나는 과정이다.

〈그림 4-2〉에서는 실선 화살표로 표현되어 있다. 그런데 새로운 경로는 정련 과정을 거치면서 다시 결착 현상을 보인다. 새로운 경로를 반복적으로 사용하면서 발생되는 일이다. 결착된 경로에서 문제가 싹트게 되면 다시 경로 파괴 사건을 거쳐 새로운 혁신이 반복적으로 일어나게 된다. 그림에서 점선으로 표시된 화살표가 이것을 말해준다.

기존 경로 궤적을 파괴하고 새로운 경로를 창조하는 과정에서 필요한 리더의 역할을 네 가지로 정리할 수 있다.

첫째, 경로 탐색자로서의 역할이다. 경로 파괴 사건을 리더가 경험

그림 4-2 | 경로 파괴 관점에서 본 혁신 과정 |||||||||||||||||||||||||||||||||||||||||||||||||

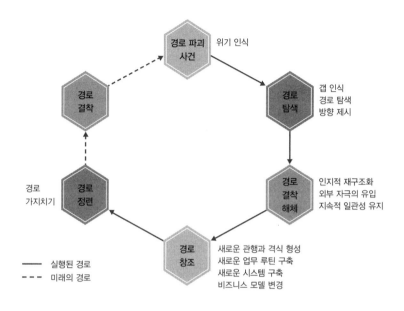

함으로써 촉발되는 역할이다. 혁신이 이루어지기 위해서는 우선 리더가 현재의 경로에 이상이 있음을 느껴야 한다. 이는 리더에게 매우 중요한 일이다. 이 과정 없이는 새로운 경로 탐색을 준비할 수 없다. 이때 필요한 것이 갭 인식이다. 보통 성과갭, 기회갭, 비교갭을 통해 문제를 인식할 수 있다. 경로 탐색 시에는 보통 '비즈니스 경로 탐색', '조직 운영 경로 탐색', '비즈니스 경로와 조직 운영 경로 간의 정합성 유지를 위한 탐색'이 이루어진다. 여기에 더해 구성원들에게 나아가야할 새로운 방향을 제시하면 경로 탐색자로서의 역할이 완료된다.

둘째, 경로 결착 해제자로서의 역할이다. 구성원의 마음 밭을 변화시키는 역할을 말한다. 리더는 '인지적 재구조화'와 '외부 자극 유입'을 통해 구성원의 생각을 바꾸는 역할을 수행해야 한다. 이때 중요한 것이 '지속적 일관성'을 유지하는 일이다.

인지적 재구조화를 할 때는 '인지적 재정의', '단호한 거절', '직접 대화'라는 방법을 사용한다. 인지적 재정의란 구성원들의 고정된 사고의 틀을 새롭게 해주는 것을 말한다. 단호한 거절은 리더가 좋고 싫음을 분명히 드러내는 것을 말한다. 이 과정에서 구성원들은 리더가 선호하는 것들을 유지하고 강화하려고 하고 싫어하는 것을 버리려는 학습 행위가 일어난다. 직접 대화는 리더의 생각을 구성원들이 직접 경험할 수 있도록 면대면 기회를 제공하는 것을 말한다. 이를 통해 구성원들은 리더의 의지와 변화 방향을 인식할 수 있다.

셋째, 경로 창조자로서의 역할이다. 기존의 경로를 없애고 새로운 경로를 조직 내에 구축하는 역할이다. 이때 새롭게 구축해야 하는 경로들은 새로운 관행과 격식, 새로운 업무 루틴과 시스템 및 비즈니스 모델의 변경이다.

마지막으로 경로 정련자로서의 역할이다. 경로 창조를 위해서는 다양한 실험이 일어나기 마련이다. 이 과정에서 불필요하거나 효율적이지 못한 경로들도 만들어진다. 혹은 오히려 부작용을 갖는 것들도 있을 수 있다. 이런 것들을 찾아 제거하는 역할이 경로 정련자로서의 역할이다.

이상의 역할을 수행하는 것과 더불어 리더가 기업을 혁신하기 위해 가져야 하는 전제조건이 있다. 가장 중요한 것은 구성원이 리더를 신뢰할 수 있어야 한다. 많은 기업들이 혁신을 위해 부단히 노력하고 있다. 불행히도 이런 혁신들이 모두 성공을 하는 것은 아니다. 첫 번째 원인은 구성원들이 리더를 신뢰하지 못하기 때문이다. 불신의 핵심은 자신들이 불이익을 받을 수 있다는 두려움 혹은 일관되지 못한 리더의 행동과 관련이 있다. 두 번째 원인은 지속적으로 권위를 유지하지 못하기 때문이다. 여기서의 권위는 리더의 메시지가 주는 설득력에 기반한 권위를 말한다. 이런 권위는 리더가 자신의 말에 책임을 질 때 나타난다. 또한 새로운 변화로 인한 성과가 창출되기 시작할 때 나타난다. 이런 것들이 지속되면 구성원들은 리더의 메시지에 귀를 기울이며 변화하기 위한 노력에 진정성을 보이게 된다.

5장

효율과 혁신,
두 마리 토끼를 잡아라

조직 운영과 인적자원관리

포스트잇노트로 잘 알려진 3M은 창의적인 조직문화와 인적자원관리 방식으로 지난 100여 년 동안 높은 성과를 유지하고 있다. 전 세계적으로 30조 원이 넘는 매출액과 8만8000명이 넘는 종업원을 가진 대기업임에도 불구하고 3M은 구성원 누구나 혁신적인 아이디어를 제안하고 실행할 수 있는 벤처기업 같은 조직 환경을 제공하고 있다.

이를 위해 3M은 다양한 제도와 시스템을 도입하고 있는데, 예를 들면 구글이 벤치마킹해 사용하고 있는 15퍼센트 규칙(근무시간의 15퍼센트를 스스로의 꿈을 실현하는 데 자유롭게 사용하도록 하는 제도), 사내벤처제도(혁신 프로젝트를 독립된 벤처기업처럼 운영하고, 성공하면 사업부장이 될 수 있지만 실패하더라도 원래의 자리로 되돌아가면 되는 제도), 전문직제도(승진하더라도 관리직이 아닌 자신의 전문성을 살릴 수 있는 전문가로 남는 제도), 제네시스 프로그램(기존 사업부에서 지원하지 않는 혁신 프로젝트를 대상으로 5만 달러 이내에서 지원해주는 제도) 그리고 "구성원의 신제품 아이디어를 절대로 죽이지 말라"는 3M의 11계명 등이 그것이다.

이런 3M도 2001년 GE에서 영입한 제임스 맥너니James McNerney 회장이 생산성을 높이기 위해 식스시그마[1]제도를 도입하면서 구성원의 창의성과 제품의 혁신성이 크게 위축됐다. 후임 조지 버클리George Buckley 회장은 효율성을 높일 수는 있지만 다양하고 창의적인 시도를 억제한다는 이유로 식스시그마제도를 폐지했다. 혁신의 엔진이라고 불리는 3M의 창의적인 조직문화를 회복시키기 위한 이런 변화는 〈비즈니스위크 The Business Week〉의 특집기사로 소개되면서 효율성과 창의성을 동시에 높일 수 있는 조직관리 방식에 대한 경영자들과 학자들 간의 논란거리를 제공했다.[2]

기업은 어떻게 효율성을 희생하지 않으면서 혁신성을 높일 수 있을까? 기업이 일련의 혁신을 장기간 동안 추진하기 위해서는 구성원이 혁신을 주도할 수 있는 조직 환경이 조성되어야 한다. 이런 조직 환경을 구성하는 핵심 요소가 바로 조직 구조와 조직문화 그리고 인적자원 관리 시스템이라고 할 수 있다. 그동안 한국 기업은 하향식 의사결정과 일사불란함을 추구하며 생산성을 높이는 데 전념해왔다. 그러나 앞으로 우리 기업이 지속적으로 혁신하기 위해서는 구성원의 자발적인 혁신과 창의성을 유발하는 조직 환경을 조성하는 데 주력해야 한다.

구성원의 자발적인 혁신을 이끌어내려면 조직과 인력을 어떻게 관리해야 할까? 그런 혁신적 조직관리 및 인적자원관리 방식을 가져오는 원동력은 무엇인가? CEO의 경영 철학이나 리더십과는 어떤 관계가 있는가? 이번 장에서 다루고자 하는 주제다. 먼저 조직관리 및 인적자원관리에 대한 한국 기업의 실태와 최신 연구 결과를 살펴본 후 마이다스아이티와 고영테크놀러지 사례를 소개한다. 이런 혁신이 조직 내에서 어떻게 여러 가지 전략적 혹은 기능적 혁신을 유도하는지 살펴보고 시사점을 제시하고자 한다.

추격자에서 선도자로

그동안 우리 경제를 견인해온 삼성전자, 현대자동차, 포스코 등 대기업의 성공 요인으로 실행력, 기술력, 국제화, 수직 계열화, 스피드를 꼽는다.[3] 이것이 가능했던 것은 장기적인 비전과 사업 특성을 이해하고 실행력을 가진 CEO의 과감한 리더십과 구성원을 한 방향으로 결집시키는 집권화된 의사결정 구조 그리고 이를 뒷받침하는 복합적인 소유 구조와 계열사 간 조정 메커니즘이 있었기 때문이다. 여기에 위계적인 서열 문화를 기반으로 일등주의 지향, 필사적인 속도전식 업무 수행, 수직적인 협력에 의한 비공식 라인 간의 경쟁, 선진기업 벤치마킹을 통한 모방 학습, 우수 인재 확보와 신상필벌의 평가와 보상 등이 더해지면서 대외 환경변화에 신속하게 적응할 수 있다.[4]

그러나 이런 조직 관리 및 인적자원관리 방식은 선진기업을 추격하던 시대에는 효과적이었으나 선도적인 혁신을 통해 경쟁력을 강화해야 하는 현재에는 패러다임의 전환이 요구되고 있다.[5] 과거 산업사회에서는 대량생산과 효율성 경쟁이 중요했으나 21세기 창조사회에서는 지속적인 창조와 혁신을 통한 경쟁력 확보가 중요해졌기 때문이다.[6] 이에 따라 CEO를 정점으로 수직적이고 위계적인 방식의 일사불란하고 획일적인 조직 운영보다는 유연하면서 자발적이고 수평적인 협력과 다양성을 강조하는 조직 운영이 필요해졌다.

인적자원관리 방식도 내부 노동시장을 통한 안정적 고용 시스템뿐 아니라 외부 노동시장을 통한 유연한 고용 시스템 적용의 필요성이 제기됐고, 평가와 보상도 연공 중심에서 성과와 역량 중심으로, 획일적인 경력 개발 경로에서 개인 성향에 맞는 다양한 경력 개발 시스템으로 그리고 조직 충성심 유발부터 자발적인 동기부여 중심으로의 변화가 강조되고 있다.[7] 최근에는 미국식 성과주의 인사제도가 도입되면서 팀워크 및 충성심 저하, 단기적인 성과 지향, 우리 문화와의 갈등, 고령화 및 출산율 저하로 인한 노동력 부족 등이 당면과제로 대두됐다.

효율이냐 혁신이냐

그렇다면 기존 업무의 효율을 극대화하기 위한 조직 운영 방식과 창의와 혁신을 강조하는 조직 운영 방식은 어떻게 다른가? 〈표 5-1〉은 그동안의 연구 결과를 바탕으로 효율을 추구하는 조직과 혁신을 추구하는 조직의 업무 특성과 조직 운영 방식을 정리하고 있다.

혁신을 추구하는 조직이 효율을 추구하는 조직과 다른 점은 혁신 업무와 운영 업무의 차이에서 비롯된다. 일상적인 운영 업무는 기존 지식을 반복 활용하고 분업 효과를 극대화하며 전문화할수록 효율이 높아지고 단기적인 성과 창출이 가능하며 신뢰성을 높일 수 있다. 반면 창의적이고 혁신적인 업무는 다양한 경험과 아이디어를 결합해 새로운 지식을 창출하는 것이 중요하고 상대적으로 실패 가능성이 높으며 성과가 나타나기까지 오랜 시간이 소요된다.

이런 업무 차이를 고려해 조직 운영에 있어 서로 다른 접근 방법이 필요하다. 효율을 추구하는 조직은 분업의 원리에 기반해 업무를 세분화하고 전문화하며 의사결정 권한을 경영자에 집중하고 하향식 소통과 수직적 조직관리를 통해 일사불란하게 움직일 수 있도록 하는 것이 바람직하다. 모든 구성원이 지켜야 하는 행동 규범이나 절차를 표준화하고 문제 해결에 있어서도 기존의 검증된 방식에 집중하는 수렴적 사고방식이 효율적이며, 실패를 최소화하고 구성원의 동질성을 강조하는 것이 효율적으로 조직 관리를 하는 데 도움이 된다.

반면 혁신을 추구하는 조직은 다양성을 확장하는 동시에 이런 다양성을 통합할 수 있어야 한다. 이를 위해 실무자에게 의사결정 권한을 위임하고 쌍방향 소통과 부서 간의 협력을 강조하는 수평적 조직관리가 필요하다. 구성원의 유연한 사고와 자율성을 허용하며 문제 해결에 있어서도 다양하고 참신한 대안을 찾는 확산적 사고방식이 도움이

표 5-1 | 효율 추구 조직, 혁신 추구 조직, 양손잡이 조직의 특성 비교 ||||||||||||||||||||

	효율 추구 조직	혁신 추구 조직
업무 특성	· 반복적, 일상적 · 기존 지식의 활용 · 불확실성이 낮고 실패 위험이 작음 · 단기적 성과 지향	· 비반복적, 비일상적 · 새로운 지식의 창출 · 불확실성이 크고 실패 위험이 큼 · 장기적 성과 지향
조직 운영 방식	· 분업의 원리에 기반한 세분화와 전문화 · 의사결정의 집권화 · 하향식 의사소통과 수직적 조직관리 · 표준화된 규정 규칙 절차 · 문제 해결의 수렴적 사고방식 강조 · 실패 및 위험 회피 · 동질성 강조	· 다양성의 확장과 동시에 다양성의 통합 · 의사결정의 분권화 · 쌍방향 의사소통과 수평적 조직관리 · 유연성과 자율성 · 문제 해결의 확산적 사고방식 강조 · 정직한 실패에 대한 관용과 도전 선호 · 다양성과 동시에 팀워크 강조
	양손잡이 조직	
구조적 양손잡이 조직	효율을 추구하는 조직과 혁신을 추구하는 조직의 분리와 통합 (대기업 조직에 적합)	
환경적 양손잡이 조직	· 구성원이 상황에 따라 효율과 혁신 활동을 자율적으로 균형 있게 추구(중소중견기업에 적합) · 환경적 양손잡이 조직을 위한 헌신형 인적자원관리 시스템 혹은 고성과 작업 시스템 · 역량 및 핵심 가치 기반의 엄격한 선발 채용 · 장기적 고용관계 · 다양한 직무 이동 및 경력 개발 기회 제공 · 참여 기회 및 자율성 제공 · 교육훈련 투자 강화 · 성과에 기반한 평가와 역량에 기반한 배치와 승진 · 조직 혹은 팀 성과 기여에 따른 보상	

||||||||||||||||||||||||||||||||||||||||||||||||||||||||||||||||||||||||||||||||||||||||||||||

된다. 이 과정에서 발생하는 정직한 실패에 대해서는 관용을 베풀고
서로 다른 지식, 관점, 경험이 생산적으로 결합될 수 있도록 팀워크를
강조하는 것이 바람직하다.

기업은 혁신과 효율을 동시에 추구해야 하는데 이를 위해 제안된 조
직관리 방식이 양손잡이 조직ambidextrous organization이다. 여기에는 구조

적 양손잡이 structural ambidexterity 조직과 환경적 양손잡이 contextual ambidexterity 조직이 있다.

구조적 양손잡이 조직은 창의와 혁신을 추구하는 조직과 효율과 운영을 추진하는 조직을 구조적으로 분리하고 각각의 조직에 적합한 조직 운영 방식을 차별적으로 적용한다. 동시에 경영진이 두 조직을 아우르는 공통의 비전과 핵심 가치를 제시하고 조직 전체의 성과에 따라 보상을 제공해 원활한 협조와 통합을 유도한다.[8] 중소중견기업에서는 서로 다른 조직 운영 방식을 동시에 적용하는 데 현실적으로 어려움이 따른다.

반면 환경적 양손잡이 조직은 조직관리 및 인적자원관리 시스템에 의해 조성된 환경이 구성원으로 하여금 기존 업무의 생산성을 높이는 업무와 새로운 혁신을 창조하는 업무 사이에 균형 있게 시간과 역량을 적용할 수 있도록 자율성과 동기부여를 해준다.

캘리포니아주립대학의 클라크 깁슨Clark Gibson 교수와 런던경영대학의 줄리언 버킨쇼Julian Birkinshaw 교수는 규율discipline, 도전stretch, 지원support, 신뢰trust의 네 가지 속성을 가진 조직에서 환경적 양손잡이 방식이 적용 가능하다고 주장한다.[9]

규율이란 목표가 분명하고, 신속하고 공개적인 피드백을 제공하며, 일관된 원칙에 따라 구성원을 관리할 때 생겨난다. 도전이란 구성원이 자발적으로 목표 수준을 높이는 것을 의미한다. 일반적으로 명확한 목표가 주어지고 이에 상응하는 보상과 긍정적인 피드백이 주어지는 경우 업무 성과가 높아진다. 게다가 구성원이 능동적으로 더 높은 목표에 도전할 기회가 주어지고 그 결과로 인해 자신감과 추가적인 보상이 주어지면 지속적으로 더욱 높은 성과를 낼 수 있다. 성과지향 조직에서는 이 두 가지 속성을 모두 강조한다.

반면 **지원**은 구성원 사이에 지식이나 자원이 공유되고 협업이 원활하게 이루어지며 스스로 의사결정을 할 수 있는 자율성을 제공하는 것을 말한다. **신뢰**는 구성원이 조직의 공정성을 의심하지 않고 경영자의 리더십에 대한 믿음이 있으며 스스로 존중받는다고 느낄 때 생긴다. 구성원에게 고용 안정성과 공정한 승진 기회를 제공하고 참여와 임파워먼트를 강조할 때 조직에 대한 믿음이 높아진다. 조직에 대한 구성원의 신뢰가 커지면 실패의 두려움이 줄고 구성원들이 상호 교류를 통해 다양한 지식과 경험을 나누면서 자발적으로 혁신을 시도한다. 이 같은 속성은 공동체를 강조하는 조직에서 자주 볼 수 있다.

요약하자면 도전적인 목표와 엄격한 규율을 강조하는 성과지향 문화와 구성원 간의 상호 협력과 신뢰를 강조하는 공동체 문화가 동시에 구축된 조직 환경에서는 구성원이 새로운 혁신을 창조하는 노력과 기존 업무의 효율을 높이는 노력을 스스로 선택할 수 있다. 여기에는 단순히 두 가지 상반된 업무에 대해 시간과 자원을 자율적으로 선택하는 것을 넘어 이에 필요한 역량이나 지식을 학습하고 자발적으로 헌신하는 동기부여가 뒤따라야 한다.

관계와 자율을 중시하는 조직이 성과가 높다

헌신형commitment-based 인적자원관리 시스템[10]은 이런 환경적 양손잡이 조직을 위한 인적자원관리 시스템이다. 이 방식은 독립적인 개인보다는 구성원 상호 간의 관계를 매우 중시하고 위계에 의한 통제보다는 자율과 참여를 기반으로 한다.

헌신형 인적자원관리 시스템은 AMO 모형이라고 알려진 세 가지 요소로 구성된다. 첫째, 우수 인력의 선발과 이들에 대한 지속적인 교육 훈련을 통해 필요한 역량을 높이는 **역량**ability **증진 시스템** 둘째, 고용 안정과 명확한 기준에 의한 인사고과, 성과에 기반한 보상을 통한 **동기부여**motivation **증진 시스템** 그리고 구성원의 자발적인 참여와 직무 유연성, 지식 공유와 자율성을 제공하는 **기회**opportunity **부여 시스템**이 그것이다.

헌신형 인적자원관리 시스템은 구성원의 역량을 높이고 자발적인 동기부여를 하며 높은 성과를 달성할 수 있는 기회를 제공함으로써 구성원이 자신의 경험과 지식을 공유하고 새로운 지식을 창조하고 목표 달성을 위해 헌신하는 조직 분위기를 조성하여 높은 성과를 올릴 수 있다.[11] 이와 관련된 최신 연구들은 헌신형 인적자원관리 시스템을 적용한 기업들이 경영 성과뿐 아니라 혁신 성과도 우월한 것으로 주장하고 있다.

스탠퍼드대학의 제프리 페퍼Jeffrey Pfeffer 교수는 차별이 없는 장기적인 고용 관계를 기반으로 엄격한 채용과 지속적인 교육 훈련, 지식과 정보의 공유, 분권화된 조직 운영과 자율 경영 그리고 성과에 기반한 보상 체계를 유지하는 기업이 지속적으로 높은 성과를 올린다고 주장한다. 창의성 연구의 권위자인 하버드대학의 테레사 아마빌Teresa Amabile 교수는 관련 분야에 대한 지식과 창의적 사고 방식과 내재적 동기부여가 창의성의 핵심 요소라고 주장한다.

헌신형 인적자원관리 시스템은 구성원의 지식과 역량을 높이는 데 투자를 아끼지 않고, 실패의 두려움을 떨쳐내고 도전적인 목표를 갖고 새로운 방식을 시도하는 것을 장려한다. 이 과정에서 업무에 대한 몰입을 통한 학습과 보람, 성취감 등 내재적 동기부여와 함께 성과에 합당한 외재적 보상이 주어짐으로써 구성원의 창의성과 혁신적인 노력이 꽃피울 수 있기 때문이다.

한국에서도 여러 연구들이 헌신형 인적자원관리 시스템을 활용하는 기업이 혁신 성과뿐 아니라 경영 성과도 높다는 사실을 밝히고 있다.[12]

마이다스아이티의 자연주의 인본 경영[13]

헌신형 인적자원관리 시스템을 적용해 탁월한 성과를 올린 기업이 바로 마이다스아이티다. 2000년 포스코건설에서 사내벤처 1호로 창업한 마이다스아이티는 건설 기계 분야 첨단공학용 시뮬레이션 소프트웨어 비즈니스, 건설·플랜트엔지니어링·기계 분야에 특화된 구조

해석 엔지니어링 서비스 비즈니스, 웹 기반 마케팅 솔루션을 제공하는 온라인 비즈니스 사업에 참여하고 있다.

2014년 연매출 575억 원을 기록한 마이다스아이티는 미국, 일본, 중국, 인도, 영국, 러시아, 싱가포르에 법인을 설립하고 전 세계 35개국에 대리점을 보유하고 있다. 건설 기계 분야 첨단공학용 시뮬레이션 소프트웨어 부문 세계 1위를 기록하며 한국 소프트웨어 수출 1위 업체로 월드클래스 300에 최초로 선정됐다.

자연주의 인본 경영

마이다스아이티는 자연주의 인본 경영 철학을 바탕으로 모든 구성원이 치밀하게 계획을 수립하고 열정적으로 업무에 몰입하며 목표한 성과를 올리기 위해 노력하는 업무 방식에 익숙해 있다. 자연주의 인본 경영이란 '인간의 본성과 자연의 이치에 대한 과학적 이해를 바탕으로 인간과 세상의 행복을 추구하는 경영'으로 정의할 수 있다.

경영 원칙은 구성원이 주인이고 구성원의 행복을 우선하며 사람 자체가 목적인 회사를 추구하고 있다. 미션은 '마이다스아이티 기술로 행복한 세상 만들기'를 지향하고 마이다스아이티 기술이 세계 표준으로 등극하는 것이다. 이를 위해 모든 구성원은 옳은 일을 올바르게 수행하기 위해 노력한다. 여기서 옳은 일이란 핵심 가치(행복, 보람, 나눔)를 지향하는 것이며, 올바르게 하는 것은 최상의 효과를 내기 위해 최고의 효율을 기하는 것이다. 모든 구성원은 같은 마음을 갖고 같은 목표를 공유하며 같은 방법으로 실행하는데 이를 나타내는 것이 바로 나

침반 정신이다.

마이다스아이티가 자연주의 인본 경영 철학을 바탕으로 한 독특한 조직문화와 경영 방식을 도입한 것은 2004년 직원수가 100명이 넘어서면서 구성원의 불만과 이직률이 높아지면서부터다. 기술자였던 이형우 대표는 우연히 사회생물학을 접한 뒤 뇌과학, 생물학, 심리학 등을 통해 인간 본성에 대한 본격적인 탐구를 시작했고, 경영의 본질은 사람의 행복을 추구하는 것이라는 깨달음을 얻었다. 그리고 이를 체계적으로 구현하기 위한 노력으로 자연주의 인본 경영이 탄생하게 됐다. 이때부터 마이다스아이티의 비전, 핵심 가치, 인재상 등을 정립하고 이를 실행하기 위한 리더의 역할과 조직 체계 및 인사 시스템을 제도화했다.

실행팀, 위원회, 기획실 조직이 유기적 결합

마이다스아이티의 조직 체계는 날줄인 팀 중심의 실행 조직과 씨줄인 전사 차원의 정보와 자원을 분배하는 위원회 조직 그리고 대각줄인 전략 기획과 지원을 담당하는 기획실 조직이 결합하여 유기적으로 소통하는 베틀과 같이 운영되고 있다.

조직 운영에 있어서는 신속한 의사결정을 위해 담당자—팀(실장)—부문장(혹은 CEO)의 3단계 이내의 결재 과정을 거치고, 성과 중심적 사고와 목표 달성 정도를 극대화하며, 우수 인재에게 능력을 발휘할 기회를 제공한다.

인재상은 열정과 전략적 사고를 바탕으로 올바른 책임을 다하는 사람이다. 마이다스아이티는 이런 인재상을 구현하기 위해 채용 과정부터 많은 시간과 노력을 투자하고 있다. 2014년 입사 경쟁률이 505대 1에 이를 정도로 지원자가 많지만 스스로 횃불이 될 수 있는 사람을 선발하기 위해 스펙과 정원을 고려하지 않으며 선발 기준은 열정(50퍼센트), 전략적 사고(30퍼센트), 관계역량(10퍼센트), 가치관(5퍼센트), 지식(5퍼센트)에 두고 있다.

선발된 구성원의 교육 훈련은 전인적 인격 함양을 목적으로 자신의 분야에서 전문가로 성장하기 위한 강점을 강화하는 계발 지원에 중점을 두고 있다. 구성원의 신뢰 역량, 동기 역량, 성과 역량, 명예 역량 강화를 위해 사내외 교육 훈련 프로그램뿐 아니라 현장 학습 기회도 제공한다.

평가는 기본 직무 관계 역량에 대한 하향 혹은 상향 평가 방식을 적용하고 평가 결과를 승진에 반영한다. 마이다스아이티는 직책과 직급을 분리하고 있어 특진 및 특호 리더 발탁제도 등을 통해 직급과 나이에 상관없이 뛰어난 역량과 도전적인 목표를 가진 사람은 누구나 팀장 혹은 부문장이 될 수 있다. 실제로 입사 2년차 팀장이 성공적으로 팀을 리드하는 사례도 있다.

마이다스아이티는 신입사원을 적성과 역량에 따라 경영과 전문 트랙으로 나누어 육성시키는데, 핵심 직무를 담당하는 관리자를 거쳐 경영자로 성장하는 경영 임원과 전문가로 성장하는 전문 임원의 이원 경력제도를 도입하고 있다. 종신고용제도를 도입해 정년이 없고 단일 호봉제, 임금피크제, 자동승진제 등이 운영되고 있다. 연봉은 기본급

만 있고 개인 성과급은 없으나 대신 팀별 성과에 따른 차등 상여금을
지급한다.

직책, 학력, 자격, 특근수당이 없는 것도 특징인데 그럼에도 불구하
고 많은 구성원이 자발적으로 야근과 밤샘 근무를 한다. 대신 회사에
서는 구성원이 업무에 전념하는 데 어려움이 없도록 복리후생에 최선
을 다한다. 호텔에 버금가는 식당 운영 등 의식주에 대한 최대한의 복
리후생을 제공하며 CEO가 노조위원장 역할을 하고 있다. 이런 조직
관리 방식은 마이다스아이티를 혁신 기업으로 이끌고 있다.

기술 폭풍 프로모션과 중국시장 장악

구조 해석 소프트웨어는 40년 이상의 역사를 자랑하는 오픈소스 프
로그램인 FEM Front End Module을 엔진으로 사용하고 있다. 마이다스아
이티는 FEM 프로그램 분야에서 입력과 모델링 방식을 혁신적으로 개
선한 워크트리work tree 방식을 최초로 도입해 사용자 편의와 기능 자동
화 그리고 각 나라별로 현지화가 가능하도록 했다. 하지만 일반적으
로 구조 해석 소프트웨어는 기술 개발만으로 고객을 확보하기는 어
렵다.

마이다스아이티는 고객 욕구에 따라 소프트웨어를 필요로 하는 기
술자(사용 편의성과 신뢰성, 성능 등)와 구매자(낮은 가격과 보수비용 등) 그
리고 경영자(투자 대비 성과 등)로 분류한다. 이들 고객에게 제품을 전달
하는 경로를 개척하기 위해 기술 개발 교육 지원 시스템을 갖추고 있
다. 이런 변화를 통해 소수의 전문 기술자만 사용하던 구조 해석 소프

트웨어를 초보자도 사용할 수 있도록 고객을 확대했다.

일본시장에 이어 세계에서 두 번째로 진출한 중국시장의 성공 요인도 따지고 보면 인적자원관리 방식에 있다. 이 대표는 대학 교수로부터 추천받은 소프트웨어를 전공한 중국 교포 유학생 두 명을 채용했다. 이들에게 기술은 물론 마이다스아이티의 경영 철학과 조직문화를 집중적으로 전수해 같은 목표, 같은 생각, 같은 행동을 하는 마이다스아이티인으로 키운 뒤 중국시장 개척 업무를 맡겼다.

이들은 마이다스아이티의 우수한 제품뿐 아니라 본사의 전폭적인 지원과 자율권을 바탕으로 중국시장을 제2의 내수시장으로 키우겠다는 야심찬 목표에 도전했다. 시장 개척의 기본인 현지 관습을 따르되 마이다스아이티 방식으로 중국의 건축설계회사를 일일이 찾아다니며 마이다스아이티 제품을 현지화했다. 그 결과 중국인들의 외국 기술에 대한 반감을 해소하고 고객을 확보할 수 있었다.

중국의 건축설계회사는 규모와 기술 수준에 따라 명확히 갑을병정으로 구분된다. 초기 마이다스아이티아이티 소프트웨어를 사용할 만한 고객인 갑에 집중한 전략은 성공을 거두었으나 2007년경에는 시장이 포화 상태에 이르러 더 이상 새로운 고객을 확보하기가 어려웠다. 이때부터 '기술 폭풍' 프로모션을 가동해 갑이 되고 싶은 욕망을 가진 을 고객을 집중 공략하기 시작했다. 이들에게 더 좋은 시스템을 사용해 보다 높은 기술력을 확보하고 더 나은 대우를 받을 수 있는 갑으로 성장할 수 있도록 기술 지원과 교육을 함께 제공했다. 그 결과 기술 폭풍 프로모션을 실시한 3개월의 판매량이 과거 3년간의 판매량보다 더 많았다.

이들은 치밀한 시장 분석으로 중국 고객이 불편해하는 점과 숨은 욕망을 찾아냈다. 그리고 고객이 진정으로 원하는 사용자 편의와 실용성을 높인 제품과 서비스를 제공했다. 현재 전체 매출의 절반을 중국 법인이 차지할 만큼 큰 성공을 거두었다.

구성원이 자발적으로 업무 프로세스 개선

이런 성공을 가져온 구성원의 행동은 과연 어디서 비롯된 것일까? 기업마다 구체적인 업무 방식과 프로세스를 규정해놓아도 자발적이고 치열한 도전을 하는 구성원은 거의 없다. 그러나 마이다스아이티의 구성원들은 다르다. 이들의 치열한 도전이 가능했던 것은 구성원이 먼저 업무 방식과 프로세스 개선의 필요성을 느끼고 이를 통해 자신의 행복을 추구할 수 있다는 믿음이 있었기 때문이다. 이런 믿음을 가능하게 해준 것은 바로 조직문화로 자리 잡은 자연주의 인본 경영 철학이다.

그렇다면 마이다스아이티의 조직 환경은 어떻게 구성원의 혁신 활동을 긍정적인 영향을 줄 수 있었을까? 그것은 엄격한 과정을 거쳐 전략적 사고와 열정을 가진 직원을 선발하고 이들에게 자신이 맡은 업무의 궁극적인 목표가 무엇인지 명확하게 알게 하는 데서 비롯됐다. 구성원이 소명의식을 갖고 고객 욕구를 찾아 해결해나가는 과정에서 책임감을 갖고 집중하게 되면 새로운 아이디어와 혁신은 저절로 나오게 된다.

이 과정에서 발생하는 실패는 아직 성공하지 못한 단계일 뿐이다. 이때 구성원이 좌절하지 않고 끊임없이 새로운 발상을 할 수 있도록 코칭과 피드포워드feedforward를 해주는 것이 바로 리더의 역할이다. 마이다스아이티는 구성원의 신뢰 역량, 성과 역량, 가치 역량을 강화하기 위해 교육 훈련 프로그램과 현장 학습 기회를 제공하며 혁신을 통해 스스로 성취감과 보람을 느끼도록 해준다. 수당이나 개인적인 보상을 지급하기보다 팀 성과에 따른 보상을 함으로써 협력과 지식 공유의 팀워크를 강화하고 있다.

고영테크놀러지의 그룹 지니어스 프로그램[14]

2002년에 창업한 고영테크놀러지(이하 고영)는 SPI(납포도 검사장비), AOI(부품실장검사기) 등 3차원 검사장비 제조업체로 SPI 분야에서 세계 1위를 기록하고 있는 중견기업이다. 설립 후 독보적인 기술력을 가진 제품을 기반으로 매년 40퍼센트 이상 고속 성장을 구가하던 고영은 2012년 말부터 성장의 정체를 겪게 된다. 2013년은 2012년에 비해 10퍼센트도 성장하지 못했고 영업이익률도 20퍼센트 이상에서 15퍼센트 이하로 하락했다. 2012년 초 개발 완료를 목표로 하던 AOI 제품도 2013년 말에 출하되는 등 전반적으로 업무 속도가 떨어졌다. 그 이유는 창업 후 밤낮을 가리지 않고 전력질주해온 초기 멤버들이 회사가 어느 정도 궤도에 오르며 겪게 된 성장 후유증에서 비롯됐다.

새로운 고민에 빠져 있던 고광일 사장은 인텔 공급자를 위한 회의에 참석했다가 인텔이 비전, 미션 그리고 핵심 가치를 통해 구성원에게 경영 활동의 의미를 부여하는 것을 보고 감동을 받았다. 고 사장은 경영 성과뿐만 아니라 구성원에게 의미 있는 도전과 꿈을 심어줄 수 있는 장기적인 비전과 고유한 조직문화의 필요성을 인식하게 됐다. 이에 따라 2013년 미션과 비전 그리고 핵심 가치를 설정해 고영의 제2 창업이라 할 수 있는 조직문화 조성 작업에 착수하게 된다.

회사의 존재 이유를 천명하는 미션을 "스마트 혁명, 메디컬 혁명 등을 통한 인류와 사회 진화 과정에 주도적으로 참여함으로써 홍익인간 이념을 실천한다"로 정했다. 사업의 비전은 기존 사업과 신규사업을 나누어 제시했다. 기존 사업의 비전은 "애자일 생산 시스템, 3D 프린팅 등을 통한 제조업 혁명에 참여하는 고객을 위해 초일류 품질 보증 솔루션 제공자가 된다"로 정했고 신규사업으로 추진하고 있는 의료 측정 장비 사업은 "수술을 수행하는 의사들의 성공 확률과 생산성을 현저히 높일 수 있는 초일류 로봇 솔루션 제공자가 된다"로 했다.

한편 고영 구성원이라면 누구나 추구해야 하는 3대 핵심 가치와 인재상은 혁신innovation(창의와 혁신을 통해 시장의 기준을 만들어내는 사람), 팀워크teamwork(팀워크를 통해 지속적인 혁신을 이루어내는 사람), 전문가정신professionalism(실력과 열정으로 고객에게 진정한 가치를 제공하는 사람)으로 했다.

고 사장은 이런 미션과 비전 그리고 핵심 가치가 단순히 선언에 그치지 않고 조직문화로 정착되어 성과로 연결하기 위해 자신이 먼저 경영자 교육기관에 등록해 사람 관리에 대한 역량을 학습한 후 다른 관리자들에게도 수강을 독려했다.

외부 영입을 통해 인사팀을 한 명에서 다섯 명으로 보강했다. 이전까지 고영의 혁신은 CEO와 소수 창업 멤버들이 중심이 됐고 이후 합류한 구성원들은 보조 역할자로 머무는 경향이 있었다. 이를 극복하기 위해 그룹 지니어스group genius라는 변화 프로그램을 도입해 팀장급 이상 모든 관리자에게 교육받도록 했다. 그 결과 팀장 주도의 업무 처리와 혁신 활동 방식에서 모든 팀원이 참여하는 브레인스토밍 등 수평적 의사소통, 자발적인 아이디어 제안과 활발한 토론 방식으로 바뀌었고 새로운 성과로 이어졌다.

저가 제품으로 중국시장 정복

고영의 주력 제품인 3차원 SPI가 50퍼센트 시장점유율을 달성하면서 새롭게 중국시장 진출과 시장지배력 확대 그리고 기존 시장에서의 저가 공세 위협에 대응할 필요가 생겼다. 지속적인 원가 절감 활동을 통해 이미 최적화된 원가 구조를 보유하고 있었으므로 단순한 부품 교체나 가격 협상 등이 아닌 혁신적인 디자인에 의한 원가 절감 노력이 요구됐다. 하지만 원가 절감의 결과가 속도나 정밀도 같은 3차원 SPI의 핵심 성능에 부정적 영향을 미쳐서는 안 됐다. 아울러 저가 제품으로 인해 기존 상위 제품의 시장 잠식이나 가격에 부정적인 영향을 미쳐서도 안 된다는 제약사항이 존재했다.

이런 여러 가지 모순을 극복하고 저가 제품을 개발하기 위해 연구소의 광기계팀은 그룹 지니어스 활동으로 트리즈TRIZ를 적용하기로 결정했다. 트리즈의 여러 키워드 중 '통합 및 추출consolidation·extraction', '분할segmentation', '기계 시스템 대체replacing mechanical system' 개념을 도출해 전체 광기계 팀원들뿐 아니라 제어, 구매, 비전, 소프트웨어 등 각 부서들이 참여해 브레인스토밍을 실시했다. 그 결과 저가시장의 사용자에게 불필요한 부품을 과감히 제거하고 공통 부품을 통합함으로써 단순한 디자인으로 기존의 복잡한 제품이 수행하던 기능을 완벽히 대체하는 등 다양한 혁신 아이디어를 동시다발적으로 구현했다.

이후 설계 결과물을 통합해 저가시장 공략용 신규 모델을 3개월 만에 완성했고, 재료비도 당초 목표한 20퍼센트를 뛰어넘어 30퍼센트 절감하는 데 성공했다. 해당 모델은 2015년부터 중국 모바일 업체에 소개되어 중국시장 지배력을 강화하고 있으며 향후 중장기적으로 3차원 SPI 판매의 디딤돌이 될 것으로 예상하고 있다.

이 같은 기술 혁신뿐 아니라 구매, 영업, 생산 기술, 기술 서비스 팀에서도 혁신을 통해 가시적인 성과를 올렸다. 이 과정에서 본부장과 팀장 등의 리더십에도 큰 변화가 일어났다.

이전까지는 리더들이 앞선 기술 능력과 함께 성과 달성을 위해 전력투구하다 보니 모든 업무를 스스로 해결하고 상대적으로 팀원들의 역량 개발에는 소홀할 수밖에 없었다. 분업을 장려하는 업무 분담과 수직적 의사소통에 익숙한 리더들이 엔지니어의 한계를 벗어나지 못했던 것이다. 이들은 그룹 지니어스 프로그램을 통해 코칭과 멘토링의 중요성을 인식하고 이후 자유로운 의사소통을 통해 팀원들의 자발적인 참여를 이끌어냈다.

CEO 주도하에 그룹 지니어스 프로그램 실시

이 과정이 순조로웠던 것은 아니다. 고객 요구나 프로젝트 진행 일정에 쫓겨 산적한 업무를 처리하는 데 급급했던 리더들을 교육하고 격려하며 혁신 프로젝트를 선도한 사람이 바로 CEO인 고 사장이었다. 그는 기획실을 통해 각 팀의 혁신 활동이 그룹 지니어스 방식으로 제대로 이루어지는지 관찰했고 충실하게 따르는 팀에게는 따로 보상을 했다. 이 같은 위로부터의 압력뿐 아니라 팀원들의 적극적인 참여로 변화가 가속화됐는데 이는 혁신의 주제가 불필요한 업무를 줄이는 것이었고 변화의 수혜자가 팀원들 자신이었기 때문이다. 고 사장은 특히 간접 업무를 담당하는 직원의 채용을 억제함으로써 이런 변화를 유도했다.

처음에는 CEO의 압력에 의해 마지못해 이루어지던 변화가 차츰 자발적인 노력으로 이어졌다. CEO의 역할 역시 직접적인 교육과 기획팀을 통한 모니터링에서 현장에 대한 임파워먼트와 자율적인 변화에 걸림돌이 되는 장애물을 제거하는 쪽으로 변화됐다. 예를 들면 각 팀별로 혁신 성과에 대한 발표대회를 갖게 하고 우수 팀을 시상했으며 관리 능력이 떨어지는 일부 관리자들을 교체했다. 기존 인력과 신규 인력 간의 갈등을 해결하고 협업을 통한 시너지 유발을 독려함으로써 혁신 성과를 창출했다.

이런 일련의 과정을 거쳐 고영의 조직문화는 변화됐다. 수평적이고 자율적이며 사람을 존중하고 협업을 중시하는 문화가 싹트게 된 것이다. 원래 고영은 대부분의 창업 인력이 엔지니어 출신이었고 당장의 생존을 위해 시급히 성과를 창출하는 과정에서 자연스럽게 과업 지향적인 조직문화가 되어버렸다.

그러나 그룹 지니어스 프로그램을 통해 새로운 혁신 성과가 창출되는 것을 경험한 고영에서는 업무뿐 아니라 사람이 중요하다는 공감대가 점차 형성됐고, 나아가 팀 내부의 협력에서 팀 간 협력으로 팀워크가 확대되는 선순환 사이클을 보여주었다. 결과적으로 고영에서는 높은 성과와 혁신을 지향하는 환경적 양손잡이 조직문화가 정착되어가는 중이다.

어떻게 사람과 조직을 관리할 것인가

높은 성과와 혁신을 지향하는 혹은 지향하고자 하는 기업은 어떻게 조직과 사람을 관리해야 하는가? 이 질문에 답하기 전에 먼저 경영자가 알아야 할 것은 혁신이란 상사가 시키는 일이나 기존 업무를 답습하는 것이 아니라 구성원의 자발적인 노력을 통해 이루어지는 것이라는 사실이다. 이 과정에서 불가피하게 시행착오가 발생할 수 있으며 성과가 나타나기까지 오랜 시간이 요구되기도 한다. 혁신이 성공하기 위해서는 필요한 지식과 역량뿐 아니라 다양한 배경을 가진 구성원들 간의 긴밀한 협조와 팀워크도 요구된다.

따라서 혁신을 활성화하기 위해서는 무엇보다 회사의 비전과 미션 그리고 핵심 가치가 지속적인 혁신을 강조해야 하며 혁신의 주체가 되는 사람을 존중하는 경영 철학이 정착되어야 한다. 이를 실행하는 데 필요한 조직 운영 원칙으로 일곱 가지를 꼽을 수 있다.

　첫째, 엄격한 채용 과정을 통해 스펙보다는 회사의 핵심 가치에 동의하고 새로운 도전에 대한 열정과 성취 욕구가 강한 사람을 선발해야 한다. 둘째, 필요한 지식과 역량을 습득할 수 있는 교육 훈련과 업무를 통해 경험을 쌓을 수 있는 기회가 제공되어야 한다. 셋째, 구성원에게 자율성을 부여해 스스로 새로운 시도를 할 수 있는 기회를 제공해야 한다. 넷째, 이 과정에서 발생하는 실패에 대한 관용과 함께 안정적인 고용이 이루어져야 한다. 다섯째, 새로운 도전과 성과를 통해 성취감과 보람을 느낄 수 있도록 격려하고 성과에 따른 공정한 보상 역시 중요하다. 여섯째, 부서 간 협조와 지식의 공유가 이루어질 수 있도록 유연하고 수평적인 조직관리와 보상제도가 필요하다. 일곱째, 관리자는 리더로서 전략적 사고와 동기부여 역량을 갖추고 구성원뿐 아니라 부서 간 신뢰 구축을 위해 노력해야 한다. 또한 이런 역량을 보유한 사람들이 승진할 수 있는 환경을 마련하고 리더십 역량이 부족한 사람은 직무 전문가로 성장할 수 있는 이원화된 경력 개발 경로를 제공하는 것도 필요하다.

　기업에 따라 조직 운영과 인적자원관리 방식은 조금씩 다를 수 있다. 그러나 앞서 제안한 환경적 양손잡이 조직과 헌신형 인적자원관리 시스템에 대한 근본 원칙 자체는 일관되게 지켜져야 한다. 결국 높은 성과와 혁신을 위한 조직 정비의 근본 책임은 CEO가 혁신에 대한 의지와 인간 존중에 대한 철학을 모든 행동이나 의사결정을 통해 일관되게 실천하는 리더십에 달려 있다. 이런 활동이 제대로 이루어질 때 구성원의 진정한 신뢰를 얻을 수 있으며 그들이 스스로 도전적인 목표와 혁신에 몰입하는 조직문화와 환경이 구축될 수 있다.

6장

선택과 집중해야
살아남는다

사업 포트폴리오

파괴적 혁신에 관한 연구로 잘 알려진 클레이튼 크리스텐슨Clayton Christensen 하버드 경영대학원 교수는 미국 대기업의 인수합병 성과가 기대에 미치지 못한 경우가 70퍼센트를 넘는데, 주된 이유는 인수합병의 전략적 목표와 인수 대상 기업의 선정이 잘못됐기 때문이라고 주장한다.[1] 이는 다각화된 기업에서 혁신의 두 가지 형태, 즉 선택과 집중으로 현재의 사업 구조를 개선하고 기존의 핵심 비즈니스 모델을 활용leverage business model, LBM하는 경우와, 미래 성장동력으로 발전할 신규사업으로 사업 구조를 바꾸는 비즈니스 모델을 개편reinvent business model, RBM하는 경우를 구분하지 못하는 데서 기인한다. 그 결과 기업

가치의 공헌도에 비해 지나치게 높은 인수 가격을 지불하거나, 인수 합병 후 과도한 조직 통합으로 인수 기업의 비즈니스 모델을 훼손하게 된다는 것이다.

선택과 집중을 위한 LBM의 경우 기존의 핵심역량이나 경쟁적 위치는 크게 변화되지 않기 때문에 주식시장에서도 크게 환영받기 어렵다. 하지만 경영자들은 종종 비현실적인 기대수익과 성과를 예상해 지나치게 높은 입찰 가격을 산정하곤 한다. 반면 사업 구조 변신을 위한 RBM의 경우에는 기존의 핵심사업과는 다른 신규사업으로 진출하는 것이므로 경영자나 투자자 모두 미래의 가치에 관해 정확히 알기 어렵다. 그럼에도 불구하고 위기의 순간에 그 성공의 대가는 LBM에 비해 훨씬 클 수 있다.

인수합병의 전략적 목적에 맞게 LBM과 RBM을 구분해서 접근할 때 명심해야 할 점은 특허와 같은 개별 자원만을 고려할 것이 아니라 좀 더 포괄적으로 인수 대상 기업의 전체 비즈니스 모델을 분석해 조직 통합의 기준으로 삼아야 한다는 점이다. 비즈니스 모델에는 고객에게 제공되는 가치, 수익 창출 방식, 활용 자원, 운영 절차 및 활동 등이 모두 포함된다.

현재의 주력사업을 전문화하고자 하는 LBM의 경우에는 인수 대상 기업의 가치를 환산할 때 구체적인 자원의 수익 공헌도를 기준으로 인수 가격을 결정해야 한다. 반면 미래의 혁신 사업으로 변신하려는 RBM의 경우에는 인수 대상 기업의 전체 비즈니스 모델의 잠재적 가치를 고려해 인수 가격 한도를 여유 있게 책정해야 한다. 하지만 현실에서는 LBM을 위한 인수합병은 지나치게 높은 가격을 지불하는 반면 RBM을 위한 인수합병은 너무 낮은 가격을 책정해 종종 실패하는 경우가 발생된다.

LBM을 목적으로 한 인수합병의 경우 효과적인 조직통합 방식은 인수 기업을 재구성해 필요한 자원을 추출하고 기존의 핵심사업을 개선하는 데 활용하는 것이다. 하지만 RBM을 목적으로 한 경우라면 인수 기업의 비즈니스 모델이 훼손되지 않도록 독립성을 유지시키면서 미래의 성장을 위한 그룹 차원의 지원이 이루어져야 한다. 그렇다면 한국 기업들은 선택과 집중 혹은 사업 구조 변신을 통해 어떻게 사업 포트폴리오를 혁신할 수 있을까?

선진국에 비해 보유 자원이나 투자 자본이 부족하고 시장과 제도적 환경이 미흡한 한국 기업은 조직 내부적으로 자원과 투자를 관리하는 다각화된 재벌 구조를 통해 성장해왔다. 특히 과거 경제개발 시기부터 과감한 사업 다각화 전략을 통해 급속한 성장을 이끈 재벌기업은 이런 전략에 대한 믿음과 관성으로 비관련다각화를 계속 추진해왔다. 하지만 시장 개방이 본격화된 1990년대 이후 글로벌 시장에서 비관련 다각화의 비효율성이 입증됐다. 세계적으로 경제성장이 둔화되는 비즈니스 환경으로 바뀔 때 부실한 비관련 사업들을 제때 구조조정하지 못하면 경제 구조의 선진화나 기업의 글로벌 경쟁력 강화는 요원한 일이다. 한국 기업은 어떻게 선택과 집중 혹은 사업 구조 변화를 통해 혁신할 것인가.

사업 다각화에 따른 성과와 혁신

재벌 그룹을 포함한 다각화된 기업 형태는 미국이나 유럽의 선진 경제에서뿐만 아니라 중국이나 인도와 같은 신흥 경제 대국 전반에 걸쳐 발견된다.[2] 특히 1960년대 후반부터 급속한 성장을 위해 비관련 사업으로 진출한 재벌기업들이 증가했는데, 이들은 저렴한 자본비용을 이용해 인수합병을 주된 사업 다각화의 수단으로 활용했다.

하지만 1980년대에 들어오면서 경영 패러다임이 시장의 효율성과 핵심역량의 중요성을 강조하면서 관련 사업에 집중한 사업 포트폴리오의 장점 및 비관련다각화의 단점이 부각됐다.[3] 시장의 효율성과 핵심역량의 중요성을 강조하는 연구들은 개별 시장의 구조적 매력성만을 고려한 비관련다각화 전략이 전체 기업의 경제적 가치를 하락시키고 있다는 점을 지적했다.

사업 다각화와 경제적 성과 간 관계에 대한 학계의 실증 연구들을 종합해보면 점차 역U자형 모델이 지지를 받고 있음을 볼 수 있다.[4] 이를 기업의 성장 전략에 따른 동적 관점에서 보면 성장 초기에는 수익성이 높고 고성장 산업에 발 빠르게 진출해 다각화의 장점을 추구하지만, 사업 포트폴리오를 구성하는 산업들이 성숙하고 쇠퇴하면 점차 사업 다각화의 단점이 두드러지는 상황에 처하게 된다.

특히 과거 경제개발 시기에 다양한 신규사업 기회들을 포착해 사업다각화 전략을 기반으로 급속히 성장한 한국 재벌기업들은 이런 전략에 대한 믿음과 관성으로 최적 수준 이상으로 비관련 사업 다각화를 계속 추진해왔다. 당시에는 한국의 경제 제도 및 시장의 발달이 미흡해 성장에 필요한 자원 조달과 투자가 그룹 내부에서 이루어지는 것이 상대적으로 효율적이라는 믿음이 있었다.

하지만 시장 개방이 본격화된 1990년대 이후 글로벌 경쟁시장의 자유화가 이루어지면서 비관련다각화의 비효율성이 나타나기 시작했다. 이처럼 한국 대기업의 대부분이 이미 낙후된 사업 포트폴리오를 갖고 있음에도 불구하고 사업 구조조정에는 여전히 소극적이다.

이는 과거 성장 전략에 대한 경로 의존성path dependence, 봉건적 소유 지배 구조, 인수합병시장의 미발달, 노동시장의 경직성 및 사업부 매각에 대한 부정적인 태도 등에 기인한다.[5] 하지만 세계적으로 경제성장이 점차 둔화될 때 부실한 비관련 사업들을 사업 구조조정을 통해 제때 통합하거나 정리하지 못하면 한국 경제 구조의 선진화와 기업의 국제 경쟁력 강화는 요원한 일이 될 것이다.

사업 다각화 전략과 사업 포트폴리오 혁신에 관한 최신 연구들은 효율성이나 수익성의 관점을 넘어 혁신성innovativeness이나 적응성adaptability과 같은 다양한 전략적 요인들이 기업의 생존과 성장에 어떤 효과가 있는지에 초점을 맞추고 있다. 이런 연구의 배경은 개별 사업이나 사업 포트폴리오에 있어 과연 기업 특유의 자원에 기반을 둔 지속 가능한 경쟁우위가 현실적으로 가능한지에 관한 의문이 제기됐기 때문이다. 즉 점차 심화되는 극심한 경쟁 상황에서 동일한 자원을 활용한 지속적 경쟁우위는 보편적이지 않고 또 이를 목표로 한 전략 수립 및 실행도 타당하지 않을 수 있다는 것이다. 이보다는 혁신을 통한 일련의

한시적 경쟁우위를 사업 포트폴리오 관리의 시각에서 추구해야 한다는 관점이 제시됐다.[6]

이에 관한 논의는 1990년대 후반부터 본격적으로 시작됐는데, 사업 환경의 변화에 따라 지속적인 혁신으로 새로운 경쟁우위의 원천을 유연하게 조합하고 확장시키는 동태적 역량dynamic capabilities을 강조하고 있다. 즉 신규사업의 등장과 산업 간 융합이 빈번한 새로운 사업 환경에서 경제적 성과와 혁신을 동시에 달성하기 위해서는 다양한 유형의 기업 자원과 시장 기회를 시의 적절하게 활용하는 통찰력과 리더십이 요구되는 것이다.

전략적 혁신은 기업의 사업 영역에서의 혁신business domain innovation과 사업 모델에서의 혁신business model innovation을 모두 포함한다. 다각화된 기업의 사업 포트폴리오 관점에서 보면 혁신은 기존의 비관련다각화된 사업 구조를 선택과 집중을 통해 핵심역량 중심의 관련다각화 혹은 전문화 사업 구조로 사업 구조를 개편하는 것과 미래 성장동력이 되는 신규사업 영역의 진출로 기업 경쟁력에 도움이 되는 새로운 변화가 실행되는 것을 의미한다. 즉 기존의 방만한 사업 구조를 조정하거나 새로운 사업 분야에 진출해 수익성이나 매출액, 시장에서의 기업 가치 등으로 측정 가능한 기업의 경쟁력을 향상시키는 사업 포트폴리오의 개선을 혁신이라고 정의할 수 있다. 이와 같은 기업의 혁신은 스스로의 전략적 계획과 준비된 노력의 결과로도 이루어지지만 미처 예상하지 못한 외부의 기술 및 경쟁 환경의 변화로 인해 초래된 위기의 순간에 추진되기도 한다.

그렇다면 기업들이 새로운 기술이나 경쟁적 사업 환경의 변화에 대응해 사업 범위 및 사업 구조를 혁신적으로 개편하고자 할 때 기준으로 삼아야 할 주요 원칙과 결정 요인은 무엇인가? 먼저 기업이 현재 보유한 여유 자원과 핵심역량을 들 수 있다. 기업의 자원과 역량은 사용 주체 및 용도의 특유성과 다른 사업 분야에서의 활용 가능성에 따라서 기업의 효율적인 사업 범위를 제한하게 된다.

이를 동태적 역량의 관점에서 보면 기업이 보유한 여유 자원, 보완적 자원, 자원의 통합 및 이전 능력 등이 혁신적 사업 구조로의 전환을 가능하게 한다. 즉 혁신이 결실을 이루기 위해서는 기업이 내부적으로 필요한 자원들을 미리 확보하고 자원의 성격에 따라서 차별적으로 관리해야 함을 의미한다. 따라서 기업은 사업 구조를 재편하는 과정에서 여유 자원과 핵심역량을 효과적으로 활용할 수 있는 관련 사업 분야로 진출하는 한편 새로운 역량을 확보하기 위해 부실해진 사업 분야들을 제때 정리해야 한다.

다음으로 혁신을 위한 사업 구조조정을 경쟁사보다 효과적이고 신속하게 추진하는 전략적 민첩성이 요구된다. 전략적 민첩성이란 첫째, 혁신적 사업 기회를 발견하고 둘째, 사업 구조조정에 필요한 의사결정을 내리며 셋째, 자원을 조달해 활용하는 세 단계에서 기업 조직이 신속하고 결단력 있게 의사결정을 실행할 수 있는 제도화된 능력을 말한다. 특히 제품 및 기술의 수명주기가 짧고 경쟁 환경의 변화가 빠른 사업 분야에서 사업 구조 혁신에 성공한 기업들은 인수합병이나 매각을 경쟁사보다 단호하고 민첩하게 실행해왔다. 더 나아가 인수합병을 통해 우수한 인력을 확보하고 새로운 업무 절차를 학습해 조직 내부의 핵심역량을 더욱 강화시켜왔음을 알 수 있다.

사업 포트폴리오 혁신을 위한 전략

사업 포트폴리오 관리는 1960년대 이후 다각화된 기업 전략의 핵심 주제가 되어왔고 이제 그 영역은 과거와 같은 단순화된 재무적 접근 방법을 넘어서고 있다. 사업 포트폴리오 관리의 기준과 목적에 있어서도 기업 내부의 균형화된 현금흐름을 넘어 기업의 생존과 그룹 전체의 경제적 가치 증진을 위한 수익성, 성장성 이외에도 혁신성, 적응성 등 전략적 요인이 동시에 고려되고 있다.

사업 포트폴리오 관리 도구를 효과적으로 활용한 기업들을 보면 사업 포트폴리오 관리에 있어 보다 포괄적인 접근 방법을 유지하고 개별 사업부의 위험 요인을 구체적으로 정량화하며, 사업부 간의 시너지를 강조하고 있다.

이처럼 다양하고 복잡한 사업 포트폴리오 관리 및 혁신적 사업의 구조조정을 위해 점차 주목받는 것이 효율과 혁신을 균형 있게 추구하는 양손잡이 조직 이론[7]을 적용하는 것이다. 양손잡이 조직 이론에 따르면 효율성과 수익성을 강조하는 조직과 혁신성과 창의성을 강조하는 조직은 투자 전략과 조직 운영 방식이 서로 다르다.[8] 즉 효율성과 수익성 위주의 조직에서는 기존 역량 활용을 기반으로 기존 사업에서 핵심

역량을 활용하고 확장시키기 위한 전략에 초점을 두는 반면 혁신성과 창의성 위주의 조직에서는 새로운 탐색을 통해 미래의 성장 사업에 필요한 신규 핵심역량을 개발하기 위한 전략을 강조한다.

하지만 현실적으로 기업은 효율과 혁신을 동시에 추구해야 하며, 실제로 효율과 혁신을 균형 있게 추진하는 양손잡이 조직의 성과가 상대적으로 더 높다는 연구 결과들이 제시되고 있다. 특히 기업의 사업 범위와 성장 단계를 고려해 효율과 혁신의 균형을 유지하기 위해서는 사업 포트폴리오 관리에서 활용과 탐색 어느 한쪽으로도 치우치지 말 것을 강조하고 있다.

물론 신규 벤처기업이나 중소중견기업의 경우에는 효율성이나 참신성 등을 기반으로 핵심역량을 갖추는 것이 활용의 전제조건이자 당면과제다. 반면 대기업의 경우에는 현재 수익을 창출하는 핵심역량을 일부 사업에서 갖추고 있다는 전제하에 사업 구조의 혁신을 통해 미래의 성장 사업을 확보하기 위한 탐색 투자 및 사업 구조조정에 노력해야 한다.

그리고 이들의 중간에 위치해 초기 혁신을 이룬 중소중견기업의 경우 현재의 핵심 기술과 제품으로 틈새시장에서 성공의 기반이 된 핵심역량을 좀 더 확장시키고 신규사업 및 해외시장에서 효과적으로 활용하기 위한 양손잡이 투자 및 조직관리가 요구된다. 이를 위해서는 결국 현재 경쟁우위의 원천이 되는 기업 특유의 자원을 개선하고 확장시키는 한편 연구개발이나 인수합병을 통해 신규사업에 필요한 보완적 자원을 경쟁사보다 먼저 확보하고 효과적으로 결합시켜 활용하는 동태적 역량이 사업 포트폴리오 혁신의 관건이 되어야 한다.

예를 들어 삼성그룹은 사업 구조의 선택과 집중을 위해 2014년 11월 군수, 화학 분야 계열사인 삼성테크윈, 삼성탈레스, 삼성종합화학, 삼성토탈을 한화그룹에 2조 원에 매각하기로 했다. 4개 회사 자산 가치만 13조 원에 달해 1997년 외환위기 이후 한국 기업들이 실행한 빅딜 중 가장 큰 규모다. 매각 결정에 앞서 열린 회의에서 많은 임원들이 그나마 순이익을 내는 계열사들의 매각에 반대 입장을 밝혔지만, 당시 이재용 부회장은 "다들 핵심 계열사 그것도 삼성전자만 챙긴다. 사실 핵심사업 말고 다른 사업을 챙길 여력도 없다"는 주장을 했다.[9]

삼성그룹은 여전히 비관련다각화된 사업 구조 하에서 삼성전자 등 일부 기업만 글로벌화에 성공했다. 그 외 대다수의 비관련 계열사들은 내수 지향의 낙후된 사업 구조를 갖고 있어 삼성그룹 내에는 '삼성전자前者'와 '삼성 후자後者'가 존재한다는 자조적인 표현까지 하고 있다.

향후 지속적인 사업 구조조정이 예상되는 가운데 경쟁력이 떨어지는 계열사들은 그룹 내에 존속하기 위해 경쟁적으로 매출 증대에 노력해왔다. 하지만 2015년 1분기 실적을 보면 삼성그룹의 15개 상장 계열사 가운데 10개 기업이 시장 전망치를 밑도는 성과를 보였다.[10] 따라서 향후 삼성그룹은 글로벌 경쟁력을 확보하기 위해 추가적인 비관련 계열사의 매각과 아울러 핵심역량을 기반으로 사업 간 시너지를 낼 수 있는 전자, 금융, 건설 사업들에 집중하는 사업 구조조정 작업을 가속화시킬 것으로 보인다. 계열사의 매각 대금은 그룹의 재무 구조를 개선하고 바이오 및 의료기기 등 신규사업을 육성하는 데 활용될 수 있다.

삼성그룹의 미래 핵심사업에 관해 이재용 부회장은 "먼저 우리가 핵심역량을 가지고 있는 사업을 해야 합니다. 다음은 새로운 가치를 만들 수 있어야 한다는 것입니다. 즉 기존 업체가 있어 중복이 생기고 분쟁을 피할 수 없는 사업엔 손대지 않을 생각입니다"라고 했다.[11] 따라서 삼성의 미래 핵심사업은 현재 삼성그룹의 사업 포트폴리오에는 포함되지 않지만 기존의 핵심역량을 바탕으로 한 신규사업, 나아가 새로운 시장 창출에 있다고 볼 수 있다.

결국 삼성의 사업 포트폴리오 혁신을 위해서는 동태적 역량, 즉 삼성전자 등 현재의 주력사업에서 경쟁력의 원천이 되는 핵심역량을 개선하고 확장시키는 한편, 새로운 사업에 필요한 보완적 자원을 경쟁사들보다 먼저 확보하고 또 효과적으로 결합시켜 활용하는 능력이 요구된다. 삼성의 주력사업인 삼성전자의 경우 어떤 핵심역량과 투자전략을 기반으로 글로벌 휴대전화 시장에서의 성공을 어떻게 다시 이루어낼 수 있을 것인가가 과제라 할 수 있다. 이는 LG가 냉장고 및 세탁기로 거둔 북미시장에서의 성공으로 학습된 핵심역량이 왜 같은 북미시장에서 TV나 휴대전화 시장으로 확장, 활용되지 못했는가의 문제와도 연결된다.

이들 사례는 사업 포트폴리오의 혁신과 양손잡이 조직관리의 기반이 되는 동태적 역량이 단순히 브랜드, 제품, 기술이 아니라는 것을 보여준다. 더 나아가 기업의 사업 포트폴리오를 관리함에 있어서 과거와 같이 제품이나 산업 단위의 관련성보다는 기업 자원과 핵심역량의 관련성, 이전 가능성 그리고 동태적 역량을 고려해야 함을 시사하고 있다.

사업 포트폴리오 혁신에 필수적인 동태적 역량과 양손잡이 조직관리를 좀 더 구체적으로 이해하기 위해서는 첫째, 경영전략에서 강조해온 경쟁우위의 원천인 기업 특유 자원firm-specific resources과 함께 재무관리에서 강조해온 위험 투자를 위한 유동 자원flexible resources의 역할에 대한 고찰이 필요하다.

기업이 기존의 핵심역량을 활용하는 전문화 혹은 관련다각화를 추진하기 위해서는 기업 특유의 여유 자원이 요구된다. 반면 아직 불확실하고 기존의 사업 분야와는 다른 미래의 혁신적 신규사업을 위한 탐색을 위해서는 기회비용이 들더라도 현금 같은 유동 자원을 미리 확보하는 것이 필요하다. 애플이 수많은 연관 사업으로의 투자 기회가 있었음에도 불구하고 천문학적인 현금을 보유하고 있는 이유는 사업 포트폴리오 혁신을 위한 연구개발이나 인수합병 등 불확실하고 위험성이 높은 대규모의 탐색 투자 준비 때문이라고 볼 수 있다.

둘째, 기업이 보유하고 있는 자원의 구성(기업 특유 자원 및 유동 자원)과 투자 전략(효율 위주 및 혁신 위주)을 상호 연계해 관리해야 한다. 최근 미국에서 산업별 상위 10퍼센트의 성공 기업군들에 대한 20여 년간 투자 성향과 자원관리를 실증적으로 분석한 결과를 보면 투자 전략에 있어서의 활용과 탐색 간 균형 유지(예를 들어 불황기에도 연구개발 투자비율을 일정 수준으로 유지), 다양한 여유 자원 유지 관리(예를 들어 부실한 기존 사업의 신속한 매각으로 신규사업 투자를 위한 유동자금 확보), 투자

전략과 여유 자원 간의 상호 연관성을 발견할 수 있다(예를 들어 연구개발 투자는 유동 자원, 자산관리투자는 기업 특유 자원과 밀접한 관계).

동태적 역량과 양손잡이 조직관리 관점에서 혁신적인 사업 구조조정에 성공한 사례로는 IBM의 신규사업본부emerging business opportunities, EBOs를 들 수 있다.[12] 21세기에 들어오면서 당시 IBM의 CEO였던 루거스너Louis Gerstner는 과거와 같이 신산업에서의 실패를 반복하지 않기 위해 IBM의 사업 포트폴리오 관리 방식을 전면적으로 재검토했다. 그 결과 여러 가지 문제점들이 드러났고 문제의 주요 원인은 IBM의 과거 성숙산업에서의 성공 방식과 관련되어 있었다.

예를 들어 최고경영자들이 장기적 사업 개발보다는 단기적 재무성과에 매달려 보상을 받아왔으며 사업 활동은 시장과 제품 그리고 기존 고객의 요구에 집중되어 있었다. 혁신적 사업 구조조정을 위해 설립된 EBO의 접근 방법과 운영 방식을 살펴보면 〈그림 6-1〉과 같다. IBM은 사업 포트폴리오를 성숙 사업(Horizon 1), 성장 사업(Horizon 2), 신규 사업(Horizon 3) 세 부류로 나눠 차별적으로 관리하면서 균형 있는 투자를 해왔다. 특히 과거와 같이 핵심사업과 성장 사업에 집중된 투자 및 조직관리에서 벗어나 미래의 신규사업 개발을 위한 탐색 투자 및 조직관리를 별도로 분리해 기업 내에 제도화하는 데 노력했다.

EBO는 미래 신규사업에 포함될 사업 기회의 명시적 기준들을 다음과 같이 설정했다. 관련다각화로서 IBM 전체 그룹의 비전과 전략에 부합하고, IBM 사업 전반에 걸쳐 활용되거나 기존의 핵심역량을 활용하며, 새로운 가치 창출로 10억 달러 이상의 매출을 가져올 수 있어

그림 6-1 | IBM의 양손잡이 사업 포트폴리오 관리

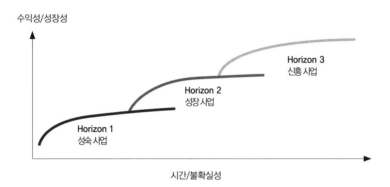

수익성/성장성

Horizon 3
신흥 사업

Horizon 2
성장 사업

Horizon 1
성숙 사업

시간/불확실성

자료: O'Reilly, Charles A., Harreld, J. Bruce, and Tushman, Michael L., "Organizational ambidexgterity: IBM and emerging business opportunities," *California Management Review*, 51(4), 2009; 87.

야 하고, 시장에서 선도자의 위치를 점해 지속적인 수익을 거둘 수 있어야 한다. 이런 요구에 부합하는 신규사업은 단순히 제품이나 기술개선을 넘어서는 혁신적인 사업 기회라 할 수 있다.

그 결과 2000년에 디지털 미디어, 생명과학 등 7개 신규사업으로 출발해 4개 사업은 5년 이내에 성장사업으로 진화했고 2개 사업은 퇴출됐다. 2000년에 창설된 EBO는 5년간 15억 달러 이상의 매출을 달성했다. 이는 같은 기간에 IBM이 인수합병으로 거둔 매출 증대의 두 배가 넘는 규모로서 IBM이 동태적 역량을 기반으로 신규사업에 진출하고 양손잡이 사업 구조를 갖추는 데 기여했다.

사업 구조조정을 위한 인수합병 시 고려사항

사업 포트폴리오 혁신에 관한 연구들은 다각화된 사업들의 포괄적인 관리뿐만 아니라 개별 사업을 인수하거나 매각하는 데 지침이 되는 원칙과 접근 방법을 제시한다. 다각화된 대기업이 사업 구조조정을 위해 특정 사업부를 신설하거나 정리하는 상황에서 고려해야 할 원칙은 크게 시너지 기준synergy tes과 소유권 기준ownership test으로 요약된다.[13]

시너지 기준이란 이전에 서로 다른 기업에서 독립적으로 행해지던 기업 활동들을 서로 연계시켜 과거에 비해 추가적인 조정 비용이 발생하더라도 더 큰 부가가치를 창출할 수 있느냐에 대한 원칙이다. 소유권 기준이란 시너지 기준을 만족시켰다고 전제할 때 가장 바람직한 조직 형태가 무엇인지, 즉 기업 간의 전략적 제휴 혹은 라이센싱 계약 등 외부 기업과의 시장 거래를 사용하는 것이 바람직한지, 인수합병을 통해 소유권을 통합하는 것이 바람직한지에 대한 원칙이다.

이들 두 가지 원칙이 중요함을 보여주는 사례로 2000년에 이루어진 AOL과 타임오너 간의 인수합병을 들 수 있다. 이 경우는 시너지에 의한 수익 증대와 비용 절감을 과대평가하고, 계약적 파트너십보다 인수합병을 선호함으로써 실패를 가져왔다. 이 사례뿐 아니라 대부분의 기업들이 이 두 가지 원칙을 종종 간과하곤 한다.

기업의 혁신 및 성장을 위한 수단으로 고려되는 인수합병과 제휴 간의 선택에 관해 200여 개 미국 대기업들의 최고경영자들을 대상으로 한 설문조사 결과를 보면, 응답자의 18퍼센트만이 실제 의사결정이 이루어질 때 인수합병과 제휴를 전략적 대안으로 비교해 선택했음을 알 수 있다. 반면 시스코의 성공적 제휴 및 인수합병 사례를 보면 최고 경영자들이 혁신과 성장을 위해 인수합병과 제휴 중 어떤 전략적 수단을 사용할 것인지 결정할 때 사업 구조조정의 일환으로 정례화된 의사 결정 구조와 비교분석 시스템을 갖추고 있다.

〈표 6-1〉에서 보듯 기업들은 비지분 제휴, 지분 제휴(합작투자), 인수합병 간의 선택에 있어 크게 시너지의 유형, 자원 성격, 자원 중복, 시장 불확실성, 경쟁 정도라는 다섯 가지 요인과 기업에 축적된 협력역량collaboration capabilities을 차례로 고려해야 한다.[14]

예를 들어 기대되는 시너지 유형에 있어서 기업들 간의 지속적인 상호작용이 필요한 경우에는 인수합병이 효과적이다. 하지만 필요로 하는 자원의 유형이 지식자원이나 인적자원과 같이 무형의 자원인 경우

표 6-1 | 사업 구조조정 시 인수합병과 제휴 간의 선택 ||||||||||||||||||||||||||||||||||||||||||||

	시너지 유형	자원 성격	자원 중복	시장 불확실성	경쟁 정도
고려사항 및 접근 방법	상호적: 인수합병	무형: 지분 제휴	높음: 인수합병	높음: 지분 제휴	높음: 인수합병
	순차적: 지분 제휴	중간: 인수합병	중간: 지분 제휴	중간: 인수합병	중간: 지분 제휴
	독립적: 비지분 제휴	유형: 비지분 제휴	낮음: 비지분 제휴	낮음: 비지분 제휴	낮음: 비지분 제휴

자료: Dyer, Jeffrey H., Kale, Prashant, and Singh, Harbir, "When to ally and when to acquire," *Harvard Business Review*, 82(7-8), 2004; 112.

||||||||||||||||||||||||||||||||||||||||||||||||||||||||||||||||||||||||||||||||||||||||||||

에는 공격적 인수가 오히려 인력 이탈을 초래할 수 있어 바람직하지 않다. 시장의 불확실성이 높을 경우 인수와 같은 대규모 투자는 과도한 위험을 초래할 수도 있으므로 위험을 분산시키는 합작투자가 유리하다.

혁신을 위한 사업 구조조정에 있어서 인수합병과 마찬가지로 기존 사업의 매각도 전략적으로 접근해야 한다. 대부분의 기업들은 새로운 사업의 인수합병에는 막대한 시간과 노력을 기울이는 반면 기존 사업부 매각에는 소극적이다. 미국과 유럽의 대기업들은 매각에 비해 30~40퍼센트 이상 빈번하게 인수합병을 한다.

하지만 성공적으로 사업 포트폴리오를 혁신해온 기업 경영자들은 전략적이고 체계적인 매각을 통해 기업 전체의 가치를 증진시켜왔다. 예를 들어 GE의 잭 웰치의 경우, 임기 첫 4년 동안 전체 그룹 자산의 20퍼센트에 해당하는 117개의 사업부를 차례로 매각했다. 이들 매각으로부터 얻은 수입은 그룹 전체의 재무 상태를 개선하는 한편 사업 구조의 혁신을 위해 신규사업에 전략적으로 투자하는 데 사용됐다.

경영자들이 부실한 사업을 계속 보유하고 매각을 미루면 전체 그룹과 해당 사업부에 누적된 부담과 비용을 초래하게 되며, 뒤늦게 매각이 이뤄지더라도 제값을 받지 못한다. 반면 사전에 준비된 계획 하에 전략적 매각을 추진하는 기업들은 시장 대비 약 2~5퍼센트의 초과 수익을 거둘 수 있다고 한다. 그리고 적극적으로 인수합병과 매각을 동시에 관리하는 기업들이 그렇지 못한 기업들에 비해 30퍼센트 이상 높은 기업 가치를 창출했다.[15]

하지만 실제로 매각을 추진하는 기업들의 약 75퍼센트는 해당 사업부에서 대규모 손실 발생, 그룹의 부채 증가, 주식시장에서의 저평가 등 외부 압력에 의해 수동적으로 매각을 결정한다. 특히 한국에서는 낙후된 비관련 사업 포트폴리오를 존속시키는 내부적 및 외부적 장애 요인에 대한 인식과 대응이 필요하다.

내부적 장애 요인은 재벌그룹을 경영하는 소유주들이 다수의 계열사를 거느리며 봉건영주처럼 군림하고자 하는 성향과 노조의 경직성을 들 수 있다. 외부적 장애 요인은 사업 구조조정의 수단으로 비관련 사업 계열사의 매각을 위한 인수합병 시장이 제대로 형성되어 있지 않다는 점이다.

따라서 보다 전략적으로 시의 적절하게 매각을 추진해 기업 가치를 높이려면 경영자들이 매각에 대한 부정적 선입견을 버리고 국제 경쟁력 확보를 위한 장기적이면서도 혁신적인 사업 포트폴리오 관점에서 보다 적극적으로 매각에 임해야 한다. 성공적인 사업 구조조정을 통해 글로벌 기업으로 도약한 아모레퍼시픽과 두산그룹 사례를 살펴보면서 이에 대해 좀 더 논의하고자 한다.

핵심사업에 집중한 아모레퍼시픽그룹

아모레퍼시픽그룹은 화장품 사업을 주력으로 하고 있으며 생활용품 및 제약 등 미용과 건강 관련 사업을 영위한다. 핵심 계열사인 아모

그림 6-2 | 아모레퍼시픽의 성장 동인 ||||||||||||||||||||||||||||||||||||||||||||||||||||||||

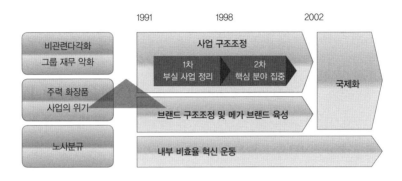

레퍼시픽은 국내 화장품 시장의 약 33퍼센트를 차지하고 있는 1위 사업자로 1945년 설립된 후 70년 동안 줄곧 국내 화장품 업계를 선도해왔다.

하지만 아모레퍼시픽의 사업이 늘 순탄했던 것은 아니다. 1973년 73퍼센트에 달했던 화장품 시장점유율이 1991년 19퍼센트까지 떨어진 적도 있었고, 과도한 외형 확대로 부채비율이 290퍼센트를 웃돌아 부채 상환 위기에 처하기도 했다. 그러나 혁신적인 사업 및 브랜드 구조조정과 적극적인 국제화로 위기를 극복하고 선두자리를 유지하고 있다. 여기서는 위기 속에서 재도약의 발판이 됐던 사업 구조조정과 메가 브랜드 육성 그리고 유럽과 중국 등 해외시장에서 성장을 이루어낸 국제화의 배경과 성공 요인을 살펴보겠다.

10년에 걸친 선제적 사업 구조조정

아모레퍼시픽은 1970~80년대 국내 화장품시장 확장으로 순조로운 성장을 이어가자 타 산업으로의 확장을 꾀하게 된다. 약 20년에 걸친 사업 다각화 결과, 1990년대 초 아모레퍼시픽은 4개 비관련 사업군에 25개 계열사를 거느리는 중견그룹으로 성장했다.

그러나 화장품과는 무관한 타 산업으로의 비관련다각화는 결국 그룹 전체의 경영난을 초래했다. 화장품을 제외한 계열사들의 성과는 대부분 부진했고, 화장품 사업을 통해 번 돈을 다른 계열사에 지원하느라 아모레퍼시픽의 성과도 악화되어갔다. 아모레퍼시픽의 1989년 대비 1990년의 성과를 보면 특히 순이익이 약 50퍼센트 감소했는데, 대부분은 이자비용과 관계사 주식평가손실이었다. 그룹 차원에서 계열사들의 부진을 지원하는 과정에서 평균 부채비율이 290퍼센트를 웃돌 만큼 그룹 재무 상태는 악화됐다.

이런 비관련다각화의 후유증 속에서 주력사업인 화장품 사업마저 휘청거리기 시작했다. 1980년대와 90년대에 새로운 시판(전문점) 시장이 급성장하고, 1986년에는 미국과 유럽 등 외국 화장품회사의 한국 진출이 완전 자유화되면서 경쟁 판도가 바뀌었기 때문이다. 그러나 당시 아모레퍼시픽은 전통적인 판매 방식인 방문판매에만 지나치게 의존해 변화하는 시장 상황에 제대로 대응하지 못했다. 그 결과 1970년대에 70퍼센트를 웃돌았던 아모레퍼시픽의 시장점유율은 1980년대에 35퍼센트까지 떨어졌고, 1991년에는 19퍼센트에 불과했다.

주력사업의 위축은 당시 민주화 운동 열풍과 맞물리면서 극심한 노사분규로 이어졌다. 이런 위기 속에서 아모레퍼시픽은 10여 년에 걸친 사업 구조조정을 시작한다. 아모레퍼시픽의 사업 구조조정은 1997년의 외환위기를 전후로 두 단계로 나누어진다. 첫 번째는 1991년부터 1997년까지 진행된 '부실사업 정리' 단계이고, 두 번째는 1998년부터 2002년까지 이어진 '핵심 분야 집중' 단계다.

1991년 당시 그룹 기획조정실장이었던 서경배 상무는 그룹의 부도를 막을 자금을 확보하기 위해 태평양증권과 태평양투자자문에 태평양경제연구소를 묶어 선경그룹(현 SK그룹)에 매각했다. 금융사업 매각 이후 태평양전자(1991), 한국훼라이트(1991), 태평양프랑세아(1994), 한국써보(1995) 등을 정리했지만 그룹은 1993년에서 1995년까지 3년 연속 적자였다.

이런 적자를 메우기 위해 1995년에는 태평양돌핀스 야구단을 현대그룹에 매각하기에 이른다. 또한 1996년에는 자본 잠식까지 들어간 태평양패션을, 1997년에는 여자농구단을 신세계에 매각하면서 외환위기가 터지기 전에 사업 구조조정의 1단계인 그룹 부실사업 정리를 일단락했다.

1997년 말 외환위기가 발생하자 기아자동차를 비롯해 진로, 대농, 해태 등 중견그룹들이 도산하기 시작했다. 그리고 다른 많은 기업들이 채권단의 요구에 떠밀려 비자발적 사업 구조조정에 들어갔다. 그러나 아모레퍼시픽은 1단계 구조조정으로 위기를 모면하고 금융위기 당시에도 성장세를 유지했다. 1997년에서 1998년까지 국내 화장품

시장이 마이너스 11퍼센트로 줄어들었지만 아모레퍼시픽은 동기간 매출 10.2퍼센트, 경상이익 40퍼센트 증가를 기록했다. 이런 상황임에도 불구하고 아모레퍼시픽은 1998년부터 '핵심사업 분야로의 집중'이라는 제2단계 구조조정에 돌입한다.

당시 아모레퍼시픽은 그룹 비전을 뷰티앤헬스Beauty&Health로 정하고 관련 사업 분야 집중을 선언한다. 수익성이 좋거나 유망해 보이는 계열사라 해도 뷰티앤헬스와 관련 없는 사업은 과감하게 정리했다. 먼저 흑자 계열사였던 한국태양잉크를 합작 파트너였던 일본 다이요잉크에 매각하고, 건실한 금융회사였던 동방상호신용금고와 태평양생명은 한국디지털라인과 동양생명에 팔았다. 광고기획사인 동방커뮤니케이션은 BBDO 월드와이드에 지분 50.1퍼센트를 매각해 합작으로 전환했다. 그리고 2000년대 초반 IT 붐이 한창이던 때 미래가 유망한 IT 기업들(태평양정보기술, 태평양시스템)도 청산한다.

아모레퍼시픽이 비관련 사업 정리와 같이 축소 위주의 구조조정만 한 것은 아니다. 2002년에는 뷰티앤헬스와 관련된 핵심사업을 공격적으로 확장한다. 먼저 향수 사업을 강화하기 위해 ㈜빠팡 에스쁘아를 신규 설립했다. 또한 그룹 내부에서 육성하던 '이플립'이라는 바디용품 전문 브랜드를 분사해 독립 법인화함으로써 바디제품 시장에 본격적으로 뛰어들었다.

이처럼 신규 설립 및 분사를 통해 화장품과 향수, 바디용품이라는 제품 라인업을 구축하고 글로벌 경쟁력의 초석을 다진 것이다. 강도 높은 구조조정과 핵심사업으로의 집중은 큰 성과를 가져왔다. 1996년

당기순이익 51억 원에서 2000년에는 847억 원으로 5년 만에 16배 이상 늘었고, 2005년에는 1650억 원으로 10년 만에 32배 이상 성장했다.

사업 구조조정과 더불어 내부 비효율 혁신 운동도 치열하게 추진했다. 아모레퍼시픽의 내부 비효율 혁신 운동은 1995년부터 시작된 TCRTotal Cost Reduction로 요약된다. TCR은 전사 비용 절감 운동으로, 우선 부실사업 정리를 통해 1991년 인력을 7000여 명에서 2001년 3400여 명으로 줄였다. 이후 가치창출사슬 전반에 대한 효율화를 진행해 비핵심 공정은 공격적으로 아웃소싱했다. 그 결과 매출원가율을 1995년 45퍼센트에서 2000년에는 33퍼센트까지 줄일 수 있었다. 현재 TCR은 그룹 내부에서만 추진되는 것이 아니라 협력업체들의 원가 절감을 지원하는 활동으로까지 확대되고 있다.

브랜드 구조조정과 메가 브랜드 육성

1986년 외국 화장품회사들이 국내에 진출하면서 아모레퍼시픽의 국내 화장품 시장점유율은 점차 줄어들고 있었다. 이처럼 국내 화장품 업계의 경쟁 강도가 높아지자 아모레퍼시픽은 강력한 브랜드 없이는 장기적으로 살아남기 어렵다고 판단했다. 당시에도 아모레퍼시픽의 브랜드는 주로 '태평양'이나 '아모레'라는 기업 브랜드나 모 브랜드로 통칭되고 있어 제품별 정체성을 보여주는 외국 브랜드와의 경쟁력에서 밀리고 있었다.

이에 아모레퍼시픽은 1991년 마몽드를 시작으로 국내 화장품 업계 최초로 제품별 브랜드를 도입하기 시작했다. 이후 1994년 라네즈, 1995년 헤라, 1996년 아이오페, 1997년 설화수 등 현재 보유한 제품 브랜드는 총 30여 개로 늘어났다. 하지만 기업 브랜드와 모 브랜드, 개별 제품 브랜드가 여전히 혼란스러워 소비자에게 브랜드 이미지가 제대로 전달되지 못했다. 또한 각 브랜드별로 표적 고객이나 콘셉트가 불분명해 상호잠식 현상까지 나타났다.

이런 문제를 해결하기 위해 아모레퍼시픽은 2002년에 각 브랜드별 정체성을 명확히 하는 브랜드 전략지도를 만들었다. 30여 개의 브랜드 중 10개의 메가 브랜드만을 남기고 나머지는 단종시키거나 서브라인으로 재배치했다. 조직 차원에서는 기존의 기능별 조직을 브랜드 사업부제로 전환해 브랜드 담당자들이 브랜드 정체성 수립에서부터 상품기획, 생산, 영업을 모두 결정할 수 있도록 권한을 위임하고, 유통 경로별, 가격대별로 각 브랜드의 정체성을 명확히 했다. 이처럼 채널별 특성을 살린 다양한 가격대의 브랜드 전략으로 아모레퍼시픽은 화장품 시장의 거의 모든 영역을 방어할 수 있는 체계를 갖췄다.

끈질긴 국제화로 핵심역량 구축

아모레퍼시픽의 해외 진출은 1988년으로 거슬러 올라간다. 화장품의 본고장인 프랑스에서 국내 화장품으로 정면 승부를 걸겠다는 각오였다. 물론 세계 최고 화장품 회사들과 직접 경쟁을 하면서 한 수 배우겠다는 의지도 있었다. 그 시절 아모레퍼시픽은 기초 화장품과 국내에서 인기가 있던 미백 화장품을 국내에서 만들어 프랑스로 수출하기 시작했다. 하지만 결과는 대실패였다. 당시 후진국이었던 'Made in Korea'의 화장품이 최고 패션 고장인 프랑스에서 팔릴 리 만무했던 것이다. 제품 구성에서도 오판을 했다. 한국인들은 미백 화장품을 선호했지만 백인들에게 미백 화장품은 별 의미가 없었다.

아모레퍼시픽은 이런 두 가지 문제를 극복하기 위해 1995년에 현지 법인 PLL Pacific Lolita Lempicka을 세워 화장품이 아닌 향수 사업을 시작한다. 향수는 종류가 다양하고 원산지보다는 향의 독특함에 의해 선택되기 때문에 선진 브랜드와의 경쟁이 상대적으로 쉬울 것이라고 판단했다. 과거 조직 운영상의 실패 경험을 반영해 PLL 법인 인력 대부분을 프랑스 현지인으로 채용하고 경영상 자율권도 최대한 보장했다.

특히 당시 이브생로랑과 크리스찬디올 등에서 활약하고 있던 화장품 전문가 카트린 도팽 Catherine Dauphin을 영입해 거의 전권을 위임했다. 뿐만 아니라 향 제조와 용기 디자인까지 당시 선진기업에서 일하던 전문가들을 영입해 추진할 정도로 향수의 현지화와 완성도에 만전을 기했다.

그 결과 1997년 향수 롤리타 렘피카 Lolita Lempica가 출시됐고 1년 8개월 만에 프랑스 향수 시장 1퍼센트를 차지하게 됐다. 프랑스 향수 시장은 경쟁이 매우 치열하기 때문에 업계 1위 시장점유율이 4퍼센트 정도이며, 시장점유율 1퍼센트는 매우 성공한 브랜드로 시장에서 평가받는다. 2002년에는 시장점유율 2.6퍼센트를 돌파하면서 프랑스 향수 업계 4위로 올라서게 된다.

한편 아모레퍼시픽이 중국에 처음 진출한 것은 1993년이었다. 동북

3성의 하얼빈, 선양, 장춘을 중심으로 현지 업체인 보암실업총공사와 합작해 중국 사업을 시작했다. 1994년에는 '미로'와 '마몽드' 현지 생산을 추진, 백화점 중심으로 판매했다. 하지만 결과는 실패였다. 동북 3성은 조선족이 많이 거주하고 지리적으로 한국과 가까워 문화적으로 비슷하다고 생각한 것이 패착이었다. 한국과 비슷한 시장에 한국 제품을 그대로 판매하겠다는 단순한 전략이 현지에서 통하지 않은 것이다. 또한 화장품은 소득 수준이 높아지면서 소비가 늘어나는데, 동북 3성은 소득 수준이 그리 높지 않았고 그렇다고 이곳에 기반한 화장품을 상하이나 베이징에 판매하기에는 브랜드 명성이 부족했다.

약 7년간의 시행착오 끝에 아모레퍼시픽은 2000년 중국 내 선진시장인 상하이에 단독 법인을 설립해 본격적인 시장조사를 실시했다. 3년간에 걸쳐 3500여 명에 이르는 대규모 현지 소비자 조사를 실시해 젊고 밝은 이미지의 라네즈 브랜드가 중국시장에 적합하다는 결론을 얻었다. 가격 면에서도 백화점에서 고가의 선진기업 제품과 차별화되고 떠오르는 중산층과 젊은 층을 겨냥한 중고가 제품이 없다는 것을 파악하게 된다. 또한 당시 유행을 선도하던 홍콩에서 브랜드 명성을 얻을 경우, 중국 본토 진출의 성공 확률을 높일 수 있다는 점도 학습하게 된다.

아모레퍼시픽은 2002년 홍콩의 1급 백화점 가운데 하나인 소고 백화점에 1호점을 입점시킨다. 처음에는 판매량이 매우 부진했다. 다른 브랜드들을 추가로 투입하자는 경영진들의 의견도 있었지만 진출 브랜드를 라네즈로 일원화해서 우선 하나라도 먼저 성공시키는 데 집중하기로 했다. 이처럼 신중한 분석에 기반한 노력의 결과는 곧 나타났고, 6개월 만에 판매량은 급성장하기 시작했다. 홍콩에서의 성공을 기반으로 아모레퍼시픽은 다른 브랜드의 중국 진출보다는 라네즈의 본토 진출에만 신경을 썼다.

그 결과 2002년 9월에 상하이에 진출해 성공했고 2003년에는 베이징에 진출해 중국 진출의 성공 방정식까지 얻는다. 라네즈를 3년에 걸쳐 중국시장에 완전히 정착시키고 난 뒤, 2005년에는 동일한 성공 방정식에 따라 마몽드 브랜드의 중국 진출을 시도해 2년 만에 시장 정착을 이루어낸다. 아모레퍼시픽의 전략은 홍콩에서 성공시키고 상하이와 베이징 순서로 성공할 때까지 집중하는 것이었다. 이런 방식으로 2007년에는 설화수 브랜드를 진출시켰고 2011년까지 다른 브랜드들을 순차적으로 중국시장에 진출시켜왔다.

아모레퍼시픽의 중국 진출 과정에서 또 하나 눈여겨볼 만한 점은 현지 법인장 용인술이다. 아모레퍼시픽은 중국 진출 사업의 발전 단계를 나눠 각 단계별로 현지인과 주재원을 적절히 교체하면서 법인을 운영해오고 있다. 2000년대 초반부터 2010년까지의 초기 진입 단계에서는 현지 시장에 맞게 브랜드를 구축할 수 있도록 현지 브랜딩 전문가를 영입했으며, 특히 브랜드 정체성을 강화하고 시장 침투에 집중했다.

반면 2010년 이후에는 그동안 성장에만 집중하면서 방만해진 조직을 정비하기 위해 주재원 법인장을 활용했다. 약 2년간에 걸쳐 글로벌 사업 운영 체계를 정비한 후 최근에는 다시 P&G와 에스티로더에서 근무한 현지 유통 채널 전문가를 영입해 법인장으로 활용하고 있다.

지속적인 혁신을 위한 과제

아모레퍼시픽은 1990년대 초 선행적인 사업 구조조정과 치열한 혁신으로 외환위기 속에서도 성장할 수 있었다. 특히 2000년대 초 끈질긴 국제화를 통해 금융위기와 세계적인 저성장 속에서도 고속성장을 거듭해왔다. 그러나 미래를 장밋빛으로만 볼 수는 없다. 국내 화장품 시장은 성장이 정체되어 있고 아직 30퍼센트가 안 되는 해외 매출 비중을 50퍼센트 이상으로 끌어올리려면 극복해야 할 장애물들이 있기 때문이다.

우선 한류 열풍의 후광으로 중국에서 사업이 성장하고 있지만 중국인들의 관심이 언제 식을지 알 수 없다. 한류 열풍이 식기 전에 아모레퍼시픽 브랜드를 중국인들의 머릿속에 각인시키는 것이 시급한 과제다. 다음으로 글로벌 브랜드로 자리매김한 것은 2002년에 설립된 미국 법인의 성과다. 지금은 손해를 보면서도 브랜드 이미지 구축을 위해 노력하고 있지만 여전히 동양 브랜드라는 반쪽짜리 이미지에서 벗어나지 못하고 있다. 마지막으로 지금까지 아모레퍼시픽의 강점은 브랜드를 스스로 개발하는 역량이었다. 그러나 이런 전략은 글로벌 브랜드로 만들기까지 시간이 오래 걸리고 위험이 따른다. 특히 해외시장에서 현지화를 통한 국제화에 더욱 박차를 가하기 위해서는 지금까지의 내부 개발 전략을 계속 유지할 것인지, 아니면 일부 선진기업들과 같이 선별적 인수합병으로 브랜드 포트폴리오를 구축하는 전략을 추진할 것인지 고민해볼 필요가 있다.

앞서 살펴본 외국 사례들이 시사하는 바는 성숙, 성장, 신흥 단계의 사업부와 국내시장 및 해외시장을 차례로 개발하면서 학습된 핵심역량을 활용하는 동태적 역량 그리고 이들을 차별화하면서 균형을 유지하는 양손잡이 조직 구조를 갖춰야 한다는 것이다. 한편으로는 화장품, 향수, 바디용품 사업부들 내부에 축적된 브랜드 및 제품 개발 역량을 그룹 본부의 적극적인 조정 및 통제 기능을 통해 활용해야 한다.

또한 서로 다른 성장 단계에 있는 국내시장과 유럽, 중국, 미국 등 해외시장의 지역별 사업부가 자율권을 갖고 각 시장의 특성에 맞게 사업을 추진하되, 그동안 시행착오를 겪으면서 학습된 적극적 현지화 및 단계별 브랜드 정착이라는 국제화의 성공 방정식을 지역별 사업부가 공통된 원칙과 플랫폼으로 준수하도록 그룹 차원에서 지원하고 관리해야 한다.

본업을 버리고 큰 위기에 대비한 두산그룹[16]

1896년 박승직상점을 모태로 하여 동양맥주, 두산식품 등 소비재 기업을 중심으로 사업 영역을 확장해 나가던 두산그룹은 1991년 계열사인 두산전자의 낙동강 페놀 유출사고로 인해 큰 위기에 봉착하게 된다. 이 사고로 시민단체 등이 두산제품 불매운동을 벌이는 한편, 기업 이익만 앞세워 공공시설인 상수원을 오염시켰다는 여론이 빗발쳤다.

그 영향으로 주력사업인 맥주 사업도 흔들렸다.

당시 주요 경쟁사인 조선맥주는 하이트를 앞세워 공격적으로 시장을 잠식해 들어왔다. 이로 인해 1993년 70 대 30의 우위에 있던 동양맥주의 시장점유율은 1996년에는 41 대 43으로 역전됐다. 특히 두산은 1990년대 초 내수시장 수요에 대응하고자 대대적으로 설비 투자를 실시했는데 이 과정에서 부채 비율이 300퍼센트를 넘어섰다. 경쟁 심화에 따른 매출 부진으로 급기야 영업이익으로 이자를 충당하지 못하는 지경에 이르렀고 이로 인해 극심한 자금난에 시달렸다.

이런 어려움을 타개하고자 두산그룹은 창업 100주년인 1996년 사업 구조를 소비재 중심에서 산업재 중심으로 바꾸기로 선포했다. 그핵심은 본업인 식품 사업을 버리는 것이었다. 소비재의 핵심역량과 산업재의 핵심역량은 크게 차이가 난다. 소비재의 경우 변화하는 시장 환경에 신속하게 대응할 수 있는 체질과 조직문화가 갖춰져야 한다. 하지만 두산그룹은 독점 공급업체 시절에 형성된 기업문화에서 그다지 변화하지 못했다. 이 때문에 끊임없이 변화하고 점차 빠른 대응을 필요로 하는 소비재 사업에서 주도권을 잡기가 점점 어려워졌고 이것이 부실한 사업 성과로 나타났다. 냉정한 자기반성 끝에 두산은 사업 구조 변경을 단행하게 된 것이다.

두산그룹은 본격적인 사업 구조 혁신을 위해 우선적으로는 수익성이 높은 사업들을 매각해 자금을 확보했는데, 당시는 외환위기 전이라 제값을 받고 팔 수 있었다. 먼저 1995년에 영등포공장 등 보유하고 있던 자산을 매각하는 한편, 1996년에 한국3M, 한국코닥, 한국네슬

레 등에 대해 보유하고 있던 지분들을 각 회사의 본사에 매각했다. 1997년에는 한국에서의 코카콜라 사업권을 미국 본사에 매각하고 음료사업에서 철수했다. 1998년에는 그룹의 핵심사업인 맥주 사업에서의 철수를 선언했다. 이러한 과감한 매각 결과 재무적인 안정성을 확보할 수 있었고, 중공업을 비롯한 산업재 사업 진출을 위한 인수 자금을 확보할 수 있었다. 그리고 결과적으로 두산그룹은 외환위기라는 훨씬 더 큰 위기에 대비할 수 있게 됐다.

2000년대 들어 두산그룹은 주력사업 변신을 위한 본격적인 인수합병에 돌입했다. 두산그룹의 인수합병을 통한 사업 확장은 크게 중공업 분야와 건설기계 분야의 두 부류로 나뉜다. 2000년 정부는 공기업인 한국중공업을 민영화함에 있어서 4대 기업 집단을 경쟁 입찰 대상에서 제외시킨다고 발표했다. 한국중공업을 인수해 두산중공업으로 새롭게 탄생하면서 두산그룹은 산업재 기업 집단으로 변신의 방향을 잡았다. 산업재 사업은 본질상 단기간 내에 핵심역량을 구축하기 어렵다. 따라서 유기적 성장보다는 인수합병을 통한 성장이 글로벌 경쟁력을 조기에 확보하는 데 유리하다고 판단했다. 특히 당장의 매출을 넘어 원천기술의 확보를 위한 장기적인 관점에서의 투자에 노력했다.

두산그룹은 중공업 분야에서 원천기술 확보를 위한 본격적인 인수합병을 추진해 2009년까지 보일러, 터빈, 발전기 등 발전소의 3대 핵심설비의 원천기술을 모두 확보하게 됐다. 이후에도 다양한 국내외 기업들을 인수하면서 두산그룹은 조직 통합에 있어서 먼저 피인수 기업의 인력을 최대한 활용하고 조직문화 유지에 노력했다. 이는 중공

그림 6-3 | 두산그룹 사업 구조 변화 ||||||||||||||||||||||||||||||||||||||||||||||||||||||||||||||||||

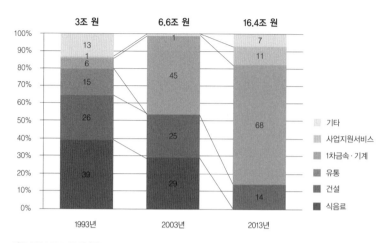

자료: KISLINE, NICE 평가정보, 1988~2013.

||||||||||||||||||||||||||||||||||||||||||||||||||||||||||||||||||||||||||||||||||||||||||||||||||||||||||||||

업 분야에서 지식과 경험 등 노하우가 단기간에 축적되기 어렵다는 점
을 감안한 것이었다.

소비재에서 산업재 기업 집단으로 변신한 두산그룹은 2010년 그룹
매출액이 18조4074억 원, 영업이익이 1조8338억 원에 이르게 된다.
1995년 대비 외형은 4.5배이며, 영업이익은 9배 증가한 것이다. 그러
나 그 내용을 들여다보면 변신이 완전히 성공적이었다고 단정짓기는
이르다. 특히 건설 기계 분야의 경우에는 아직 많은 과제를 안고 있다.
두산그룹은 시장 지위를 단숨에 높일 수 있는 기회를 엿보다 2007년
밥캣이 매물로 나오자 신속히 인수했으나, 49억 달러라는 엄청난 비
용으로 인해 극심한 유동성 위기를 겪기도 했다.

이는 두산그룹이 사업 구조 변신 이후 인수합병에 있어 과거 신규사업으로의 변신RBM과 주력 사업의 개선LBM이라는 접근 방법을 구분해 적용하지 못한 데 기인한다. 그리고 이제는 성장을 위한 인수합병 자체에만 노력하기보다는 인수합병 이후에 체계적인 연구개발 투자를 통해 자신의 지식 기반인 핵심역량을 키우고 내실을 다지는 데 집중해야 한다.[17] 또 중국에서의 경쟁과 건설 경기 위축으로 실적 부진에서 헤어나지 못하고 있다. 그래서 건설 기계 산업으로의 변신은 아직 미생이다. 따라서 인수합병과 중국시장에만 의존하던 전략에서 벗어나 핵심역량을 기반으로 미국시장 등으로 점차 시장 다변화를 꾀하는 것도 필요하다. 그것이 미생에서 완생으로 가는 길이다.

강력한 리더십과 체계적인 준비 필요

지금까지 살펴본 연구 결과와 기업 사례의 핵심적인 시사점은 기업들이 합리적 사업 범위를 결정하고 사업 포트폴리오를 혁신하는 데 있어 가장 먼저 해야 할 일은 스스로의 핵심역량을 파악하고 그 기반이 되는 자원의 성격을 고려해야 한다는 점이다. 경쟁력의 원천인 주요 자원, 즉 특허 기술이나 브랜드, 비즈니스 모델이나 플랫폼 등은 특정 사업에 특화되기도 하고 다양한 사업에 걸친 생태계를 지원하기도 한다.

기업의 핵심역량이 현재 사업에 특화된 경우에는 사업의 다각화 범위를 좁게 유지하고 사업부들 간의 연계를 긴밀하게 유지해야 한다. 실제로 성공적인 대기업들의 사업 다각화 범위 및 관리 방식을 들여다보면 핵심역량의 기반이 되는 자원의 성격에 맞춰 사업 범위, 사업부 조정 및 통제 방식, 본사의 역할 및 규모를 일관되게 유지해왔음이 발견된다.

반면 한국 재벌기업들은 종종 낙후된 비관련다각화 사업 구조와 일관되지 않은 자원 관리, 사업부 조정 및 통제 방식을 이용해 그룹 본부의 규모와 관리비용을 비효율적으로 증가시켜왔다. 그리고 이것이 사업 포트폴리오 혁신에 장애 요인으로 작용했다. 이는 1980년대까지 부동산, 금융, 금속, 광고, 제약 사업에 이르는 비관련다각화 사업 구조 하에서 부실사업 지원으로 경영난에 처했던 아모레퍼시픽의 사례에서도 드러난다. 당시 기획조정실 상무였던 서경배 회장은 이렇게 말했다. "당시 나는 사업 다각화로 위험을 분산할 수 있다고 생각했다. 그러나 그런 생각은 재무 이론에 불과했다."

사업 포트폴리오 혁신은 새로운 기술 혹은 시장 기회의 발견으로 하루아침에 이루어질 수는 없다. 소비재에서 산업재 위주로 주력 사업의 변신이 이루어진 두산그룹과, 뷰티앤헬스라는 그룹 비전을 기준으로 핵심사업에 선택과 집중을 한 아모레퍼시픽의 사례에서 공통으로 발견되는 사실은, CEO의 강력한 리더십에 따라 10여 년에 걸친 체계적 준비 과정이 있었다는 점이다.

이런 노력은 특히 위기 순간에 빛을 발한다. 1991년 낙동강 페놀 유출사고로 위기에 처한 두산그룹은 100년 가까이 유지해온 주력사업인 식음료 사업들을 매각함으로써 인수합병을 통해 중공업 중심의 사업 구조로 변신하기 위한 유동 자원을 확보할 수 있었다. 1980년대 화장품 국내시장 개방과 노사분규로 위기에 처한 아모레퍼시픽은 사업구조의 전문화와 국제화로 위기를 돌파하려고 했다. 그러나 화장품의 본고장인 프랑스 진출에 실패하자, 화장품이 아닌 향수 사업으로 전환하고 현지 법인 인력의 대부분을 프랑스 현지인으로 채용하여 경영상의 자율권을 보장하고 향후 국제화에 필요한 해외시장에서의 현지화 능력을 학습할 수 있었다.

두산그룹과 아모레퍼시픽은 사업 포트폴리오 혁신을 위해 1990년대에 걸쳐 과거 주력사업을 포함한 상당수의 사업들을 자발적으로 매각했다. 이는 1997년 말 외환위기가 발생하면서 대부분의 한국 재벌 기업들이 비자발적 사업 구조조정 과정에서 사업들을 헐값에 매각하거나 도산했던 경우와 대비된다. 사업 포트폴리오 혁신은 단순히 운이 좋은 기업이 아니라 준비된 기업에서 발견되는 현상이다.

다음으로 혁신을 위한 사업 구조조정을 경쟁사보다 효과적이고 신속하게 추진하는 '전략적 민첩성'이 요구된다. 전략적 민첩성이란 첫째, 혁신적 사업의 기회를 발견하고 둘째, 사업 구조조정에 필요한 의사결정을 내리고 셋째, 자원을 조달해 활용하는 3단계에서 기업조직이 신속하고 결단력 있게 의사결정을 실행할 수 있는 제도화된 경영능력을 말한다. 특히 제품 및 기술의 수명주기가 짧고 경쟁 환경의 변화가 빠른 사업 분야에서 혁신에 성공한 기업은 인수합병이나 매각을 경쟁사보다 단호하고 민첩하게 실행해왔다. 더 나아가 인수합병을 통해 우수한 인력을 확보하고 새로운 업무 절차를 학습해 조직 내부의 핵심역량을 더욱 강화시켜 왔음을 발견할 수 있다.

앞선 사례들은 사업 포트폴리오 혁신의 관건이 단순히 브랜드나 기술 자체가 아니라 핵심역량을 개발하고 활용하는 경영자 자신이라는 것을 시사하고 있다.

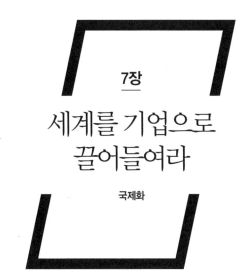

7장

세계를 기업으로
끌어들여라

국제화

기업 경영이 글로벌화, 디지털화, 지식정보화, 융합화하면서 중소중
견기업의 경영 환경도 급변하고 있다. 소수이긴 하지만 한국 중견기
업들도 정보통신기술, 전자, 바이오 그리고 기존의 중화학 분야에서
첨단기술 제품과 차별적 경영으로 글로벌 경쟁에서 두각을 나타내고
있다. 이런 기업들은 시장 측면에서의 국제화뿐만 아니라 필요한 기
술이나 인력, 자금, 브랜드 등의 경영자원도 해외에서 획득하고 활용
하는 데 성공했다. 이들은 이런 경영자원을 잘 조직화해 차별적인 제
품이나 서비스를 개발하고 이를 기반으로 해외시장을 개척해 지속적
인 성장을 해온 혁신 기업들이다.

중소중견기업의 국제화는 해외 사업을 전개하기 위한 자원 제약을 어떻게 극복하느냐가 핵심이다. 일반적으로 기업이 해외시장에 진출할 때 고려할 사항은 언어와 문화, 상관행이나 소비자 욕구의 차이, 유통망 구축 등 현지화의 부족에서 오는 불가피한 약점을 감내해야 하는 외국인 비용liability of foreignness과 이런 비용을 부담하더라도 그 지역에서 경쟁우위를 가질 수 있는 브랜드나 기술 등 차별적인 역량distinctive competence을 보유하고 있는지의 여부다. 대기업에 비해 자원이 부족한 중소중견기업은 외국인 비용을 줄이고 차별적 역량을 강화할 수 있는 보완 자원을 외부로부터 획득하고 활용하지 않으면 안 된다.

중소중견기업이 국제화 혁신에 성공하기 위해서는 변화하는 시장 기회와 외부 자원을 결합시켜 끊임없이 독특하고 차별적인 역량으로 변신시킬 수 있도록 외부 기업과의 네트워크 활동을 통해 자원 교환과 학습 활동을 촉진할 수 있어야 한다. 결국 국제화에 대한 성과는 중소중견기업이 구축한 국내외 기업 네트워크로부터 창출된다. 이 네트워크는 기업 간 자원 교환 활동과 기업 자체의 역동적 혁신 능력과 연계되어 구축되어야 한다.[1]

시장 세분화와 제품 다각화 추구

한국의 중소중견기업들은 주로 대기업이나 협력사에 부품과 장비를 납품하는 기업으로 존재하거나 혹은 독자적인 제품 출시로 틈새시장을 개발해 경영 활동을 추구하고 있다. 중소중견기업이 독자적인 글로벌 기업으로 발전하려면 어떤 글로벌 전략을 추진해야 할까? 기업은 경영 활동에 필요한 내부 조직을 구성하고 사업을 추진하는 데 필수적인 경영 요소를 유기적으로 결합시켜야 성공적인 글로벌 경영을 수행할 수 있다(〈그림 7-1〉 참조).

물론 성공적인 글로벌 경영전략을 수립하고 실행하기 위해서는 이런 경영 요소를 확보하고 결합하는 과정에서 기업이 당면하는 경쟁 상황과의 상호관계를 고려하지 않으면 안 된다. 이때 경영자의 경영 철

그림 7-1 | 기업의 네트워크 혁신 전략

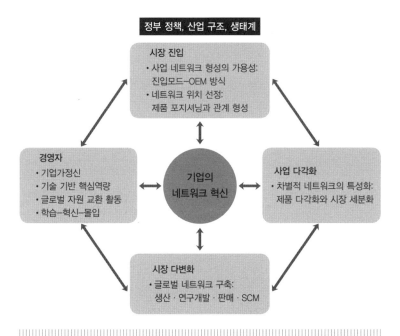

학과 이념이 경영전략의 선택과 실행에 중요한 영향을 미친다. 특히 경영자의 특징은 자원(하드웨어, 기술정보, 특허권, 일반 정보, 재정, 사회적 관계 등) 교환 활동 과정과 사업 파트너들과의 관계 결속에 많은 영향을 미친다.[2]

기업의 글로벌 시장 위치는 해외시장에 대한 진입 방식과 이후 사업 전개 과정에서 형성되는 글로벌 자원 교환 네트워크와 상관관계가 있다. 즉 OEM 방식을 선택할 것인가 혹은 기업 스스로의 마케팅 활동을 통해 해외시장에 진출할 것인가의 여부에 따라서도 기업 간 네트워크가 달라지며, 이후 사업 전개 과정에서 시장이나 기술변화에 따라 생겨나는 필요성에 의해서도 다양한 기업과 새로운 협력 네트워크 구조가 진화하게 된다.[3] 이 과정에서 기업은 본국에서 구축한 기업 시스템의 주요 활동들을 해외시장 상황에 맞게 전부 혹은 부분적으로 이전시키고 통합하는 과정을 갖는다.[4]

국제화가 진행되면서 기업은 해외시장 특성에 맞는 제품 포트폴리오를 추진하는 동시에 다양한 시장에 진출함으로써 시장 다변화를 추구한다. 나아가 기업은 시장뿐 아니라 제품과 서비스를 확장해 사업 다각화를 도모한다. 이런 시장 다변화와 사업 다각화는 기업이 설립한 생산 및 판매 법인을 거점으로 연구개발, 생산, 마케팅, 고객 서비스, 공급망관리 등 세부적으로 특성화된 하부 구조를 통합하는 글로벌 네트워크를 구축함으로써 이루어질 수 있다.[5]

결과적으로 초기 국제화 단계를 넘어 해외시장을 다변화하고 사업 다각화에 성공했다 하더라도 기업은 끊임없이 변화하는 외부 시장과 기술 환경에 따라 제품 생산, 연구개발, 마케팅, 인력, 기업 지배구조에 이르기까지 다양한 프로세스를 지속적으로 혁신하는 역동적 능력을 갖추지 않으면 안 된다.

휴맥스의 디지털 위성방송 시장 개척기

2014년 글로벌 셋톱박스 시장에서 매출액 1조4438억 원을 달성한 휴맥스는 기술 기반의 역동적 진화 능력을 가진 업체로서 1989년 2월 변대규 사장에 의해 설립된 ㈜건인시스템으로부터 출발했다. 휴맥스는 글로벌 경영을 위해 760명의 종업원이 국내외 17곳의 생산과 판매 법인에서 디지털 셋톱박스 생산, 연구개발, 영업 및 마케팅 서비스를 수행해 소비자가 디지털 생활을 더욱 풍요롭게 구현하는 데 기여하고 있다.[6]

휴맥스는 벤처 개념이 생소했던 시기에 서울공대 졸업생 7명이 자본금 5000만 원으로 설립한 회사다. 설립 초기에 컴퓨터 개발용 장비인 MDS micro-processor development system를 당시 시장 수요와 무관하게 희소한 첨단기술을 선보이겠다는 의욕으로 개발했지만 실패하고 말았다. 다음으로 개발한 제품은 디지털 엠펙MPEG 압축 기술을 활용한 것으로 카메라에 잡힌 영상 신호를 디지털 데이터로 바꿔 컴퓨터에 저장함으로써 TV 화면에 글자를 띄울 수 있었다. 이는 가요 반주기 시장의 요구를 충족시킴으로써 나름대로 성공시킨 제품이었다.

휴맥스는 이런 제품 개발 경험을 통해 시장 가능성을 타진해보고 소비자가 원하는 제품을 생산하는 것이 중요함을 깨닫게 됐으며 결과적으로 디지털 가전이라는 틈새시장으로 진입할 수 있었다.

OEM 방식의 시장 진입과 네트워크의 위치 선정

휴맥스는 당시 국내시장이 존재하지 않았기 때문에 사업 초기부터 해외시장을 개척해야 하는 태생적인 국제 벤처기업born-global start-up일 수밖에 없었다. 의욕적으로 가요 반주기를 중국에 수출했지만 시장에 대한 이해와 자원 부족으로 한계에 부딪쳤다.

1995년 휴맥스는 디지털 엠펙2 비디오 기술에 집중하던 중 삼성물산과 협력관계를 맺었다. 이를 계기로 디지털 셋톱박스를 개발해 OEM 방식으로 삼성물산을 통해 유럽과 남아프리카공화국에 1000만 달러 규모의 제품을 수출했다. 이후 휴맥스는 국산 신기술마크KT를 획득하며 셋톱박스 사업에 주력하는 한편 관련 기업들과 협력관계를 맺으며 초기 사업 네트워크를 구축해나갔다.

1996년 휴맥스는 아시아 최초로 디지털 위성방송 셋톱박스 개발에 성공함으로써 아날로그 방송이 디지털 방송으로 바뀌는 전환기에 생겨난 사업 기회를 포착한다. 1997년에는 국무총리상을 수상하고 코스닥 장외등록을 했으며 그해 말 유럽 디지털 방송 규격의 DVB 위성방송 수신용 셋톱박스를 개발해 1000만 달러 규모의 제품을 수출했다.

그러나 거래처인 판매업체의 파산과 유럽 방송사업자 간의 인수합병, 남아프리카공화국과 이탈리아에 수출한 제품 결함으로 인한 계약 파기 등으로 시장이 소멸되는 악재를 만난다. 이로 인해 휴맥스는 해외 매출이 급락했고 국내의 외환위기까지 겹쳐 부도 직전의 상황에까지 이른다.

휴맥스는 이런 위기를 발상의 전환으로 돌파했다. 직원들은 감봉으로 버티면서 비장한 각오로 부가가치가 높은 디지털 셋톱박스에 사활을 걸었다. 핵심사업 이외의 실험적 사업들은 과감히 정리하고 디지털 방송의 핵심 기술인 CASconditional access system의 개발에 집중했다.

변대규 사장은 당시를 이렇게 회상했다. "인력의 50퍼센트를 연구부문에 배치하고 매출액의 8~9퍼센트를 연구개발에 투자했으며, 생산은 아웃소싱을 최대한 활용하고 전형적인 벤처 조직으로 운영함으로써 경영 효율을 극대화하고 첨단제품 개발과 시장 개척에 주력했다."[7] 이 밖에 회사의 인사 부문도 컨설팅 업체에 위탁했고 25개 팀을 연구개발, 마케팅, 생산 등 3개 부문에 집중하는 동시에 해당 부문장들이 각 부문의 CEO 역할을 수행하도록 했다.

때마침 1998년을 기점으로 위성방송 시장이 디지털 방식으로 바뀌면서 디지털 셋톱박스 수요가 크게 증가하여 휴맥스는 회생의 기회를 맞이했다. 선택과 집중 전략의 일환으로 첫 해외 현지법인을 영국 북아일랜드에 설립했다. 이 지역을 선정한 이유는 유럽시장의 변화에 신속히 대응할 수 있는 전략적 요충지일 뿐 아니라 유럽연합의 관세장벽도 탈피할 수 있었기 때문이다.

당시 유럽은 대기업 경쟁사들이 대형 방송국과 직거래를 하고 있었기 때문에 휴맥스는 어쩔 수 없이 틈새시장인 일반 유통시장으로 목표

시장을 선정했다.[8] 자체 브랜드도 없고 규모도 작은 신생기업이었기 때문에 대기업과 정면 승부하기보다는 대체시장부터 공략하기로 한 것이다. 그 결과 몇몇 소량의 OEM 주문이 들어왔고, 이로 인해 회사의 재고비용이 줄어들고 현금화가 이루어지면서 차츰 자금 유동성이 나아지기 시작했다.

이후 휴맥스는 서유럽 국가들을 중심으로 현지 영업 조직망을 구축해 시장 상황을 빠르고 정확하게 파악해나갔으며, 이를 토대로 시장 세분화 전략을 수립하고 디지털 방송에 특화된 제품을 출시해 기술적 경쟁우위를 확보했다.

시장세분화와 차별적 네트워크 구축

유럽 지역의 시장 확장을 위해 시장세분화에 들어간 휴맥스는 1999년부터 구체적으로 중·장기 시장 전략을 구상했다. 회사가 1997년 예상치 못한 경영 위기를 경험한 후 시장 세그먼트별로 신축성 있게 제품 생산 및 판매 활동을 실행할 수 있는 세분시장별 제품 전략의 필요성을 절감했기 때문이다.

첫 번째는 시장세분화와 포지셔닝이었다. 휴맥스의 일반 유통시장 마케팅 전략은 상품 기획과 유통채널 형성에 주력하는 것이었다. 디지털 위성방송의 특성상 셋톱박스와 위성 수신 안테나만으로는 방송 수신 환경을 최적화할 수 없는 한계가 있었기 때문에 위성 솔루션 전문점들과 협력관계를 맺고 역내 유통망을 구축했다.

당시는 디지털 위성방송의 확산으로 인해 시장의 수요가 증가하면서 다양한 제품과 유통 방식에 대한 요구도 있었다. 이때 휴맥스는 OEM 방식의 사업을 대폭 축소하고 자체 브랜드 위주로 제품을 판매하는 정책을 강화했다. 또한 브랜드 인지도를 높이기 위해 1차 유통망을 대상으로 첨단 셋톱박스의 교육과 마케팅도 적극적으로 실시했다.

유통망을 구축할 때는 각 나라별 파트너와 기술 지원, 제품 및 시장 관계를 분석했다. 그 결과 해당 지역과 제품의 수요, 최종 고객의 니즈에 대한 현지 유통망의 피드백이 기존 제품의 완성도에 크게 기여할 뿐 아니라 신제품 기획에도 많은 영향을 준다는 사실을 발견했다. 이후 휴맥스는 제품별, 시장별, 고객별로 서로 다른 니즈를 감안해 유통망 구축을 강화함으로써 고객으로부터 가치를 인정받고 브랜드 인지도도 높이며 대체시장에서 자리를 잡아가기 시작했다.

하지만 방송사 직거래시장은 셋톱박스 시장의 약 90퍼센트 규모로 휴맥스에게는 중요한 전략시장이었다. 이 시장의 수익률은 그리 높지 않았지만, 방송사업자를 대상으로 대규모 물량을 공급할 수 있었기 때문에 제조업체로서는 안정적인 매출과 규모의 경제 실현을 기대할 수 있었다. 휴맥스가 방송사업자에게 셋톱박스를 직접 공급하기 위해서는 방송사업자가 선정한 CAS, 미들웨어middleware, 중앙처리장치CPU를 포함한 핵심 부품 공급업체 그리고 해당 지역 방송사업자 간의 협력을 통해 맞춤형 솔루션을 제공해야 했다.

이런 네트워크 구조를 가진 시장에 후발업체가 진입하기 어려운 이유는 이 시장에서의 핵심 성공 요인이 협력업체와 장기적으로 긴밀한 관계를 유지할 수 있는 전략적 파트너십 구축에 있었기 때문이다. 휴맥스는 높은 진입장벽을 극복하면서 관련 업체들과 특허 계약을 체결하고 턴키turnkey 혹은 그와 유사한 방법으로 방송사 대응 전략을 마련해 시장을 확장해나갔다. 쉽지 않은 일이었지만 휴맥스는 이 과정을 거치면서 다양한 기술 표준을 접하게 됐고 핵심 기술력을 발전시킬 수 있었다.

결과적으로 휴맥스는 방송사업자 시장에서 차별화된 마케팅 전략을 펼치는 동시에 협력업체들과 전략적 네트워크 구축을 통한 시너지 효과를 발휘하면서 점차 안정적으로 자리 잡아갈 수 있었다. 일반 유통시장에서는 고객 수요에 따라 다양한 부가 기능 제품군을 출시해 시장을 확장하고 글로벌 경쟁력을 강화해나갔다.

그림 7-2 | 디지털 셋톱박스의 시장 구조 ||||||||||||||||||||||||||||||||||||||||||||||||||||||

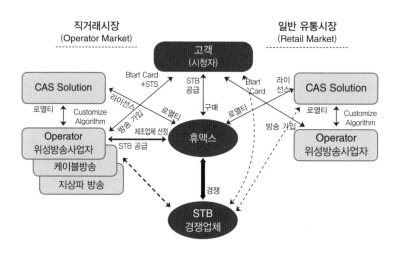

두 번째는 차별적 네트워크를 통한 새로운 시장세분화다. 휴맥스는 해외시장별로 시장세분화를 추진하는 동시에 과감한 연구개발 투자로 위성방송뿐 아니라 표준규격이 다른 새로운 방송통신 매체들에도 관심을 가졌다. 세계적으로 디지털 방송이 위성 사업자뿐 아니라 공중파, 케이블 사업자, 심지어 통신업체에게까지 급격히 확산됐기 때문이다. 특히 선진국은 정부 차원에서 2010년을 전후로 디지털 지상파 방송으로 전환할 것을 예고했다. 시청자는 신규로 셋톱박스 내장형 TV나 디지털 셋톱박스를 구입하지 않으면 안 됐다.

이에 대한 당시 시장 분석 결과, 디지털 방송 보급률이 60~70퍼센트를 넘는 영국과 미국을 제외한 나머지 국가들의 경우 보급률이 높지 않아 머지않아 대규모 수요가 유발될 것이 예측됐다. 이에 따라 휴맥스는 제품 단계별 사업 영역에서 각 세분시장의 차별적 마케팅 전략을 수립하고, 다양한 셋톱박스 제품군을 개별 국가의 환경과 정부 규격에 따라 다양한 부가기능을 장착할 수 있도록 개발했다.

디지털 셋톱박스 시장이 성장함에 따라 휴맥스의 제품 다각화와 기술 개발력은 더욱 빛을 발했다. 휴맥스는 셋톱박스 기술과 자체 브랜드로 디지털 TV라는 특화된 제품을 개발해 가전제품 유통시장을 공략하는 동시에 B2B 사업으로서 대형 TV업체와 협력관계를 맺어 ODM 개발[9] 사업을 강화했다. 이 제품은 휴맥스의 핵심 기술력을 바탕으로 LCD TV에 디지털 셋톱박스 기능을 내장시키는 융합기술이 핵심이었다.

물론 경쟁업체들도 PVR, MHP, DAB, DVR 등 진화된 컨버전스 제

그림 7-3 | 디지털 셋톱박스의 진화 방향 ||||||||||||||||||||||||||||||||||||||||||||||||||||||

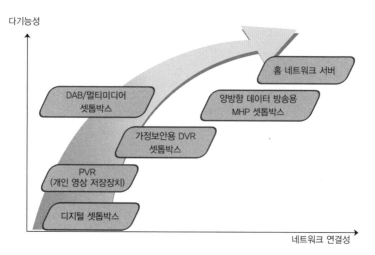

자료: 〈디지털타임스〉와 가진 휴맥스 경영자 인터뷰(2015년).

||||||||||||||||||||||||||||||||||||||||||||||||||||||||||||||||||||||||||||||||||||

품들을 개발해 유럽 등지에 고가로 수출하고 있었다. 그러나 휴맥스는 이미 세계적으로 다양한 디지털 방송 규격에 익숙해져 있었고 방송사의 요구에 따라 다양한 부가기능에 대한 노하우를 축적해왔으므로 고부가가치의 디지털 TV 제품 다각화로 사업을 차별화할 수 있었다.

시장 다변화 전략과 글로벌 네트워크 구축

이후 휴맥스는 유럽형 DVB 기술의 축적된 노하우와 유럽 국가별로 구축한 소매 유통망을 기반으로 영국, 독일을 비롯한 서유럽에서 북유럽, 동유럽까지 일반 유통시장을 확장하는 시장 다변화 전략을 추진했다. 그동안 쌓아온 시장분석 능력을 바탕으로 1999년 12월 아랍

에미리트 두바이에 현지법인을 설립했다.

당시 중동 지역에서의 디지털 방송은 초기 단계로서 선점 효과를 노리는 업체들의 목표시장이 됐다. 중동시장은 폐쇄적인 관습으로 인해 TV 방송이 매우 중요한 실내 생활 문화의 일부로 발달해 있었기 때문에 지속적으로 수요가 증가했다. 두바이 현지법인은 한국에서 제품을 공급받아 마케팅 활동에 집중하는 방식으로 시장을 공략했다. 그 결과 중동시장은 2003년까지 회사 매출액의 30퍼센트를 차지할 정도로 중요한 시장이 됐다.

휴맥스는 선발주자로서 유통과 기술 지원을 통한 마케팅으로 선점 효과를 보았고, 기술력과 품질 차별화로 현지 고객의 제품 선호도를 높여 브랜드 인지도 상승효과를 누렸다. 이런 휴맥스의 브랜드 영향력은 유럽형 DVB(유럽 각국이 공동으로 개발하고 있는 디지털 방송 규격)기술 표준을 사용하는 동남아 국가들과 미국 진출에 있어서도 긍정적인 효과로 나타났다.

휴맥스는 유럽과 중동시장에서의 사업 경험과 기술력을 기반으로 미국시장에 진출했다. 미국은 세계시장의 50퍼센트를 차지하는 대규모 시장으로 디지털 위성방송 서비스의 경우 누적 가입자 수가 2003년 3350만 명에 달했다. 미국시장에서는 1999년부터 미국연방통신위원회FCC의 위성방송 디지털화 정책으로 인해 2001년에 케이블방송의 디지털화가 본격적으로 추진됐다.

당시 미국의 케이블방송 시장은 모토롤라와 사이언티픽 애틀랜타가 과점 경쟁 구조로 시장을 점유하고 있었다. 위성방송 역시 휴즈, 에 코스타 같은 자체 공급업체, 톰슨과 일본 대기업으로 편성된 과점시장이었다.[10] 따라서 휴맥스와 같이 기술력 위주로 성장하는 벤처기업이 독자적으로 진출하기에는 진입장벽이 너무 높았다.

휴맥스는 미국 디지털 위성방송 DSS 규격의 직거래시장에 진출하기 위해 2000년 7월, 삼성벤처투자와 함께 크로스디지털 합작회사를 설립했고, 시장 적기 진출을 강화한 생산 시스템과 삼성의 마케팅 역량 및 유통채널 그리고 세계적 경쟁력을 가진 제품을 기반으로 결국 시장 진입에 성공했다.[11] 방송의 디지털화가 진행되는 상황에서 한국 최대 기업인 삼성과 사업 파트너로서 대규모 시장에 진입하는 새로운 모델을 창출한 것이다.

이에 힘입어 2005년부터 미국 위성라디오사업자인 시리우스에 디지털 라디오 제품을 납품하며 제품 영역도 확대했다. 이 제품 역시 직거래시장의 공급 채널 네트워크로부터 기회를 포착한 결과였으며, 그동안 보유해온 기술 개발 역량을 바탕으로 이루어진 새로운 융합기술 제품 시장의 진출이었다. 이후 휴맥스는 크로스디지털 합자회사를 100퍼센트 휴맥스 자회사로 전환시키고 기존의 영업 방식을 한 단계 발전시켜 미주시장에서 회사 매출액의 50퍼센트를 상회하는 실적을 이루었다.

최근 글로벌 위성방송 시장의 선두주자인 휴맥스는 새로운 도전을 받게 됐다. 디지털 지상파 방송 시장이 다양한 형태로 형성되는 과정에서 휴맥스 브랜드의 소비자 인지도가 떨어지기 때문이다. 휴맥스는 현지 유통업체와 언론 매체를 대상으로 제품과 기술 차별화에 대한 마케팅을 활발하게 전개해 이 문제를 극복했다.

휴맥스는 이런 방식으로 각 국가별 현지 환경에 맞춰 차별화된 가전 시장의 유통채널을 구축하면서 영국, 독일, 이탈리아, 북유럽, 스페인, 프랑스 등의 시장에서 서로 다른 판매 전략을 적용했다. 디지털 지상파 방송 등 새로운 기술 표준 규격으로 인한 방송 기술 다각화는 휴맥스로 하여금 새로운 시장을 개척할 수 있는 계기를 마련해주었고 수신 제품이나 매체 방식의 다양화를 통해 시장을 확대하도록 해주었다.

2014년 휴맥스는 디지털 융합 시대를 맞아 새로운 사업 혁신으로서 네트워크 신규사업을 추진했다. 인터넷을 이용해 집안의 전자기기를 효율적으로 관리할 수 있는 HGS home gateway server를 사용해 쌍방향 정보 교류를 할 수 있는 다기능 제품을 개발했으며, 휴대전화를 자동차 내비게이션의 음향 시스템에 연결해 다양한 프로그램을 활용할 수 있는 제품도 출시했다.[12]

휴맥스는 또한 세계적으로 분포되어 있는 생산법인과 판매법인을 효율적으로 통합하는 글로벌 공급망 역량을 강화했다. 북아일랜드에

표 7-1 | 휴맥스의 주요 국가별 자회사 역할 ||||||||||||||||||||||||||||||||||||||||||||||

국가	한국 본사	영국	폴란드	미국	브라질	중국	인도	베트남
경영 기능	연구개발, 생산, 영업, CS, 기타	유럽 본부, 영업	조립 생산	영업, CS	생산, 영업	생산	영업	연구개발

자료: 휴맥스 홈페이지

||||||||||||||||||||||||||||||||||||||||||||||||||||||||||||||||||||||||||||||||||||||||

설립했던 유럽의 생산 기지를 비용 절감을 도모할 수 있는 폴란드 베우하투프로 이전하고 연구개발을 확장해 새로운 개발 및 생산 기지를 설립해 유럽시장 확장에 대응했다. 휴맥스 폴란드 법인은 이후 시장 요구에 발 빠르게 대응하기 위해 고객 서비스와 필드 테스트 위주의 제품 개발을 담당하는 연구개발 역할도 수행했다.

하지만 최근 폴란드의 연구개발센터는 베트남으로 이전됐다. 이유는 한국의 연구개발 인력이 부족한 데다 최근 베트남에 셋톱박스 관련 기술과 지식이 집약된 글로벌 연구개발 생태계가 조성됐기 때문이다. 현재 베트남 연구개발 인력 30명은 단순 소프트웨어 작업을 수행하고 있지만 향후 이들의 기술 능력을 높여 제품 개발에 전략적으로 활용할 계획이다.[13]

그동안 한국에서만 자재 구매와 생산 활동을 해오던 휴맥스는 최근 아시아시장에서 공급망관리의 근간이 되는 국제구매조달 international procurement operation 및 글로벌 물류 허브를 중국 광둥성에 위치한 공장과 연계해 선전과 홍콩에 각각 설립했다. 이로서 휴맥스의 핵심 생산 기지는 한국, 중국, 폴란드, 브라질로 확대됐으나 각 생산 기지의 형태는 다르다.

한국은 공장 인력을 위주로 가동하면서 생산 기술을 축적해왔고, 폴란드는 다각화와 해외 직접투자의 일환인 지역 생산 기지로서 수직적 통합을 추진해왔다. 중국은 2개 협력업체와 체계적인 외주 business process outsourcing를 실현해왔다. 브라질에서의 생산 기지와 영업 활동은 미주시장의 사업 확장과 관세(70퍼센트 관세) 회피의 전략적 목적이 숨어 있었다.[14] 그 외 방송사의 특별 요구사항과 관세 장벽에 대응하기 위해 인도, 터키, 태국에서도 현지 파트너와 생산 활동을 하고 있다.

이런 제조 단위를 연결해주는 것이 바로 휴맥스의 글로벌 공급망관리 프로세스인데, 부품 공급자에서부터 해당 생산 기지와 최종 고객까지 일률적으로 통합 관리하고 있다.

송원산업의 해외 인재 유치와 고객밀착서비스

2012년 세계 정밀화학 시장에서 점유율 22퍼센트를 차지하면서 글로벌 2위 업체로 부상한 송원산업은 1965년 일본석유화학과 락희화학(현재의 LG화학)에서 기술자로 근무했던 박경재 사장에 의해 설립됐다. 폴리머 산업에 필요한 산화방지제, PVC 안정제, TIN 원제 등 플라스틱 첨가제와 폴리우레탄 제품을 생산하며 산화방지제가 주력 제품인 기업이다.[15]

2006년까지만 해도 송원산업은 글로벌 시장점유율이 6퍼센트에 불과했으나 창업자 2세인 박종호 회장이 2007년부터 경영을 맡아 2014년 매출액 6654억 원을 달성한 글로벌 중견기업으로 성장했다. 하지만 최근 원재료 가격이 오르고 생산 공정상에 문제가 발생해 제조원가가 상승하는 바람에 매출 증가세가 둔화되고 있다.

현재 송원산업은 3개 대륙 9개국에 17개의 현지법인(합작법인 2개 포함)과 1개의 지역 사무소를 운영하고 있다. 그중 생산시설은 한국에

3개, 독일 · 미국 · 중국 · 인도에 각각 1개씩 총 7개를 보유하고 있다. 판매를 위한 지원 조직과 지역 유통의 네트워크는 7개의 고객 서비스 센터를 거점으로 주요 폴리머 제조업체와 컴파운딩 업체에 제품 공급 과 서비스를 하고 있다. 제품별 매출 비중은 산화방지제(64퍼센트), PVC 안정제(8퍼센트), TIN 원제(10퍼센트), 폴리우레탄(7퍼센트), 기타 (11퍼센트) 등이다. 지역별 매출 비중은 국내(36퍼센트), 아시아(23퍼센 트), 유럽(21퍼센트), 미주(19퍼센트), 중동 및 아프리카(4퍼센트) 등으로 고루 분포되어 시장 다변화를 이루며 글로벌 기업으로서의 위상을 강 화하고 있다.

OEM에서 자체 기술 개발 체제로

송원산업은 처음부터 해외시장 개척을 성공적으로 이룬 글로벌 기 업이 아니다. 설립 후 1990년대 후반까지 OEM 방식으로 제품을 생 산해 외국 정밀화학 업체에 납품하거나 동종 업체 대리점을 통해 판매 하는 전략으로 해외 진출을 꾀했다. 당시 정밀화학 시장은 시바, GLC 등 특허를 보유한 글로벌 기업들이 시장의 대부분을 장악했다. 송원 산업은 이들 기업이 가진 제조 기술 중 특허가 만료된 제품을 생산해 원천 특허를 소유했던 기업에 납품했다.[16]

송원산업은 OEM 방식의 사업을 수행하면서 자체 기술 개발을 지 속적으로 추진해나갔다. 1990년대 중반 3년간 15억 원을 투자해 광 안정제를 국내 최초로 개발했고, 1997년부터 본격적으로 제품을 생산 했다. 2000년 초에는 일본 혼슈화학공업이 독점하던 바이페놀을 세계

두 번째로 자체 기술 개발에 성공하면서 독자적인 글로벌화를 모색해 나갔다.

하지만 글로벌 시장에서 해외 판매망을 확실하게 구축하지 않고 독자 제품만으로 경쟁하기란 어려웠다. 이에 석유화학 제품 유통회사인 클라리언트와 해외시장 판매를 위한 제휴를 맺고 클라리언트 대리점을 통해 제품 판매를 시도했다. 하지만 이런 주문 생산과 대리점 판매 방법은 또 다른 문제를 발생시켰다.

1990년대 중반 이후 정밀화학 기술의 보편화로 인해 대만과 중국 업체들이 송원산업과 같은 전략으로 다국적기업들에게 제품을 공급하게 됐다. 이로 인해 송원산업은 가격 경쟁력이 떨어져 수익성이 악화됐던 것이다. 대리점을 통한 판매도 클라리언트가 자신들이 원하는 판매처에 우선 공급을 하는 바람에 다른 고객사 요청에 대한 신속한 대응이 어려워져 이 또한 난관에 봉착하고 말았다.

이런 상황에서 박종호 회장은 회사의 지속적인 성장을 위해 새로운 비즈니스 모델로의 전환을 단행했다. 새로운 모델은 자체 기술에 의한 제품 생산을 바탕으로 다양한 고객 요구에 따라 산화방지제의 특성을 조절해 신속한 서비스로 기한 내 제품을 납품해 이익을 창출하는 것이었다. 박 회장은 "송원산업이 새로운 사업 모델로 시장에서 경쟁력을 확보할 수 있었던 것은 기술력"이었다고 강조하면서 기업의 자체 기술과 연구개발 능력은 기업의 생존과 직결된다고 주장했다.[17] 연구개발에 대한 경영자의 신뢰와 투자 의지는 창업자 박경재 사장으로부터 계승된 기업가정신이기도 했다.

기술 개발은 1983년에 설립된 연구소에서 추진됐으며 플라스틱 첨가제와 폴리우레탄 연구개발은 각각 울산과 수원 연구소의 이원체제로 진행됐다. 외환위기가 발생한 1997년에는 울산에 통합기술연구소를 설립해 첨가제 분야의 연구에 집중했다. 현재 통합기술연구소에서는 전 직원의 10퍼센트에 해당하는 50명의 연구개발 인력이 연구를 수행하고 있다.

산화방지제 전문가인 박 회장은 보스턴대학에서 화학을 전공하고 중국 상하이 그레이스섬유와 일본 스미토모화학 등에서 근무했다. 박 회장은 연구소의 과제 선정 때부터 생산부서와 마케팅부서 직원들을 참여시켜 초기 개발 노하우가 그대로 제품 개발로 연결되도록 했으며, 영업과 마케팅 조직을 최소화해 빠른 의사결정이 이뤄지도록 했다. 이 같은 노력은 기술력을 높이는 한편 경영의 시너지를 발휘하게 함으로써 경쟁력 강화에 큰 도움이 됐다.

이후 송원산업의 기술력은 점차 고객과 경쟁사로부터 인정받게 됐다. 이를 기반으로 박 회장은 해외의 유수 고객사들과 공동 연구를 진행하고 연구개발 네트워크를 구축하기 시작했다. 그 결과 회사의 기술 수준과 생산 능력은 경쟁사를 압박하는 수단으로 작용했고, 간소한 조직 구조는 스피드 경영을 가능하도록 해 경쟁사보다 고객의 니즈에 보다 신속하게 대응할 수 있었다.

그러나 송원산업은 해외시장에서 경쟁자들과 승부를 겨룰 인재가 부족했다. 박 회장은 기존의 국내 인력으로는 해외시장을 개척하기 어렵다고 판단하고 해외 영업과 마케팅을 추진할 경험 많고 유능한 인재를 해외에서 영입하기 시작했다. 때마침 2000년대 초에 경쟁사인 GLC가 재정위기를 겪으면서 다수의 영업 및 마케팅 인재들이 회사를 나오게 되자, 송원산업은 이 기회를 놓치지 않고 오랜 근무 경험이 있는 우수 인재들을 대거 영입했다.

고객밀착서비스를 위한 해외 지사 설립 박차

송원산업의 글로벌화를 위한 해외 조직 구축은 2001년 일본지사 설립을 기점으로 2005년 중국지사를 설립했다. 이후 글로벌 시장에 대한 철저한 준비 과정을 거친 송원산업은 독자적으로 해외시장 진출을 결정했고 2006년에는 해외 판매를 위탁한 고객사와의 거래를 끝내고 자체 브랜드로 글로벌 시장 정복에 나섰다. 2007년에는 매출액의 절반이 넘는 1200억 원을 들여 울산에 산화방지제 생산 공장을 증설해 생산 규모를 3만5000톤에서 5만5000톤으로 확대했다.

당시 이런 전략적 의사결정은 매우 과감한 것이었다. 한 신용평가회사는 향후 불경기가 도래하면 송원산업은 감당할 수 없을 정도의 위험이 발생할 수 있다는 의견을 내놓았다. 이로 인해 회사의 신용등급은 하락했지만 다른 한편으로는 단기간에 산화방지제 시장을 주도하는 결정적 계기가 됐다.

송원산업이 이처럼 과감한 투자 결정을 내린 배경에는 당시 주요 경쟁사였던 시바와 켐투라의 생산설비가 낙후됐고 경영 사정으로 대규모 설비투자를 할 능력이 없는 것으로 판단했기 때문이다. 향후 가까운 시일에 첨가제의 글로벌 수요 증가와 시장이 재편될 것을 예상했던 것도 이유가 됐다.

한편 일본과 중국 진출 이후 2006년에는 사업 파트너인 만테니어홀딩스와 6 대 4의 지분 비율로 스위스 법인을 설립하는 등 유럽시장 진출의 전략적 위치를 구축하고 판매 확장을 추진했다. 2008년 글로벌 금융위기 당시 정밀화학 시장에서 1위를 차지하고 있던 시바가 독일 바스프에 인수되는 과정에서 이탈한 시바의 우수 인재를 영입할 수 있었다. 송원산업은 우수 인재를 전 세계 지사에 적절히 배치해 신속하게 해외 영업망을 넓혀나갔다. 그 결과 글로벌 시장에서 효과적으로 판매 확장을 추진할 수 있었고 큰 폭의 매출 증가를 이루었다.

2011년에는 만테니어홀딩스가 보유한 지분을 모두 인수해 유럽시장에서 안정된 위치를 구축했다. 현지 업체의 요구에 따라 즉시 제품을 생산할 수 있는 체제에 돌입하고 고객밀착서비스 유통망을 운영함으로써 유통비용을 낮추었다. 이후 송원산업은 2013년까지 매년 순차적으로 바레인, 홍콩, 중국, 두바이 등에 진출하면서 글로벌 시장을 확대했다. 특히 중국지사를 통해 미래의 핵심 시장인 중국에서의 시장 지배력을 확대해나갔다. 2013년에는 울산 공장의 생산 능력을 총 8만 톤으로 늘렸다.

글로벌 혁신 조직인 가상 본사

자체 기술 개발과 고객밀착서비스를 강화하기 위해 송원산업은 기업 규모가 커지면서 늘어난 보고와 평가 라인의 비효율성을 제거할 필요성을 느꼈다. 그 일환으로 2011년 기존 조직과 리더십 팀을 글로벌 조직으로 개편하면서 새로운 의사결정 기구인 '그룹경영위원회'를 만들었다. 그룹경영위원회는 분야별 임원 8명이 모두 포함되며 박 회장이 위원장을 맡은 그룹 최고 의사결정 기구다. 2014년에는 박 회장을 포함한 한국인 위원 5명과 경쟁사에서 영입한 외국인 위원 7명으로 그룹경영위원회를 구성했다.[18]

경영위원들은 경영관리, 영업, 제조 및 엔지니어링, 신사업 개발 등 분권화된 조직에서 최고경영책임자로서 의사결정권과 전문성을 갖고 해당 분야의 업무를 수행했다. 이들은 특정 지역 법인의 임원으로서 법인 관리에 일부 참여하는 동시에 글로벌 경영을 위해 해외 지사에서 발생하는 문제를 보고받고 업무 지시를 내릴 수 있다.

그림 7-4 | 송원산업의 가상 본사 조직 ||||||||||||||||||||||||||||||||||||||||||||||||||||||||||

박 회장은 CEO로서 그룹 전체에 중대한 영향을 미칠 의사결정을 제외한 나머지를 경영위원들에게 위임해 빠른 의사결정과 자율 경영 체제를 실천했다. 이에 따라 각 직능별 최고경영책임자들은 의사결정 과정에서 90퍼센트 정도의 영향력을 행사할 수 있었다. 나머지 10퍼센트는 각 지역 해외 법인장들이 현지 환경을 고려해 의사결정을 보완할 수 있었다. 외국인 경영위원들은 울산 본사에 근무하지 않고 전 세계 각 지역에 위치한 해외 지사에서 근무하며 업무를 지휘한다. 예를 들어 두바이 영업사원이 영업과 관련해 발생한 문제를 독일에 상주하는 영업 책임자에게 보고해 해결하는 방식이다.[19]

그 결과 울산에는 박 회장, 경영 고문, 연구소장 등만 근무한다. 그룹경영위원회 위원들은 분기별로 한 번 중요한 의사결정에 참여한다. 이런 정책에 따라 송원산업의 조직 구조는 본사 개념이 모호하고 사실상 가상 본사 기능을 수행한다. 이런 시스템을 바탕으로 송원산업은 조직 운영과 인적자원관리 혁신을 이루었고, 해외 인재의 적재적소 활용을 통해 경쟁력을 확보했다. 송원산업의 국제화를 위한 조직 혁신은 자국민 중심의 해외 사업 운영 일색인 대부분의 한국 기업에게 많은 시사점을 던져준다.

기술 개발과 네트워크 구축이 관건

지금까지 살펴본 휴맥스와 송원산업의 국제화를 위한 조직 혁신 전략은 다섯 가지로 요약할 수 있다.

첫째, 두 기업 모두 기술 개발과 해외 고객밀착서비스를 통해 글로벌화에 성공했다. 휴맥스는 디지털 기술변화의 흐름을 놓치지 않고 고객이 선호하는 제품을 출시하는 등 사업 혁신을 통해 경쟁력을 높이고 글로벌 기업으로 도약했다. 송원산업은 경쟁력 기반인 기술 개발과 고객밀착서비스를 제공함으로써 정밀화학 시장에서 경쟁우위를 확보할 수 있었다.

둘째, 두 기업 모두 국제화의 선결 조건이 우수한 제품 개발이라는 점을 인식하고 연구개발에 투자를 아끼지 않았다. 휴맥스는 기술력 강화를 위한 연구개발 투자와 더불어 신기술 개발을 위한 투자를 별도 조직에서 추진해 그 결과를 부서별로 활용했다. 송원산업 역시 과감한 연구개발 투자를 통해 경쟁력 있는 제품을 개발하면서 본격적인 국제화가 가능했다.

셋째, 두 기업 모두 해외시장 진출에 필요한 기업 간 네트워크 구축에 몰입했다. 휴맥스는 초기 해외시장 진출을 위해 관련 기업과 협력 관계를 구축하는 과정에서 필요한 지식과 역량을 학습하고 혁신함으로써 경쟁사와 차별화할 수 있었다. 동시에 각 지역 네트워크를 기반으로 여러 국가에 진출해 시장 다변화를 추진하면서 거점 지역을 통합한 글로벌 네트워크를 구축했다.

송원산업은 고객밀착서비스를 실시하면서 유통비용을 낮출 수 있었다. 이와 동시에 경영 관리, 영업, 제조 및 엔지니어링, 신규사업 개발 등 사업 부문별로 신속한 정보 교환과 협업이 가능한 네트워크를 구축함으로써 시너지 효과를 창출했다.

넷째, 두 기업 모두 해외 기업 간 네트워크를 통해 부족한 자원과 역량을 확보하고 활용했다. 휴맥스는 창업 초기부터 해외시장을 중심으로 제품 개발과 시장 개척 활동을 전개했다. 이 과정에서 해외 고객이 선호하는 디지털 셋톱박스를 신속히 개발, 생산, 판매하는 채널을 개발함으로써 브랜드와 기술력은 물론 유통망을 확보하게 됐다.

송원산업은 국내에서 집중적으로 기술을 개발하고 해외 기업으로부터 우수 인력을 영입해 이들에게 분야별 최고경영책임자로서의 권한을 위임함으로써 조직 혁신을 이루었다. 이런 혁신을 통해 송원산업은 큰 자본을 투입하지 않으면서도 높은 효율성을 창출하는 속도 경영을 추진할 수 있었다.

마지막으로 지속적인 조직 혁신을 통해 위기를 극복하고 경쟁력을 강화했다. 두 기업 모두 국제화 과정이 순탄하기만 한 것은 아니었다. 휴맥스의 경우 최대 경영 위기를 발상의 전환으로 돌파했다. 비장한 각오로 구조조정을 단행해 핵심 분야 이외의 사업들을 정리하고, 고부가가치의 디지털 셋톱박스에 사활을 걸고 디지털 방송의 핵심 기술 개발에 집중했다.

송원산업은 불확실한 상황에서 과감히 생산 규모를 확장했으며, 한국 기업으로는 보기 드물게 여러 국적의 경영자를 영입해 다양한 분야의 배치했다. 이렇게 만들어진 가상 본사는 자율성을 부여해 해외시장에서 고객밀착서비스를 제공할 수 있었다.

자원 제약을 어떻게 극복할 것인가

휴맥스와 송원산업이 글로벌 기업으로 도약하기 위해서는 해결해야 할 과제가 있다. 휴맥스는 기술 기반의 핵심 능력으로 첨단제품을 출시하고 사업 혁신을 통해 글로벌 기업으로 성장했다. 하지만 오늘날의 경쟁 환경에 대응하기 위해서는 미래 성장을 위한 제품 콘셉트 개발과 사업 모델 혁신이 필요하다. 셋톱박스 단일 품목이 전체 매출의 93퍼센트를 차지하여 경영 위험이 클 수 있고 따라서 제품 포트폴리오의 다각화 전략이 필요하다.

송원산업은 새로운 글로벌화 방식을 보여준 혁신 기업임에 틀림없다. 그러나 지금까지의 혁신을 바탕으로 더욱 발전하기 위해서는 글로벌 조직 구조의 정착과 생산설비 확장에 따른 재무 구조의 불건전성이 개선되어야 하는 과제가 남아 있다. 이를 위해서는 급변하는 경영 환경에서 새로운 개념의 경영을 실현할 수 있는 혁신 역량을 더욱 강화해나가야 한다.

창업 초기부터 국제화할 수밖에 없었던 휴맥스와 국내시장에서 출발해 해외로 진출한 송원산업은 기술력을 기반으로 차별화된 제품을 개발하고 이를 해외시장에 판매하는 데 성공함으로써 국제화를 이룬 공통점을 갖고 있다. 이런 유형의 국제화는 한국 중견기업에서 많이 나타나며 특히 OEM 방식의 국제화에서 쉽게 볼 수 있다.

그렇다면 이 같은 유형의 중견기업이 성공적으로 국제화를 도모하려면 어떻게 해야 할까.

첫째, 무엇보다 차별화된 기술력과 제품 경쟁력을 갖춰야 한다. 휴맥스가 본격적으로 해외시장에 진출할 수 있었던 것도 디지털 셋톱박스의 핵심 기술을 독자적으로 개발해 제품 성능과 품질을 차별화할 수 있었기 때문이다. 송원산업 역시 과감한 연구개발 투자와 독자적인 기술 개발에 성공하면서 본격적인 국제화가 가능했다. 두 기업 모두 초기에 OEM 방식에 의존할 수밖에 없었던 것은 우연이라 할 수 없다. 즉 해외 진출 과정에서 피할 수 없는 외국인 비용을 부담하면서 경쟁하려면 최소한 기술 역량이나 제품 경쟁력에서 경쟁우위를 갖고 있어야 한다.

둘째, 국제화는 제품이나 서비스시장뿐 아니라 경영자원 획득도 이루어져야 한다. 해외시장 진출을 시도하는 중견기업 중 필요한 경험이나 지식, 인력 등의 자원을 조직 내부에 모두 보유한 경우는 거의 없다. 국제화는 제품 시장의 확장 측면과 함께 기술, 시장 정보, 브랜드, 자금, 인력 등 필요한 자원을 어떻게 확보하고 활용할 것인지도 고려해야 한다. 중견기업이 성공적으로 글로벌화를 이루기 위해서는 내부 자원과 역량을 보완할 외부 기업과의 네트워크 구축이 필수적이다. 휴맥스가 해외 방송사 및 통신사와의 제휴를 중요하게 생각하고, 송원산업이 고객사와의 협업과 공동 연구개발 작업을 매우 중요하게 생각한 것은 그 때문이다.

셋째, 국제화가 진행되면서 기업의 경험과 역량이 발전하지만 시장과 기술 환경도 지속적으로 변화한다. 따라서 시장 개척과 필요한 역량의 확보는 동태적인 관점에서 이루어져야 한다. 휴맥스의 경우 지역마다 다른 기술 규격과 변화하는 시장 환경에서 오히려 기회를 포착해 고부가가치의 차별화된 제품을 지속적으로 개발했다. 송원산업의 경우 다국적기업에서 오랜 경험과 지식을 가진 우수한 인재들을 영입하고 이들과 회사 비전과 정보를 공유했다. 또한 이들에게 자율권과 상호 협력 네트워크를 제공함으로써 환경변화에 빠르게 대처하도록 하고 지식과 역량의 공유 확산을 통해 지속적으로 혁신을 추진했다.

넷째, 중소중견기업이 부족한 자원과 역량에도 불구하고 국제화에 성공하려면 CEO의 리더십과 기업가정신이 무엇보다 중요하다. 외국인 비용을 극복할 수 있는 차별화된 제품 경쟁력을 갖추기 위해, 부족한 자원을 외부로부터 획득하고 활용하기 위한 네트워크를 구축하기 위해, 시장과 기술변화에 기민한 대처를 하기 위해서는 창의적이고 도전적인 CEO가 필요하다. 휴맥스의 변대규 사장이 위기 속에서 핵심 기술 개발에 전사적인 역량을 집중하고 위성방송사업자와의 직거래시장에 뛰어들고, 송원산업의 박종호 회장이 신용등급 하락을 감수하면서까지 과감하게 생산시설을 확충하고 해외 경영자들을 영입한 것은 모두 국제화에 대한 CEO의 확실한 비전과 의지가 있었기 때문에 가능한 일이었다.

8장

미래를 이끌
인재와 자본을 유치하라

경영자원 환경

약 10년 전 일이다. 우연히 만난 모 그룹 임원으로부터 두 번이나 벤처를 창업했는데 모두 실패하는 바람에 하는 수 없이 대기업에 취업했다는 이야기를 들었다. 브라운대학을 졸업하고 벤처 창업을 했다가 부도를 냈고, 매사추세츠공과대학MIT에서 MBA 과정을 마친 뒤 또다시 창업을 했다가 부도냈다는 내용이었다.

　미국에서 명문대를 졸업한 사람이 왜 처음부터 좋은 회사에 취업하지 않았을까 의문이 들어 창업을 한 이유를 물었다. 그러자 뜻밖의 답변이 돌아왔다. 자신은 오히려 한국에서 명문대를 졸업한 학생들이 왜 창업을 해보지도 않고 곧바로 대기업에 취업하는지 이해되지 않는다고 했다. 그러면서 미국 명문대 출신들은 자기 회사를 갖고 싶어 하는데 상황이 여의치 않아 남의 회사에서 일하는 것이라고 말했다. 그 말을 듣고 보니 한국의 명문대 졸업생들은 대부분 대기업이나 공기업 같은 안정적인 일자리를 선호하는 것 같았다.

정말 미국 명문대생들은 벤처 창업을 선호할까? 그들은 어떻게 창업을 준비할까? 많은 궁금증이 몰려왔다.

미국 명문대생들의 창업 활동 증가

최근 진행된 한 조사에 따르면 미국의 경우 한국보다 많은 인재들이 신생기업Startup과 중소기업에서 활동하지만 여전히 금융권과 컨설팅, 법조계를 선호했다.[1] 예를 들면 2011년도 하버드대학 졸업생의 17퍼센트는 금융권, 20퍼센트는 로스쿨, 12퍼센트는 컨설팅 업계, 그 밖의 15퍼센트는 메디컬스쿨, 22퍼센트는 대학원, 비영리단체, 정부, 군대 등으로 갔다. 2004년부터 2010년까지 펜실베이니아대학 졸업생의 50퍼센트가 LSAT(미국 로스쿨 입학시험)나 GMAT(미국 경영대학원 입학시험)를 봤다는 것은 절반 이상의 학생들이 로스쿨이나 MBA 진학을 원했다는 것이다. 듀크대학의 2010년도 졸업생들이 가장 많이 취업한 회사는 티치포아메리카, 골드만삭스, 모건스탠리, 뱅크오브아메리카, 메릴린치, 액센츄어, 구글, 도이치뱅크 등이었다. 컬럼비아대학의 2010년도 졸업생의 34퍼센트도 금융회사와 컨설팅회사에 취업했다.

명문대 출신일수록 안정적인 일자리를 쉽게 얻는 것은 창업을 선택했을 때 지불해야 하는 기회비용이 그만큼 크다는 것을 의미한다.[2]

하지만 소수의 졸업생이라도 벤처 업계에서 상당히 중요한 역할을 한다는 것을 다른 통계조사를 통해서도 알 수 있었다. 〈그림 8-1〉은 미국에서 벤처캐피털로부터 자금 지원을 받은 2500개의 신생기업 창업자들이 졸업한 학교를 기준으로 만든 표다.[3] 벤처캐피털로부터 자금을 지원받았다는 것은 벤처캐피털이 신생기업 사업에 대해 어느 정도 인정했다는 것을 의미한다. 물론 벤처캐피털로부터 자금을 조달한 신생기업의 성공 확률이 절대적으로 높다는 것이라기보다는 자금을 조달하지 못한 신생기업보다는 상대적으로 성공 확률이 높다고 이야기할 수 있다.

〈그림 8-1〉에 의하면 스탠퍼드대학 출신이 1000명당 27.6명으로 가장 많았고, 그다음으로 매사추세츠공과대학이 22.6명, 하버드대학이 16.7명, 예일대학이 8명, 펜실베이니아대학이 5.5명 등 15개 대학의 졸업생 1000명당 113.4명이 창업을 했다. 2009~10년 기준으로 미국의 대학이 4495개인 것을 감안할 때, 0.33퍼센트(15개 대학)의 대학 출신들이 11.3퍼센트가 넘는 기업을 창업했다고 볼 수 있다. 즉 명문대 출신이 타 대학 출신에 비해 34배에 가까운 창업 활동을 보인 것이다.

〈그림 8-2〉는 창업과 신생기업을 지원하는 벤처캐피털리스트를 출신 대학별로 분류한 통계를 보여준다.[4] 2013년도를 기준으로 〈포브스Forbes〉에 의해 미다스Midas로 선정된 벤처캐피털의 출신 대학을 살

그림 8-1 | 벤처캐피털에서 자금 지원을 받은 창업자들의 출신 대학 |||||||||||||||||||||||||

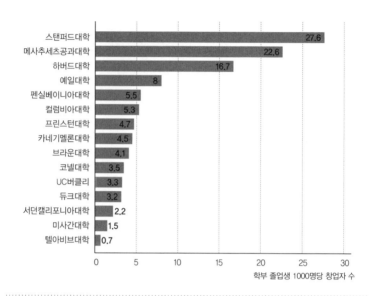

학부 졸업생 1000명당 창업자 수

펴보면 총 100명 중 31명이 스탠퍼드대학 출신이었으며, 그다음으로 하버드대학 출신이 12명, MIT 출신이 3명, 펜실베이니아대학 출신이 3명, 컬럼비아대학 출신이 2명 등으로 역시 명문대 출신이 벤처캐피털리스트로서 많은 활동을 하고 있었다. 즉 미국 명문대 출신들은 창업을 하거나 신생기업에 자금을 지원하는 역할을 다른 대학 출신보다 더 많이 하고 있었다.[5]

그렇다면 미국 명문대 출신들은 무슨 이유로 이렇게 많이 창업을 하는 걸까?

비영리조직 벤처포아메리카Venture for America가 2010년 주요 명문대

그림 8-2 | 2013년 미다스로 선정된 벤처캐피털리스트의 출신 대학 ||||||||||||||||||||||||||

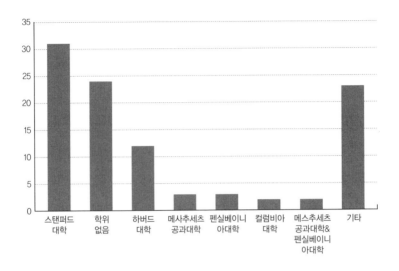

의 졸업 설문 결과를 각 대학 웹사이트에서 종합해 발표한 자료에 의하면 인재가 원하는 직장은 다음과 같은 특징을 가지고 있다.[6] 명성이 있고, 지원하기 쉽고, 경력에 도움이 되고, 다양한 기회에 대한 문이 열려 있고, 금전적으로 충분하고, 근무 환경이 쾌적하고, 기술을 배울 수 있고, 같은 일을 하는 공동체가 존재하고, 뭔가 사회적으로도 좋은 일을 하는 직장이라는 느낌을 주는 회사다.

인재가 신생기업을 회피하는 이유는 신생기업이 금융기관이나 컨설팅, 대기업 등과 달리 적극적으로 인재를 채용하려고 노력하지 않거나, 신생기업에서의 경력이 의사, 변호사 등의 직업과 달리 경력으로 인정받는 것이 확실해 보이지 않거나, 같은 일을 하는 공동체나 동료가 존재하지 않거나, 자신의 실력을 향상시켜줄 것 같은 기대가 들지 않기 때문이다. 실제로 2012년 국내에서 진행된 한 설문조사 연구에 의하면 대학생들의 중소기업 선호도에 영향을 미치는 변수는 경력, 업무 환경, 고용 안정성, 기업 명성, 급여 순으로 나타났다.[7]

위의 조사로부터 유추하면 미국에서는 명문대 출신이 창업을 하거나 신생기업에 들어갈 수 있는 환경이 한국보다는 잘 조성되어 있다고 할 수 있다. 즉 미국의 창업 환경이 인재가 원하는 것을 제공하고, 신생기업이 부족한 것을 채워주고, 인재가 기피하는 요인을 적극적으로 제거해주는 것이다. 한 예로 많은 인재를 영입하는 데 성공한 신생기업으로 티치포아메리카Teach For America를 들 수 있다.

티치포아메리카는 1990년 프린스턴대학 4학년 학생이었던 웬디 콥Wendy Kopp이 졸업 논문으로 낸 아이디어가 1800억 원 규모로 성장한 기업이다. 티치포아메리카는 명문대의 우수 졸업생들을 선발해 전국적으로 가장 낮은 성과를 내고 있는 고등학교에 파견해 2년간 교사로서 봉사하도록 한다. 2011년에는 티치포아메리카의 5200개 일자리에 4만 8000명이 지원했는데, 지원자 중 12퍼센트는 아이비리그 졸업생이었다.

티치포아메리카는 이제 예일대학, 다트머스대학, 듀크대학, 조지타운대학의 우수 졸업생들이 가장 많이 가는 기업이 됐다. 〈비즈니스위크〉가 뽑은 10대 최고 창업 기업 중 하나며 이사회에는 존 레전드John Legend라는 유명한 싱어송라이터가 있고, 티치포아메리카 동문으로는 워싱턴D.C. 교육감이었던 미셸 리_{Michelle Rhee}가 있다.

티치포아메리카의 인재 유치 전략

티치포아메리카의 성공은 명문대 출신의 인재로 하여금 사회적으로 좋은 일을 하고, 2년간 교사로 재직 후 의사나 변호사 등의 전문직을 선택하거나 대학원을 진학할 때 도움을 주기 때문인 것으로 알려져 있다. 물론 교사의 길을 택하는 사람이 많지 않다는 비판을 받기도 하지만, 명문대 출신들이 가장 선호하는 기업 중 하나가 됐다는 점에서 티치포아메리카는 인재 유치 전략에 성공했다고 말할 수 있다.

티치포아메리카의 전략을 벤치마킹한 기업으로는 벤처포아메리가 있다. 벤처포아메리카 또한 명문대 출신 인재를 채용해 2년 동안 신생 기업에 파견한다. 펠로_{Fellow}라고 불리는 직원은 초청 기업으로부터 연간 3만2000달러에서 3만8000달러 정도의 연봉을 받는다. 이는 명문대 출신 인재가 금융기관이나 컨설팅회사에 취업했을 때 받는 초봉의 4분의 1도 안 되는 돈이기는 하다. 하지만 벤처포아메리카는 창업을 원하는 졸업생들에게 회사 설립과 일자리 창출의 경험을 제공하며, 가장 우수한 펠로에게는 2년 후 10만 달러의 창업 자금을 지원해 줌으로써 우수 인재를 유치하려고 노력하고 있다.

이들 두 기업의 사례에서 볼 때 우수 인재를 유치하기 위해서는 공동체를 형성해주고, 그다음 단계의 성공 가능성을 제시하는 것이 중

요하다는 것을 알 수 있다.[8]

한국에서도 미국의 티치포아메리카나 벤처포아메리카와 같은 회사를 만들어 신생기업에 명문대 출신의 인재가 유입되도록 하는 방안을 고려해봐야 한다.[9] 한국에서 명문대 출신들이 신생기업을 기피하는 이유는 실패 가능성이 높고, 신생기업이 실패했을 때 그 기업에서 일했던 사람조차 실패자로 보는 인식이 있기 때문이다. 반면 대기업, 특히 재벌기업을 선호하는 이유는 실패 가능성도 낮지만 재벌기업의 경우 회사가 망하더라도 직원들은 다른 계열사로 이동이 가능해 기업의 실패가 개인의 실패로 연결되지 않기 때문일 것이다. 즉 재벌기업이라는 보험 때문에 신생기업보다는 대기업을 선호하는 것이다.

그렇다면 신생기업의 경우에도 재벌기업처럼 가상의 지주회사를 중심으로 내부 노동시장을 형성하고 기업이 망해도 그 안의 인재들은 또 다른 기업에 스카우트될 수 있는 구조를 만든다면 신생기업의 위험을 어느 정도 분산시켜줄 수 있을 것이다. 최근 중소기업청에서 주관하는 '창업인턴제Venture for Korea'가 신생기업의 지주회사와 같은 역할을 하면서 명문대 출신 재학생이나 졸업생을 적극 유치한다면 창업인턴제는 인재사관학교가 될 수 있고, 신생기업은 이들에게 창업 경험을 제공할 것이다.

이와 같은 방법은 젊은 사람들이 기피하는 모든 업종에 적용될 수 있다. 예를 들면 최근 들어 농업이 새로운 산업으로 각광을 받고 있다. 귀농인들이 새로운 경작법을 도입해 많은 수입을 올리고 있다는 내용의 기사도 종종 소개되고 있다. 그러나 막상 대학을 졸업한 사람들이

농업을 신규사업으로 생각하는 경우는 드물다. 그러나 농업의 국제
경쟁력을 높이기 위해서는 젊은 인재들이 농업에도 투입되어야 한다.
만약에 농업에 관심이 있는 젊은 인재들을 창업인턴제와 같은 방식으
로 모집해 내부에서 같이 일할 동료들을 만들어주고, 농업을 통해 많
은 수입을 올릴 수도 있고, 보기에도 좋은 직장이 될 수 있으며, 미래
의 경력으로서도 괜찮다는 것을 보여준다면 한국의 농업을 한 차원 높
일 수 있을 것이다. 젊고 유능한 인재들을 통한 농업전문회사의 탄생
도 가능한 것이다.

스톡옵션과 현금 보상

인재 유치 방안으로 미국의 신생기업이 사용하는 보상 방법에는 어
떤 것들이 있을까.[10] 〈그림 8-3〉의 X축은 주식에 의한 보상을 의미하
며 Y축은 현금에 의한 보상을 의미한다. 먼저 일반 사무직에 대한 보
상을 보면 현금 보상도 낮고 주식 보상도 낮다. 반면 하드웨어 엔지니
어나 연구 개발 전문가는 주식과 현금을 통한 보상이 모두 높다. 눈에
띄는 것은 영업 엔지니어의 경우 주식을 통한 보상보다는 현금을 이용
한 보상 수준이 더 높고, 전통적인 인사, 재무, 마케팅 직원의 보상 수
준이 엔지니어에 대한 보상 수준보다 낮다는 것이다.

물론 〈그림 8-3〉의 조사 대상 기업이 기술 기반 업체라는 특이점이
있지만 어떤 직군이라도 회사의 지분을 일부 갖도록 한다는 점이 한국

그림 8-3 | 신생기업의 주식과 현금 보상 ||||||||||||||||||||||||||||||||||||||||||||||||||||||||||||

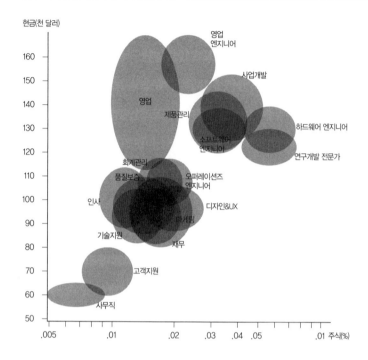

현금(천 달러)

자료: 2014 data for 15,305 non-executives in 183 privately held technology companies (2014년 9월)

||||||||||||||||||||||||||||||||||||||||||||||||||||||||||||||||||||||||||||||||||||||||||||||||

과는 다르다. 즉 미국의 신생기업들은 직원들에게 현금 외에도 회사의 지분을 갖도록 해 기업의 성공에 동참할 수 있는 기회를 부여하고 있는 것이다.

미국 벤처기업의 지분구조

〈표 8-1〉은 미국 벤처기업의 스톡옵션 지급 통계를 보여준다.[11] 미

국의 경우 신생기업은 인재를 유치하기 위해 스톡옵션을 적극적으로 활용한다. 스톡옵션이란 회사의 주식을 구입할 수 있는 권리를 의미하는데 일반적으로 신생기업은 기업공개 시 정상 가격보다 낮은 가격에 주식을 구입할 수 있는 권리를 종업원에게 부여한다. 예를 들면 기업공개 시점에 한 주당 가치가 100달러인데, 스톡옵션을 행사해 한 주당 10달러에 1만 주를 살 수 있는 권리를 준다면 종업원은 기업공개시 90만 달러를 벌 수 있다. 이러한 일확천금의 기회 때문에 명문대 졸업생들도 기꺼이 신생기업에 취업을 하며, 기업공개까지 기업의 생사에 동참하는 것이다. 신생기업은 창업 단계에서부터 기업공개까지 수차례에 걸쳐 자본 조달을 하게 된다.

〈표 8-1〉의 두 번째 열을 보면 시드라운드seed round(창업을 준비하는 단계 또는 창업 직후 단계)인 첫 번째 자본 조달에서는 모든 종업원에게 스톡옵션을 지급하지 않은 회사의 비율이 30퍼센트에 이른다. 그러나 라운드를 거듭할수록 그 비율은 감소해 다섯 번째 라운드 이상 되면 비율은 20퍼센트 이하로 떨어진다. 전체 신생기업의 통계를 봐도 70 퍼센트 이상 기업이 모든 종업원에게 회사의 주식을 싸게 구입할 수 있는 권리를 부여하고 있다. 세 번째 열을 보면 모든 종업원에게 스톡옵션을 지급하지 않은 기업의 경우 평균 39퍼센트의 종업원이 스톡옵션을 받지 못했다. 즉 모든 종업원에게 스톡옵션을 지급하지 않았어도 약 60퍼센트에 해당하는 종업원은 스톡옵션을 갖고 있다는 것을 의미한다.

다음으로 다섯 번째 열을 보면 CEO나 사장에게 지급된 스톡옵션의

표 8-1 | 미국 벤처기업의 스톡옵션 지급 통계 |||||||||||||||||||||||||||||||||||||||||||||||

최종 라운드	모든 종업원에게 스톡옵션을 지급하지 않는 회사 비율	모든 종업원에게 스톡옵션을 다음과 같이 지급했을 때, 스톡옵션을 받지 못한 종업원의 비율		CEO나 사장에게 지급된 스톡옵션 비율	평균 투자 기간 (년)	주식 소율 비율		
	FRACOP⟨2	⟨ 1	∈(0.1)			창업자	CEO, 사장	벤처캐피털
시드 라운드	30%	48%	14%	46%	3.5	9.3%	8.0%	40%
첫 번째 라운드	28%	44%	12%	46%	3.8	7.3%	10.1%	55%
두 번째 라운드	28%	37%	10%	47%	3.8	6.0%	7.8%	65%
세 번째 라운드	19%	26%	5%	48%	3.9	4.6%	6.9%	70%
네 번째 라운드	23%	23%	5%	48%	3.8	5.4%	6.5%	71%
다섯 번째 라운드	19%	55%	11%	54%	4.0	6.1%	7.1%	76%
기타	37%	46%	17%	46%	3.7	7.1%	8.1%	57%
전체	27%	39%	11%	47%	3.8	6.3%	8.3%	62%

|||||||||||||||||||||||||||||||||||||||||||||||||||||||||||||||||||||||||||||||||||

비율이 평균 47퍼센트에 달하는 것을 알 수 있다. 반면 일곱 번째, 여덟 번째, 아홉 번째 열을 보면 창업자의 지분은 평균 6.3퍼센트인데 반해, CEO나 사장의 지분은 평균 8.3퍼센트이고 벤처캐피털의 지분은 평균 62퍼센트로 CEO나 벤처캐피털이 창업자보다도 월등히 높은 지분을 가지고 있음을 알 수 있다.[12]

한국 벤처기업의 지분구조

〈표 8-2〉는 한국 벤처기업의 지분구조 통계를 보여주는데 눈에 띄는 숫자는 첫 번째 행의 통계다.[13] 2012년도 기준으로 총 2069개의 벤처기업에서 창업자 평균 지분이 68.4퍼센트인 반면에 대표이사의 평균 지분은 3.0퍼센트, 벤처캐피털 및 기관투자자의 평균 지분은 0.9퍼센트로 미국 신생기업과는 판이하게 다른 구조를 보여주고 있다.

성장 단계별로 나눈 통계를 보면 창업기에 벤처기업에서 창업자의 평균 지분은 73.8퍼센트였다가 고도성장기에는 62.9퍼센트로 창업자의 평균 지분이 감소하는 것을 볼 수 있다. 업력이 길수록 창업자 지분이 줄어들고, 벤처캐피털 및 기관투자자의 평균 지분이 증가하는 모습을 볼 수 있다. 그러나 업력이 11~20년이나 되는 기업조차도 창업자 평균 지분은 63.9퍼센트로 미국의 벤처기업 창업자에 비해 10배 가까운 지분을 소유하고 있음을 알 수 있다.

2013년 벤처기업 정밀 실태 조사에 따르면 비즈니스엔젤로부터 투자받은 경험이 있는 벤처기업은 1.9퍼센트였으며, 과거 스톡옵션을 실시해본 경험이 있거나 현재 실시 중인 벤처기업은 각각 1.3퍼센트, 1.5퍼센트 정도에 불과했다. 스톡옵션을 지급하지 않은 이유로는 '제도 활용에 관한 인식 부족'이 38.8퍼센트, '비상장기업의 경우, 성과 보상 방식으로서의 장점이 없음'이 33.2퍼센트 등의 순으로 높았다.[14]

2000년을 전후해 한국에 벤처 붐이 있었을 때 벤처기업을 포함해 많은 한국 기업들이 스톡옵션을 활용한 보상을 했으나 몇몇 전문 경영인의 무분별한 스톡옵션 행사로 인해 사회 전체적으로 스톡옵션에 대

표 8-2 | 한국 벤처기업 지분구조 통계 ||||||||||||||||||||||||||||||||||||||||||||||||

구분1	구분2	2012									
		사례수 (건)	창업자 (%)	창업자 아닌 대표 이사 (%)	창업자 가족·친지 (%)	대표 이사 가족·친지 (%)	임직원 (%)	벤처캐피털·기관투자자(%)	타 기업 (%)	개인투자자 (%)	기타 (%)
전체	소계	2069	68.4	3.5	5.8	3.0	9.5	0.9	1.1	5.6	2.2
업종	에너지	129	61.5	4.0	5.1	2.7	9.8	3.3	2.6	7.8	3.2
	컴퓨터	233	70.4	4.2	2.3	2.1	10.2	0.7	1.0	7.1	2.0
	통신기기	94	62.8	2.6	2.7	2.3	11.5	1.3	0.6	14.2	2.0
	음식료	464	69.7	3.4	11.5	3.5	5.2	0.2	0.4	4.7	1.4
	기계·제조	595	67.7	3.7	5.2	3.5	8.6	0.9	1.1	5.9	3.4
	소프트웨어	206	71.1	3.6	4.3	2.7	14.0	0.8	1.7	0.9	0.9
	정보통신	118	61.6	4.4	2.1	1.3	16.4	0.4	0.9	10.3	2.6
	기타	230	72.8	2.2	4.1	2.7	11.2	1.1	1.4	2.3	2.2
고용 규모	1~9인	937	76.5	2.8	3.9	1.9	7.9	0.4	1.7	4.2	1.7
	10~29인	742	66.7	3.0	6.9	3.3	10.3	0.7	0.9	5.9	2.2
	30~49인	191	57.4	6.4	6.3	4.5	11.9	1.8	1.4	6.4	3.5
	50~99인	130	51.0	6.2	8.6	5.6	12.7	1.9	0.7	7.0	3.8
	100인 이상	69	40.8	6.4	11.7	4.2	9.5	4.0	1.0	17.5	5.3
지역	서울·인천	1155	67.1	3.1	5.8	2.3	11.2	0.9	1.8	5.6	2.8
	대전·충청	234	63.9	4.5	5.6	4.3	9.2	1.4	3.2	7.0	1.7
	부산·경남	329	73.7	3.4	4.2	3.5	7.6	0.5	0.6	5.4	1.4
	대구·경북	208	72.7	3.5	6.0	4.2	5.1	0.5	1.2	5.0	2.2
	광주·전라	143	67.6	6.0	9.0	3.0	6.8	0.9	2.4	4.7	1.9
성장 단계	창업기	210	73.8	3.3	5.9	2.2	7.1	0.7	0.3	5.0	0.8
	초기성장기	851	72.2	2.9	5.1	2.6	8.5	0.6	0.8	5.2	2.0
	고도성장기	546	69.9	3.7	6.0	3.2	11.2	1.6	0.1	6.8	2.9
	성숙기	444	65.2	4.7	6.7	3.8	10.5	0.5	1.2	5.1	2.8
	쇠퇴기	18	70.1	0.0	6.8	0.6	7.6	1.8	0.9	10.1	1.6
업력	창업3년	561	76.3	2.9	4.1	2.1	7.8	0.4	1.7	4.2	1.3
	4~10년	852	67.1	3.1	6.1	2.9	10.9	1.0	0.7	5.6	2.1
	11~20년	540	63.9	3.9	6.6	3.5	9.3	1.2	1.4	7.1	3.3

|||||||||||||||||||||||||||||||||||||||||||||||||||||||||||||||||||||||

해 부정적인 인식을 갖게 된 것이 사실이다. 그러나 이는 스톡옵션이 잘못됐다기보다는 스톡옵션의 행사 조건에 익숙하지 않아 스톡옵션이 종업원의 동기를 부여하는 데 사용되지 못한 결과다.

예를 들면 한국에서 스톡옵션을 주로 비판하는 이유는 회사 성과와 주가의 움직임이 늘 같은 방향이 아닌 데다 종업원이 개인적으로 회사의 성공에 별로 기여한 것이 없는데도 스톡옵션을 행사해 많은 현금을 일시에 확보한 후 회사를 떠나기 때문이다. 스톡옵션의 행사 조건에 회사의 성과를 포함시키거나 스톡옵션 행사 후 1년이나 2년 동안 옵션 행사로 구입한 주식을 보유해야 하는 의무를 두는 조건을 추가함으로써 회사의 성과와 종업원의 동기가 일치하도록 해 스톡옵션의 단점을 보완할 수 있다.

인재와 자금의 결합이 낳은 골프존의 성공

앞에서도 언급했지만, 신생기업의 경우 명문대를 졸업한 인재에게 충분한 연봉을 현금으로 지급할 수 없는 것이 현실이다. 반면 스톡옵션을 활용해 사업을 성공시켜 기업이 상장되면 거액의 보상을 받을 수도 있다는 기대감을 줌으로써 인재를 유치할 수 있다. 신생기업이 명문대 출신의 인재를 다수 영입했다면 벤처캐피털로부터 신생기업의 기술과 미래에 대해 보다 긍정적인 평가를 받을 수 있으며, 이는 곧바로 자금조달로 연결될 수 있다.

벤처캐피털은 다양한 신생기업에 자본을 제공하고 전문적으로 경영 지도를 하기 때문에 벤처캐피털로부터 자금을 유치한 신생기업은 자금과 더불어 경영 노하우, 기술, 마케팅 등을 지원받을 수도 있다. 즉 스톡옵션을 활용한 인재 유치는 자금 유치와 경영 자문을 동시에 얻을 수 있는 일거양득의 전략이다.

벤처투자자로부터 자금을 유치하고 경영 자문을 받아 성공한 한국의 대표적인 기업은 앞서 소개한 골프존이다. 골프존은 2000년 5월 대덕연구개발특구에서 벤처업체로 출발해 2002년 10억 원이었던 매출이 2006년에는 100억 원을 넘었고, 2년 뒤인 2008년에는 1000억 원을 돌파했다. 2007년에는 브이알필드, 패밀리골프, X골프, BK, 골프렉스 등과 같은 스크린골프 제조업체들이 다수 있었고 심지어 KT도 스크린골프 사업에 뛰어든 상황이었다.

이런 환경에서 골프존은 어떻게 이들 경쟁사들을 따돌리고 불과 2년 만에 100억 매출을 1000억 매출로 급성장시킬 수 있었을까? 물론 여러 가지 비즈니스 모델 혁신을 통해 차별화된 경쟁력을 갖추게 된 것도 사실이지만 이러한 성공을 가능하게 했던 것은 벤처투자자로부터 자금을 유치하고 경영 자문을 받았기 때문이다.

매출 100억 원이 넘어갈 즈음 창업자인 김영찬 대표는 100억 원 정도를 버는 중소기업에 만족할지, 아니면 좀 더 큰 기업으로 키울 것인지에 대한 고민을 했다. 공대 출신이었던 그는 작은 성공에 안주하기보다는 한 번 더 도약하기로 결심했고, 2007년 말 사업 확장을 위해 벤처캐피털과 프라이빗에쿼티private equity를 통해 자금 유치를 꾀했다.

다행히 골프존은 비교적 투명한 경영 시스템을 유지하고 있었고 무엇보다 최고경영자의 도덕성이나 윤리성이 신뢰할 만한 수준이라는 평가를 받아 스틱인베스트먼트로부터 200억 원의 자금을 유치할 수 있었다.

골프존은 충분한 자금력을 바탕으로 개발 인력을 늘리고 매출의 10퍼센트가량을 연구개발에 쏟아부어 임직원 400여 명 가운데 200명 남짓의 연구개발 인력을 보유하게 됐다. 스틱인베스트먼트는 김 대표의 꿈을 이루기 위한 전략과 마케팅에 조언했고, 이후 골프존의 매출은 매년 30퍼센트 이상 늘어, 2010년에는 시가총액 1조 원이 넘는 코스닥 업체가 됐다. 매출총이익(률) 역시 2010년 1090억 원(57.32퍼센트), 2011년 1154억 원(53.49퍼센트), 2012년 1580억 원(54.55퍼센트), 2013년 1781억 원(48.79퍼센트) 등으로 전체 매출액의 절반에 달한다.

골프존의 사례에서 볼 수 있듯 창업자의 기술력과 도덕성은 벤처투자를 유치하는 데 매우 중요한 역할을 하며, 벤처투자를 유치한다는 것은 단지 자금을 얻는다는 것 이상의 중요한 성공 요인임을 알 수 있다. 골프존의 성공은 인재와 자금의 결합이라 할 수 있다.[15]

하지만 골프존과 같이 운 좋게 한 번의 자금조달 후 기업을 상장시킨 경우는 매우 드물다. 오히려 대부분의 신생기업은 몇 번에 걸친 기술 실패나 상장 연기로 인해 인재 유치와 자금조달의 어려움을 겪을 가능성이 더 높다.

이때 창업자는 사업 성공을 위해 자금조달을 하거나 인재를 유치하는 방법으로 스톡옵션을 지급할지를 선택해야 한다. 즉 자신의 지분을 포기하고 사업 성공을 선택할 수 있어야 한다. 그러나 창업자에게 지분은 곧 경영권을 의미한다. 창업자들은 경영권과 기업 성장 중 하나를 선택해야 한다면 대부분 경영권을 선택한다. 내가 키운 회사를 내가 경영할 수 없다면 회사를 키울 이유가 없다고 생각하는 것이다. 이런 이유 때문에 신생기업의 창업자는 인재를 유치하기 위해 스톡옵션을 지급하거나 자금조달을 위해 주식 팔기를 꺼리게 된다. 그 결과 인재와 자금 부족으로 사업 실패를 하기도 한다.

차등의결권제도 도입이 낳은 한미 차이

미국 신생기업 창업자들이 종업원에게 선뜻 스톡옵션을 부여하거나 벤처캐피털로부터 자금 유치를 하는 이유는 무엇일까? 비교적 최근에 상장한 구글이나 페이스북 창업자가 가진 주식의 형태를 살펴보면 그 이유를 알 수 있다.

〈표 8-3〉을 보면 구글의 경우 보통주 A는 약 2억 7100만 주, 보통주 B는 약 6000만 주가 발행됐으며, 보통주 B의 주식 수는 보통주 A의 22.4퍼센트에 불과하나 보통주 B의 1주는 10표의 의결권을 갖고 있다. 따라서 창업자는 총 발행 주식 수의 약 15퍼센트를 보유하지만 56퍼센트의 의결권을 행사할 수 있다. 링크트인, 질로우, 페이스북의 보통주 B는 그나마 1주당 10표의 의결권을 가지고 있지만 그루폰의 경우 보통주 B의 의결권은 보통주 A 의결권의 150배를 가지고 있다.

표 8-3 | 차등의결권제도를 도입한 미국 IT 기업 대주주의 의결권 현황 ||||||||||||||||||||||||||

2013년 4월 기준	기업공개일	발행 주식 수	창업자* 보유 주식 수 (총 의결권 비중)
구글	2004. 8. 19.	보통주 A(1주 1의결권): 270,987,899 보통주 B(1주 10의결권):	보통주 A: 93,420 보통주 B: 49,263,925 (56.1%)
링크트인	2011. 5. 19.	보통주 A(1주 1의결권): 91,400,638 보통주 B(1주 10의결권): 18,887,435	보통주 B: 17,073,237 (60.90%)
질로우	2011. 7. 20.	보통주 A(1주 1의결권): 27,208,820 보통주 B(1주 10의결권): 7,268,626	보통 주B: 7,268,626 (72.80%)
그루폰	2011. 11. 4.	보통주 A(1주 1의결권): 658,824,902 보통주 B(1주 150의결권): 2,399,976	보통주 A: 196,198,554 보통주 B: 1,399,992 (54.6%)
징가	2011. 12. 16.	보통주 A(1주 1의결권): 606,894,493 보통주 B(1주 7의결권): 165,808,221 보통주 C(1주 70의결권): 20,517,472	보통주 B: 74,085,846 보통주 C: 20,517,472 (61.0%)
페이스북	2012. 5. 18.	보통주 A(1주 1의결권): 1,740,598,009 보통주 B(1주 0의결권): 670,450,341	보통주 A: 1,939,987 보통주 B: 607,599,549 (67.2%)

* 창업자가 다수인 경우 모두 포함, 기타 경영진 및 이사는 포함하지 않음

자료: EDGAR

||||||||||||||||||||||||||||||||||||||||||||||||||||||||||||||||||||||||||||||||||||||||||||||

결과적으로 이 기업들의 창업자는 이러한 주식구조로 인해 기업공개 이후에도 총 의결권의 50퍼센트 이상을 행사할 수 있는 것이다. 이렇게 창업자의 의결권이 상장 후에도 높은 것은 상장 이전에는 더 높았다는 것을 암시한다.

앞서 설명한 바와 같이 미국의 IT 기업들은 여러 종류의 보통주를 발행하고 각 종류마다 다른 수의 의결권을 부여하는 차등의결권제도를 활용하고 있다. 최근 중국 최대 전자상거래 업체인 알리바바는 약 70조 원에 달하는 대규모 기업공개에 앞서 실제 지분율이 7퍼센트에 불과한 창업자가 이사회의 과반수에 해당하는 후보를 추천할 수 있는 권한을 갖기 위해 홍콩거래소가 아닌 뉴욕거래소를 선택했다. 미국의 차등의결권제도는 미국 내 IT 기업의 창업자들로 하여금 자신의 현금흐름권을 일부 포기하고 자본과 인재를 유치할 수 있도록 도와주며 동시에 외국 기업조차도 미국에 상장하도록 유도하는 중요한 도구로 활용되고 있다.

창업자는 경영권과 소유권을 고려해 자본조달을 한다. 경영권이란 이사나 감사선임권 등을 의미하며, 소유권이란 배당과 같은 현금흐름에 대한 권리를 의미하는데, 창업자는 자본조달을 통한 기업 성장이 경영권에 위협이 되는 경우에는 자본조달을 포기하는 선택을 하게 된다. 즉 배당을 덜 받거나 총 기업 가치에 대한 지분이 적어지는 것은 괜찮아도 회사를 통제할 수 있는 이사선임권이나 감사선임권 등과 같은 경영권은 포기할 수 없다는 의미다.[16]

한국의 경우 보통주 1주 1표제도는 창업자로 하여금 경영권과 소유권을 하나로 인식하게 되어 스톡옵션과 같은 제도가 소유권과 경영권을 동시에 포기하게 하기 때문에 창업자 입장에서는 스톡옵션의 활용을 꺼리는 것이다. 외부에서 자본조달을 하게 되면 창업자의 지분이 낮아지고 경영권도 축소되기 때문에 외부 자본조달은 은행 대출이나 채권 발행과 같은 부채를 통한 조달을 선호하고 벤처투자를 유치하려는 노력은 덜 하게 된다. 결과적으로는 벤처캐피털의 경영 노하우와 조언을 받아 회사를 더 키울 수 있는 기회를 스스로 포기하는 형국이 될 수 있다.

이런 문제점을 해결하는 방안으로 한국에서도 미국처럼 보통주의 차등의결권을 인정할 필요가 있다. 특히 신생기업의 경우 스톡옵션을 활용한 인재 유치와 벤처투자자로부터의 자본조달을 활성화시키기 위해서라도 차등의결권제도는 필요하다. 물론 차등의결권제도에 대한 형평성 논란은 지금도 진행 중이다. 2012년 기준으로 S&P 1500 기업 중에서 차등의결권제도를 도입한 기업은 전체 기업의 약 5퍼센트에 불과하지만, 앞에서 살펴보았듯 구글이 2004년 차등의결권제도를 채택하여 상장한 이후 많은 IT 기업들이 차등의결권제도를 채택해 상장하고 있기 때문이다.

미국의 기관투자자들은 차등의결권제도가 높은 의결권에 비해 적은 경제적 혜택을 가져다줌으로써 창업자로 하여금 사적 이익을 취하도록 하고 다른 주주들의 경영 참여를 차단한다는 단점이 있다고 비난한다. 이를 반영하듯 2011년 상장한 그루폰의 경우 정관에 2016년까지만 한시적으로 차등의결권을 허용한다는 점을 명시해 비난을 피해

갔다.

한국에서도 차등의결권제도를 도입하면 재벌의 상속과 경영 승계 등에 활용이 될 것을 걱정하는 목소리가 많다. 하지만 기존에 상장되어 있는 기업이 차등의결권을 새로 도입할 때는 기존 주주의 동의가 필요하며 차등의결권 주식의 가치를 추정하기 어렵기 때문에 실무적으로는 거의 불가능한 일이다. 따라서 차등의결권의 도입은 신생기업에 한해 적용될 수밖에 없다.

한편으로 우리 사회의 기업 상속은 부동산이나 현금을 상속하는 것과는 다르다는 것을 인정해야 한다. 현재의 상속세제도는 농경사회의 유산이며 산업사회 그리고 뉴노멀이라는 신세계에서는 필요 없는 제도다. 100개 기업 중 100년 후에도 존재할 기업은 불과 2~3개밖에는 안 된다. 과거의 역사가 그러한 사실을 보여주었고 미래는 급격한 경영 환경의 변화 때문에 기업의 지속 가능성이 더욱 낮아질 것으로 예견되기 때문이다.

아무리 편법을 동원해 기업을 상속한다 해도 다음 세대가 경영권을 그대로 유지할 수 있는 확률은 30퍼센트밖에 안 되며(30년 지속 기업의 확률이 30퍼센트이기 때문이다), 두 세대에 걸쳐 경영권을 유지할 확률은 9퍼센트에 불과하다. 이렇게 경영권 유지가 힘든데 굳이 정부까지 나서서 경영권을 포기하게 만드는 노력을 할 필요는 없을 것 같다. 오히려 차등의결권을 도입해 신생기업이 보다 적극적으로 자본과 인재를 유치하고 새로운 일자리를 창출해 상품과 서비스를 제공할 수 있도록 해야 한다.

크라우드펀딩

신생기업이 자금을 유치하는 방법으로 크라우드펀딩이라는 것이 있다. 크라우드펀딩이란 자신의 프로젝트 아이디어를 인터넷에 공개하고 익명의 다수에게 투자를 받는 방식이다. 목표액과 모금액이 정해져 있고, 기간 내에 목표액을 달성해야 후원이 가능하다. 후원자는 1만 원에서 수십만 원을 후원하고 프로젝트의 완성을 보거나 기념품을 전달받는 식의 보상을 받기도 한다.

SNS를 적극 활용한다 해서 소셜펀딩이라고 부르기도 하는데, 2008년 1월에 시작한 인디고고Indiegogo가 세계 최초의 크라우드펀딩 사이트다. 가장 유명한 크라우드펀딩 사이트는 2009년 4월에 출범한 미국의 킥스타터Kickstarter다. 킥스타터가 인디고고에 비해 늦게 출범했음에도 불구하고 크라우드펀딩이 킥스타터를 통해 더 많이 이루어지는 이유는 공모 프로젝트를 엄격하게 관리하기 때문이다.[17]

크라우드펀딩의 개념을 다시 설명하자면, 등록자가 크라우드펀딩 사이트에 프로젝트를 등록하면 크라우드펀딩 사이트는 프로젝트를 소개하거나 홍보해 후원자를 모집한다. 불특정 다수의 프로젝트 후원자는 신용카드나 계좌이체 등으로 프로젝트를 후원하고 프로젝트 등록자는 목표 달성 시 보상을 한다. 크라우드펀딩은 크게 네 가지 유형으로 나눌 수 있는데, 아이디어를 가지고 있는 사람에게 소액 대출을 해주고 이자로 금전적 보상을 받는 대출형, 투자 금액에 따라 지분만큼의 수익을 돌려받는 지분투자형, 후원에 대한 보상으로 홍보나 다른 물품을 받는 후원형, 아무런 보상을 바라지 않는 기부형이 있다.

〈표 8-4〉와 〈그림 8-4〉는 국내 주요 크라우드펀딩 업체와 유형별, 분야별 현황을 보여주고 있다. 현재 한국크라우드펀딩기업협의회에 등록되어 있는 회원은 17개사다. 그중 스타트업을 위한 지분투자형 크라우드펀딩 플랫폼으로는 오픈트레이드, 오퍼튠, 케이펀딩, 머니옥션 등이 있으며, 펀딩트리는 협회에 가입되어 있지는 않지만 소셜금융, 소액투자 등의 서비스를 제공한다.

이 중 신생기업이 필요로 하는 크라우드펀딩의 유형은 대출형이나 지분투자형이라고 할 수 있다. 한국에서 지분투자형 크라우드펀딩 사

표 8-4 | 국내 크라우드펀딩 세부 현황[18]

유형	업체	특징
후원	텀블벅	문화 예술 중심의 170여 건의 프로젝트가 완료 또는 진행 중
	펀듀	문화 예술뿐만 아니라 IT와 벤처 등 다양한 콘텐츠에 대해 펀딩
	굿펀딩	영화 〈26년〉 제작 후원금 모금으로 유명
	업스타트	주로 소규모 창작 프로젝트 후원
후원·기부	콘크리트	주로 예술 및 복지 분야 후원 또는 기부
후원·지분투자·대출	오퍼튠	기업을 위한 후원, 지분투자, 대출 등의 크라우드펀딩 지원
대출	머니옥션	개인 및 개인 사업자를 위한 소액 대출
	팝펀딩	개인 및 개인 사업자를 위한 소액 대출

자료: 각 기업 홈페이지

례 중 최초로 투자 회수가 이루어진 경우가 BCNX라고 한다. BCNX
는 온라인을 통해 사용자 경험을 공유하면서 이를 구매로 연결시키는
형태로 진행되는 커머스로, 옐프닷컴Yelp.com과 유사한 한국 기업이었
다. BCNX는 2012년 말에 스타트업과 투자자를 연결하는 소통형 크
라우드펀딩 플랫폼인 오픈트레이드를 통해 5억 원 이상의 투자 유치
에 성공했고 2014년 320억 원에 옐로모바일에 매각되어 크라우드펀
딩 투자자는 1400퍼센트 투자수익률을 얻을 수 있었다.

　2015년 7월, 자본시장과 금융투자업에 관한 법률 개정안이 국회 본
회의를 통과하면서 2016년 1월부터 크라우드펀딩 업체들이 소액 다
수의 투자자금을 받는 대신 지분 및 채권 등을 투자자에게 제공하는
증권형 업무를 시작할 수 있게 됐다. 기존 지분투자형 크라우드펀딩이

그림 8-4 | 국내 크라우드펀딩 유형별, 분야별 현황[19]

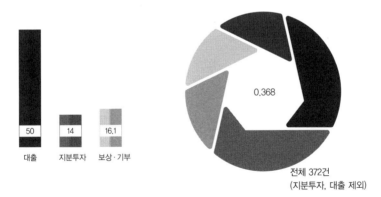

대출 50　지분투자 14　보상·기부 16.1

0.368

전체 372건
(지분투자, 대출 제외)

자료: 각 기업 기준, 상위 8개사 합계, 단위 억 원

49인 이내의 투자자로부터 자금을 제공받는 사모 방식의 형태만 가능했던 것에 비해 앞으로는 공모 방식으로 다수의 투자자로부터 자금 유치가 가능해졌다는 데 의의가 있다.

신생기업의 경우 크라우드펀딩을 통해 자금조달은 물론 아이디어를 검증하거나 팬층을 마련하고, 홍보 기회와 유통 채널을 확보할 수 있게 된다. 2015년 여름에 개봉한 영화 〈연평해전〉은 2014년 초 크라우드펀딩으로 20억 원가량을 투자받아 제작했다. 영화산업에서의 크라우드펀딩은 콘텐츠에 대한 사회적 관심을 이끌 수 있고, 시장 수요에 대한 선제적 예측이 가능해져 흥행 여부를 미리 짐작할 수 있어서 좋다. 즉 시나리오 검토 단계에서 느끼지 못했던 대중성을 크라우드펀딩 과정을 통해 어느 정도 구체화할 수 있다는 의미다.

이 밖에도 국내 스타트업이 해외 크라우드펀딩 사이트에서 투자유치에 성공한 사례도 있다. 리니어블Lineable이라는 미아방지용 스마트밴드를 제작한 스타트업 리버스는 작년 인디고고에서 3만 달러의 펀딩에 성공했다. 제품 하나당 5달러의 투자로 총 6000명이 투자한 것이다. 리버스는 국내 크라우드펀딩 플랫폼인 와디즈Wadiz에서도 3000만 원 이상을 모금했다.

이와 같이 프로젝트의 자금조달과 홍보 효과를 모두 만족시킬 수 있다는 점에서 크라우드펀딩은 비즈니스엔젤이나 벤처캐피털로부터의 자금조달보다 매력적인 부분이 있다. 또한 비즈니스엔젤이나 벤처캐피털보다 창업 초기 투자자금을 제공한다는 점도 크라우드펀딩의 차이점이라고 할 수 있다.[20]

크라우드펀딩에 투자하는 투자자는 상품 개발에 대한 의견을 제시하기도 한다. 따라서 크라우드펀딩을 통해 자금조달을 받으며 동시에 상품 개발 단계에서 잠재고객의 피드백을 들을 수 있는 것이다. 또한 크라우드펀딩이 잘되는지의 여부는 상품에 대한 잠재수요를 테스트해볼 수 있는 좋은 기회이기도 하다. 예를 들면 거스틴weargustin은 특별하게 디자인된 청바지에 크라우드펀딩을 받는다. 많은 수의 사람이 참여하면 청바지는 제작에 들어가고 참여자의 집으로 배송이 된다. 반면 크라우드펀딩에 실패하면 청바지를 제작하지 않기 때문에 손해를 보지 않을 수 있고 다음 작품에 대한 기대감도 높일 수 있다. 공동구매, 주문제작, 크라우드펀딩이 이렇게 혼합되는 것이다.

크라우드펀딩이 성공적으로 안착하기 위해서는 크라우드펀딩을 조성하는 개인이나 기업에 대한 신용을 점검할 수 있어야 한다. 많은 경우에 벤처기업의 성공 여부는 창업자의 의지와 더불어 신용이라고 말한다. 즉 창업자가 믿을 만한 사람이면 사업 내용은 중요하지 않다는 말도 있다. 따라서 투자자 입장에서 신생기업의 창업자가 개인적으로 얼마나 신뢰할 수 있는 사람인지 알 수 있도록 크라우드펀딩 사이트에서 창업자의 개인 신용정보를 제공하는 등의 노력이 필요해 보인다.[21]

인재 있는 곳에 자본 몰린다

인재와 자본 중 신생기업이 먼저 획득해야 할 것은 인재다. 신생기업에 좋은 인재가 몰리면 자본은 그들을 보고 신생기업에 투자를 한다. 따라서 신생기업이 가장 먼저 고민해야 할 문제는 인재 유치다.

미국의 경우 아이비리그 출신들이 신생기업에서 일하는 경우가 있는데, 이는 이들이 신생기업에서 자신의 꿈을 이루는 동시에 대기업에서는 얻을 수 없는 큰 보상의 기회가 주어지기 때문이다. 신생기업의 창업자는 자신의 지분을 기꺼이 포기하고 사회 초년생들을 공동 창업자로 대우한다. 명문대 졸업생 입장에서 볼 때는 대기업에서 받을 수 있는 연봉보다 현저히 낮은 연봉을 받지만 프로젝트가 성공하면 그보다 10배, 100배 많은 보상을 받을 수도 있다. 이러한 희망이 이들을 신생기업에서 일할 충분한 동기가 되어준다.

한국의 신생기업도 미국의 신생기업들처럼 명문대 졸업생들에게 지분을 활용한 동기부여를 해줘야 한다. 미국의 창업자들이 기꺼이 지분을 포기할 수 있는 이유는 지분과 경영권이 동일시되지 않도록 하는 차등의결권제도가 있기 때문이다.

한국의 경우 1주 1표제도의 폐지가 어렵다면 우선주와 보통주를 섞어서 하나의 거래 단위로 만들 수 있게라도 허용했으면 한다. 창업자가 보통주를 계속 보유하고 있으면서 인재에게 우선주 9주와 보통주 1주를 묶어서 제공하면 차등의결권제도를 이용하지 않고도 창업자는 경영권을 유지할 수 있고 종업원은 충분한 보상을 기대할 수 있을 것이다. 마지막으로 신생기업은 크라우드펀딩과 같은 최근의 핀테크를 활용한 자금조달과 마케팅, 아이디어 개발을 동시에 해결하는 방안도 적극 고려해봐야 할 것이다.

9장

지속 가능한 생태계를 찾아서

기업 생태계

기업 경쟁력은 기업 내부 전략과 핵심역량 등에 의해서만 결정되는 것이 아니다. 기업을 둘러싸고 있는 환경, 특히 기업의 경영 활동과 직간접적으로 관련 있는 무수히 많은 주체들로 구성된 기업 생태계business ecosystem에 의해서도 크게 영향을 받는다.

하버드 경영대학원의 마코 이안시티Marco Iansiti와 레이 레비엔Ray Levien에 의하면 기업 생태계는 무수히 많은 단위로 나뉘어져 있지만 상호 의존적이며, 경쟁과 협력관계에 있는 소비자나 고객, 공급자, 경쟁자, 보완 제품이나 서비스 제공자, 금융기관, 기술 원천, 정부기관, 심지어는 언론 매체들로 구성되어 있다.[1] 이들 연구에 의하면 월마트의 경우 전체 수익 마진 22퍼센트 중 기업 내부 역량에 의한 기여는 7.5퍼센트인 반면 월마트가 속한 기업 생태계의 경쟁력에 의한 기여는 14.5퍼센트로 두 배 이상 영향을 미친 것으로 분석됐다.

공생하고 공진하는 네트워크 시대

기업 생태계의 경쟁력 혹은 건강한 기업 생태계는 생산성productivity, 강건성robustness 그리고 틈새 창출niche creation 등 세 가지 기준에 의해 평가될 수 있다. 생산성은 생태계가 기술과 혁신의 투입물을 낮은 비용이나 신제품으로 지속적으로 변환할 수 있는 네트워크의 역량을 말한다. 강건성은 예측하지 못한 기술변화 같은 외부 충격에 얼마나 잘 견딜 수 있는가를 말하며 간단하게 이야기하면 생태계 구성원의 생존율을 의미한다. 한편 틈새 창출이란 새로운 기능이나 틈새를 창출함으로써 생태계 구성원의 다양성을 높일 수 있는 능력을 말한다.

다시 말하면 기업 생태계가 자원을 생산적으로 변환시킬 수 있는 구성원 간의 네트워크가 활발하고, 외부 환경변화와 충격을 잘 견뎌내고 지속할 수 있으며, 새로운 사업 기회를 끊임없이 창출함으로써 구성원의 다양성이 계속 증가할 수 있다면 건강한 기업 생태계 혹은 경쟁력 있는 생태계라고 할 수 있다.

최근 휴대전화 산업에서 보듯 한때 글로벌 공급망관리를 통해 난공불락이라 여겨졌던 노키아와 탁월한 제품 디자인 혁신을 자랑했던 모토롤라가 애플 아이폰의 등장과 함께 급속히 몰락하게 된 것은 바로 애플의 앱스토어로 대표되는 기업 생태계의 경쟁력 때문이다. 또 휴대전화와 전혀 상관없던 구글이 안드로이드 운영 시스템을 공개해 삼성을 비롯한 전 세계 휴대전화 제조업체에 무료로 공개함으로써 단번에 모바일산업의 핵심 주역으로 등극한 것도 새로운 생태계를 형성할 수 있었기 때문이다.

이처럼 기업이 처한 환경변화는 매우 급속하고, 불연속적이며, 글로벌 규모로 전개되는 초경쟁적hypercompetitive 특성을 보이고 있을 뿐만 아니라 개별 국가의 국경을 뛰어넘는 기업 생태계가 조성되고 생태계 간의 경쟁을 통해 끊임없이 진화를 거듭하고 있다.

이런 변화는 기업의 전략 수립에서 새로운 접근을 요구한다. 기업이 내부에 축적한 핵심역량을 가지고 차근차근 성장한다는 것은 변화의 속도가 빠르지 않았던 때 통했던 방식이었다. 그러나 경제와 산업의 판이 새로 구성되는 대전환의 시기에는 기업이 혼자 내부 역량을 강화하는 전략으로는 변화를 따라가기 힘들며 주도하기는 더더욱 어렵다. 따라서 다른 기업과의 협업을 통해 역량을 잘 관리하는 것이 매우 중요하다.

오늘날은 기업의 가치 창조 활동의 모든 단계에서 다른 기업과의 네트워크와 협업이 중요해졌다. 생산이나 조립에서는 이미 오래전부터 그랬고 이제 기술 개발에서도 개방형 혁신이 대세가 되고 있다. 유통은 그 자체가 이미 네트워크이지만 정보통신기술을 활용해 유통망을 결속력 있게 유지하는 것이 긴요해졌다. 이제 고객을 기업의 플랫폼

안에 잘 잡아두는 전략이 중요하다. 게임이나 애플리케이션 같은 개발자 네트워크도 기업의 경쟁력 확보에서 필수적이다. 기업이 혼자서만 잘해서 성공하는 시대는 지났다. 다른 기업들과 외부 개발자, 소비자와 모두와 함께 공생하고 공진共進하는 노력이 필요하다.

애플의 경쟁력, 3차원 기업특유우위

기업이 업계 평균 이상의 수익성을 달성하기 위해서는 경쟁사에 비해 뛰어난 역량을 가져야 한다. 이것이 자원기반이론의 핵심이며 핵심역량의 개념이다. 핵심역량이 되기 위해서는 고객에게 가치를 줄 수 있고valuable, 희소하며rare, 쉽게 모방할 수 없어야inimitable 하는 동시에 다른 것으로 대체하기 힘들어야non-substitutable 한다. 그러나 핵심역량의 조건은 너무 이상적이다. 경쟁사가 모방하기 힘들고 대체하기 힘들며 희소한 우위가 과연 얼마나 있겠는가? 경쟁이 치열한 시장에서 높은 수익성을 가져다주는 핵심역량은 경쟁사들이 아주 열심히 모방하고 복제한다. 따라서 기업이 지속 가능한 경쟁우위를 갖는다는 것은 쉬운 일이 아니다.

핵심역량을 다르게 표현하면 기업특유우위firm-specific advantages, FSA다. 이 개념은 국제 경영에서 어떤 나라나 입지에 있으면 어느 기업이나 누릴 수 있는 입지특유우위location-specific advantages, LSA와 구별하기 위해 사용하는 개념이다. FSA는 자원기반이론에서 말하는, 기업이 투자와 노력을 통해 갖게 되는 핵심역량과 같은 개념이다. 알랭 버베크Alain Verbeke는 FSA에 다음과 같은 형태가 있다고 주장한다.[2]

- **독립형**stand-alone FSA : 제품력, 고객밀착(브랜드력 포함), 운영 효율성
- **고차원**higher-order FSA : 조직문화(좋은 습관), 전략적 기민성

이들을 1차원 우위와 2차원 우위라고 부르기로 하자. 1차원 우위는 경쟁사가 비교적 쉽게 파악할 수 있는 우위로서 상대적으로 모방하기도 용이하다. 기술이나 품질이 우수한 제품은 모방이 가능하며, 유사품 혹은 짝퉁이 나오게 된다. 브랜드 우위나 운영 효율성은 더 장기간의 투자와 노력이 있어야 모방이 가능하지만 이 또한 노출되어 있는 경쟁우위임에는 틀림없다.

그동안 한국 기업의 성공 방식이었던 '빠른 모방자fast follower' 전략이란 앞서가는 기업의 제품이나 운영 방식을 모방하는 것이었다. 그러나 이렇게 모방하거나 개발하기 쉬운 우위는 지속 가능하지 않기 때문에 결국에는 소멸된다. 그래서 기업이 지속적으로 성공하려면 일시적 우위transient advantages를 계속해서 만들어내는 능력이 필요하다는 주장이 있다.[3] 신제품을 계속 만들어내거나 제품 구색을 잘 갖춰야 지속적으로 매출액 성장을 도모할 수 있을 것이다.

1차원 FSA를 지속적으로 만들어낼 수 있는 것은 조직의 역량이다. 예를 들면 5장에서 소개한 바와 같이 110년이 넘는 역사를 가지고 있는 3M 같은 기업은 혁신을 제도화하고 체질화해서 지금까지도 초우

량 기업의 위치를 차지하고 있다.[4] 따라서 좋은 습관을 가진 조직은 그 자체가 FSA다. 좋은 습관에는, 조직문화가 혁신적이고 학습이 체질화되어 있는 경우, 조직이 정직하고 검소해 비용을 낮게 유지하는 경우, 구성원들이 가치를 공유하며 일사불란하게 움직이는 경우 등이 포함된다. 이런 경우를 흔히 좋은 기업문화를 가졌다고 말하는데, 기업문화의 형성에는 창업자 혹은 CEO의 역할이 매우 크다.

급변하는 환경에 신속하게 대응하는 동태적 역량dynamic capability도 조직이 가진 숨겨진 경쟁우위다. 이러한 기민성agility은 변화를 민첩하게 감지하고 대응책을 실행하는 능력으로서 버베크는 이를 '자원재배치' 능력이라고 표현하는데, 기업가정신의 일부로 보면 된다. 변화 대응력은 기업가적 판단과 창의적인 대응책 그리고 실행 속도를 요구한다. 좋은 습관이나 변화 대응력은 기업의 숨겨진 경쟁우위로서 1차원 우위보다는 한 차원 높은 우위이며 더 지속 가능성이 있다. 이것이 바로 2차원 경쟁우위라고 표현하는 이유다.

여기서 잠시 애플에 대해 생각해보자. 애플은 2014년 4분기에 180억 달러가 넘는 순이익을 기록해 상장기업 역사상 가장 많은 이익을 냈고, 그 덕택에 시가총액이 2015년 2월에 7700억 달러를 초과해 4년 연속 세계에서 가장 가치가 높은 회사로서의 행보를 계속하고 있다. 2014년 4분기에 삼성전자와 애플, 두 기업의 성과를 비교해보면 휴대전화 판매량은 삼성전자가 더 많다. 그러나 수익성에서는 10배의 차이가 난다. 그 이유는 뭘까?

삼성은 단말기를 생산해 판매하는 회사인 반면, 애플은 모바일 기업 생태계를 주도하는 회사이면서 동시에 고객을 강력하게 장악하고 있는 것이 수익성의 차이를 가져오는 것이 아닐까? 삼성전자도 대단한 회사이기는 하지만, 애플의 눈부신 성과는 강력한 네트워크, 다시 말하면 기업 생태계를 주도하는 데서 나온다는 주장이 설득력 있어 보인다.

애플은 1차원 우위(독특하고 혁신적인 제품, 강력한 브랜드와 운영 효율성)를 가지고 있으며, 스티브 잡스와 팀 쿡으로 연결되는 CEO의 자원 재결합 능력과 혁신적인 조직문화(2차원 우위)까지 가지고 있음이 틀림없다. 그리고 분명 그 이상을 역량을 지니고 있는 기업이다. 이는 네트워크를 통해 고객, 협력업체와 공급업체를 조직화하고 고착화시키는 생태계 주도권을 갖고 있다는 말과 같다. 기업 생태계를 만들고 주춧돌 역할을 하면서 견고한 성을 만들고 있는 셈이다. 이는 앞서 말한 1, 2차원과는 차원이 다른 3차원적 경쟁우위이다. 경쟁사가 모방하기 힘들고 대체하기 힘든 우위인 셈이다.

한국 기업은 빠른 모방자 단계를 거치면서 1차원 우위를 만들었으며, 일부 성공 기업은 모범적인 조직문화와 발 빠른 변화 대응력을 바탕으로 2차원 우위에 도달했다. 하지만 경쟁 상황은 이제 3차원 우위를 요구하고 있다. 한국 기업 중 가장 성공적인 기업이라고 할 수 있는 삼성전자도 지금과는 다른 새로운 경쟁우위를 만들어야 하는 도전을 받고 있다. 2015년 들어 다양한 해외기업을 인수하고 있는 삼성전자를 보면 강력한 고객 플랫폼을 구축하려는 새로운 전략 방향을 읽을 수 있다.[5]

조직과 시장의 중간 형태로서 네트워크

전통적인 기업 이론은 기업 hierarchy과 시장 market을 대안적인 조직 governance으로 보았다. 이것이 초기의 기업 이론이며 로널드 코스 Ronald Coase가 처음 이론화한 것으로 알려져 있다.[6] 기본 생각은 시장이 불완전하기 때문에 거래를 내부화한 것이 기업이라는 시각이다. 시장 거래에는 참여자들의 기회주의적 성향과 미래 불확실성으로 인해 거래비용이 발생하게 되는데, 거래비용을 줄이기 위해 기업은 이런 거래를 내부화하며 이에 따라 기업의 영역 boundary은 거래비용으로 인해 확장되게 된다.

기업 이론의 관점에서 경제활동조직은 시장과 기업 두 가지 대안 중하나로 귀결된다. 거래의 효율성 측면에서 본다면 시장 거래에는 거래비용이 발생하고, 기업 내 거래에는 관리비용이 발생한다. 기업이 비대해지면 관료화되면서 의사결정이 느려지고 리스크 회피적이 되어 변화에 대한 적응력이 현저히 떨어지게 된다. 이처럼 관리비용을 줄이면서 동시에 거래비용도 줄일 수 있다면 매우 효율적인 경제활동조직이 가능할 것이다. 이것이 바로 네트워크다.[7]

거래비용이 발생하는 근본 원인은 거래 대상에 대한 불신에 있다. 미래 상황이 바뀔 때 처음 계약이나 약속을 지키지 않을지도 모른다는 불신이 있기 때문에 아예 시장 거래를 포기하는 것이다. 불확실성을 줄이는 방법에는 계약 파기의 손실을 크게 하는 방법도 있고, 약속을 지키지 않는 기업이나 사람을 왕따시키는 방법도 있을 것이다. 최근의 네트워크 이론은 정보통신기술 발달과 다른 사회적 이유로 인해 거래비용이 축소되어 네트워크의 지속성이 증가했다고 주장한다.

독립된 기업간거래의 불확실성과 불신이 줄어드는 이유로 세 가지를 생각할 수 있다. 첫째는, 통신비용의 하락이다. 통신비용이 거의 제로에 가깝기 때문에 과거에는 가능하지 않았던 많은 정보(일부 암묵지 포함)가 거래 당사자 간에 교환 가능해진 것은 사실이다. 리앤펑Li&Fung과 같은 글로벌 아웃소싱회사의 성장에는 통신비용의 하락이 도움이 됐을 것이다. 둘째는 기업 회계의 투명성 향상이다. 아직도 완전하지는 않지만 회계정보의 신뢰도가 높아지면서 이에 관련한 법률 서비스 등 기업 인프라도 크게 향상됐다. 셋째는 거래 파기나 기회주의적 행동이 기업 명성에 미치는 악영향이 더 확대됐을 가능성도 있다. 기업의 부도덕적 행동이나 사회 공익에 반하는 행동이 때로 기업에게 치명상을 입힐 수 있다. 이런 환경에서는 기업들이 더 신뢰받는 조직으로 인식되도록 행동할 가능성이 있다.

이유가 무엇이든 간에 시장 거래와 기업 내부화의 중간 형태로서 네트워크가 크게 확산되고 있다. 조립형 산업에서는 부품 및 소재회사와 조립회사 간의 분업 및 계열화의 역사가 길다. 가치사슬 활동에서 조립 및 가공과 마케팅 및 유통이 분리된 지도 오래됐다. 마케팅에서 수직적인 유통 계열화인 프랜차이즈의 역사도 길다. 비교적 새로운 것은 기술 혁신 측면에서의 네트워크다.

기업의 연구개발은 전통적으로 가장 집권화되고 폐쇄적인 기능이었다. 그러던 것이 개방형 혁신이라는 이름으로 기업 외부의 많은 발

명가와 기업, 더 나아가 고객까지도 기술 혁신에 참여시키는 네트워크형 혁신으로 크게 확산됐다. 금세기 들어서는 인터넷과 모바일이 확산되면서 기술을 바탕으로 한 강력한 네트워크가 형성됐다. 소위 플랫폼이라고 불리는 통신 기반의 네트워크다. 통신 네트워크는 망의 효과network effect가 크기 때문에 시장 선점 경쟁이 매우 치열하다. 따라서 시장을 선점하는 기업이 지속적인 경쟁우위를 누릴 수 있다.

여기서 한 가지 분명히 할 것은 앞의 기업 이론에서는 기업간거래나 기업 내부화를 대체하는 경제활동조직의 하나로 네트워크를 설명했다. 그러나 지금의 논의에서는 기업간거래(즉 B2B)뿐만 아니라 기업과 최종소비자 간 거래B2C에서도 네트워크가 중요해졌음을 지적하고자 한다. 과거 기업은 충성스러운 단골 고객망을 가지고 있으면 고객 네트워크를 형성하고 있다고 말해왔다. 그러나 지금은 인터넷과 모바일을 통해 더 강력한 고객 네트워크가 형성되고 있다.

어쨌거나 이제는 네트워크의 개념을 B2B뿐만 아니라 B2C, 나아가서는 최종소비자 간 거래C2C를 가능하게 하는 네트워크까지도 포함하는 개념으로 확산되어야 한다. 다시 말하면 고객이 직접 생산이나 제품 개발에 참여하는 프로슈머prosumer나 사용자 혁신user innovation[8]과 같이 부가가치 활동에 직접 참여하는 고객을 네트워크로 조직화하는 개념이 필요해졌다는 의미다.

한국 기업과 기업 생태계의 특징

지금까지 여러 가지 이유로 네트워크를 잘 관리하고 기업 생태계에서 주도적인 역할을 하는 것이 기업의 새로운 경쟁우위가 된다고 주장했다. 특히 점차 치열해지는 경쟁 상황에서 공급업자, 유통망, 혁신협력 네트워크, 고객망을 잘 조직화하고 견고하게 하는 것이 지속적인 경쟁우위를 확보하는 3차원적 방안이 될 수 있다고 했다. 그렇다면 한국 기업의 특징과 B2B에서 나타나는 특징을 살펴보는 것이 효과적인 기업 생태계 전략을 구상하는 데 도움이 될 것이다. 이를 위해 기업 지배구조의 특징, B2B 거래에서 발생하는 문제와 다른 형태의 기업 네트워크 구조와 행태를 살펴보고자 한다.

기업에 대한 소유와 집착, 위계적 조직문화

기업 내부의 지배구조나 조직문화가 기업의 생태계 행태에 영향을 미친다는 가설을 세울 수 있다. 한국 기업은 대기업이나 소기업이나 모두 가족 경영의 특징을 가지며, 오너는 기업에 대해 강한 소유 및 지배 욕구를 가지고 있다. 기업에 대한 이러한 애착은 장점도 있지만, 기업에 대한 객관적인 시각을 갖지 못하게 한다. 특히 기업을 가업으로 보는 전통이 있고 가족 내 승계가 일반화되어 있어 기업에 대한 배타적 지배에 집착한다. 기업을 개인과 가족의 사유물로 인식하다 보니 여러 협력업체와의 건전한 네트워크 형성에 소홀한 경향도 있다.

또 기업 내 오너의 위치가 너무 강하다 보니 조직문화도 상당히 위

계적이다. 강한 위계 조직은 조직의 목표가 분명하고 리더의 역량이
뛰어날수록 기업 성과와 연결된다. 그러나 오너의 판단력이나 행동이
궤도를 벗어나는 경우 이를 시정하기가 쉽지 않으며, 이로 인해 기업
이 파탄 나는 경우도 적지 않다. 대기업의 위계적 조직문화는 외부 협
력업체를 위계의 맨 밑에 두는 경향을 보인다. 이러한 조직문화는 외
부 기업과의 협력적이고 수평적인 네트워크의 형성에 장애가 될 것
이다.

B2B 거래와 소위 '갑질 문화'

기업에 대한 소유와 집착, 위계적 조직문화는 네트워크 내에서 비생
산적인 협력 행태로 나타날 가능성이 크다. 대형 유통업체들의 강압
적이고 일방적인 계약 및 거래 행태는 한국 사회에서 큰 문제가 되고
있다. 백화점이나 대형 할인점은 유리한 입지와 다수의 소비자 접근
이라는 강점 때문에 협력업체에 비해 훨씬 더 높은 교섭력을 갖는다.
협력업체는 불만이 많아도 대형 유통점의 불공정한 행태를 수용할 수
밖에 없다.

그러나 이런 행태는 해외 진출을 할 때는 결정적인 단점으로 작용한
다. 이들 대형점들은 해외시장으로 나갈 경우 선발업체가 아니어서
입지 선택이나 시장지배력이 현저히 불리하다. 그럼에도 불구하고 국
내 유통업에서 체질화된 '갑질 문화' 때문에 효과적인 해외시장 개척을
하지 못한다. 이처럼 국내에서의 독점적인 시장 위치는 해외 사업에
서는 큰 장애가 될 수 있다. 국내 백화점이나 대형 할인점이 해외시장

에서 이렇다 할 성과를 내지 못하는 것은 국내의 입지 우위가 해외로 이전이 잘 안 되기 때문이기도 하지만 위계적인 네트워크 문화도 하나의 문제로 작용한다.

반대로 국내시장에서 거의 존재감이 없는 기업이 해외에서 오히려 크게 성공하는 경우가 있다. 7장에서 소개한 바와 같이 흔히 1세대 벤처라고 불리는 휴맥스가 그 예다. 1989년 TV 셋톱박스로 사업을 시작한 휴맥스는 국내에서 위성방송이 아직 시작하기 전이어서 창업 시부터 해외로 진출한 전형적인 '태생적 글로벌' 기업이다. 셋톱박스와 관련 기기는 통신회사와 TV 방송국과의 협력 없이는 생존할 수 없으며, 대기업과의 우호적이고 협력적인 네트워크 구축이 기업 생존과 성장에 직결된다. 1990년대 초부터 휴맥스가 유럽, 중동을 거쳐 중국과 아시아 그리고 최근에는 미국과 중남미 시장에서까지 크게 성공하고 있는 것은 '협업적 B2B 네트워크' 구축에 의해 가능했다.

휴맥스는 2014년 창업자인 변대규 사장이 이사회 의장으로 한 걸음 물러나고 전문 경영자를 새 CEO로 임명했다. 이를 볼 때 휴맥스는 앞서 언급한 강한 소유와 집착, 위계적 조직문화와는 다른 문화를 가진 기업으로 추측할 수 있다. 이처럼 다른 기업문화가 외부에서 협업적 생태계 조성으로 연장됐다는 주장도 가능하다.

협업적인 네트워크가 사업 성공에 결정적인 역할을 한 또 하나의 사례로서 앞서 소개된 송원산업을 들 수 있다. 1965년에 설립된 송원산업은 화학첨가제를 만드는 회사로 2세 경영자인 박종호 회장이 본격적으로 경영을 주도한 2003년 이후에 획기적으로 발전했다. 이 회사도 국내보다는 해외시장에서 훨씬 더 성공을 거뒀는데, 주력제품 분야에서 독일의 바스프에 이어 세계 2위의 시장점유율을 가지고 있다.

송원산업의 성공에도 협업적인 B2B 네트워크의 형성과 고객밀착 서비스가 결정적으로 작용했다. 특히 송원산업의 경영위원회는 여러 국적을 가진 전문경영인으로 구성되어 있으며, 매우 검소하고 수평적인 기업문화를 가지고 있다. 기업의 조직문화와 협업적인 외부 네트워크의 구축이 서로 관련성이 있다는 가설을 뒷받침하는 또 하나의 사례가 되겠다.

수직적 계열화에 나타나는 문제

협업적인 거래 네트워크 중 역사가 오래됐지만, 계속해서 사회문제가 되는 분야가 수직적 생산 계열화와 유통 계열화다. 원청회사와 하청회사로 구성되는 수직적 생산 계열화는 자동차산업과 전자산업에서 가장 두드러지게 나타난다. 이러한 네트워크에서 대기업과 중소기업의 관계가 어렵기 때문에 한국에서는 동반성장위원회라는 조직까지 만들어 문제를 해결하기도 한다. 거래 가격이나 거래 조건 등 독립된 두 기업 간의 시장거래를 정부나 외부 단체가 관여하기는 어렵다. 그러나 문제의 핵심은 독점 구매자인 원청회사와 여러 경쟁사 중 하나인 하청회사의 교섭력 차이다. 특히 원청회사가 전속적인 관계(다른 원청회사와 거래를 하지 못하게 하는 것)를 강요하는 등 공정거래에 반하는 행동에 대해서는 감시가 필요해 보인다.

유통에서의 수직적 계열화인 프랜차이즈에서도 때로 문제가 발생한다. 한국 경제의 큰 취약점 중 하나는 너무 많은 수의 소형 소매점과 영세 자영업이다. 이들 업종은 생산성도 낮고 생존율도 매우 낮다. 대부분 서비스업종인 이들 소매점이나 여관, 식당들을 조직화해 더 근대적인 경영과 마케팅의 혜택을 보게 하는 것이 우리 경제문제 해결에 도움이 될 것으로 보인다.

이런 관점에서 경쟁력 있고 협업적인 유통 네트워크의 성장이 매우 중요하다. 우선 프랜차이즈 본사와 가맹점 간의 정보 비대칭이 해소되도록 해야 한다. 앞서 언급한 정보 교류의 확대, 회계 투명성의 증가, 계약 위반의 사회적 비용 증가 등이 건전한 유통 네트워크 구축에 도움이 될 것이다. 대기업과 중소기업의 격차 확대가 시급한 사회문제로 인식되고 있는 한국의 기업 생태계 현실에서 네트워크의 혁신은 반드시 필요한 경제 혁신 방안이라고 할 수 있겠다.

포스코의 협력적인 기업 생태계 구축

한국 철강산업의 대표 기업인 포스코는 대규모 장치산업이고 산업 연관 효과가 높은 소재산업이라는 특성에 따라 많은 협력업체가 필요했고, 국내 재벌그룹의 수직적 통합 방식보다 협업적인 기업 생태계를 구축하면서 성장해왔다.

포스코의 생태계 구축 노력은 시기별로 크게 세 단계로 구분된다. 첫 번째 단계인 도입기(1999~2003)에는 전자상거래를 도입하고, 공정

거래 자율 준수 프로그램을 가동하는 등 거래 중소기업과의 공정거래 안정화에 주력했다. 두 번째 단계인 성장기(2004~2008)에는 국내 최초로 협력업체와 성과공유제benefit sharing를 도입했으며, 중소기업 전담조직인 동반성장사무국을 사내에 신설했다. 세 번째 단계인 정착기(2009~2015)에는 동반성장 및 공정거래협약의 범위를 2~4차 협력업체 및 포스코 그룹사로 확대하고, 임원들로 구성된 동반성장지원단을 가동했다. 특히 포스코는 보유한 유·무형의 자산을 활용해 협력업체와 중소기업의 사업화까지 지원함으로써 기업 생태계의 지속성을 강화하려고 노력했다.

2004년부터 국내 최초로 추진한 성과공유제는 협력업체와 공동으로 개선 과제를 수행하고 그 성과를 공유해 중소기업은 자율적 개선을 통한 체질 개선과 기술 개발을 도모하고, 포스코는 장기적인 차원에서 제품 경쟁력 확보를 실현하기 위한 제도다. 과제 수행을 통해 얻어진 재무성과에 대해 1년차는 전액 공급사에 보상하고, 이후에는 50 대 50으로 성과를 공유함은 물론 장기 계약 체결 등 각종 인센티브를 제공한다.

포스코는 2004년 이후 10년간 1000여 개 협력업체들과 이 과제를 수행해 누적 약 2000억 원, 2014년에만 544억 원 규모의 성과 보상을 실시했다. 2005년부터는 우수 공급사에 대해 PCPposco certified partner[9] 인증제도를 시행해 우수한 공급업체에 대해 해외 판로 지원, 장기 공급권 부여 등 전략적 파트너십을 강화하고, 글로벌 경쟁력을 가진 업체로 육성하고 있다. PCP제도는 시행 초기 26개사에 확대됐고 2014

년에는 그 수가 48개사에 이르고 있다.

포스코의 기술 지원은 2006년 테크노파트너십제도를 시작으로 본격화됐다. 이 제도는 내부의 기술연구소, 포항공대, 포항산업과학연구원RIST에 근무하는 900여 명의 박사급 연구 인력을 활용해 1∼3차 협력업체를 대상으로 맞춤형 기술 개발을 지원하는 제도다. 시행 초기 연 37개사에서 지속적으로 확대되어 2013년에는 108개 기업을 지원했고 2013년에는 130개사의 생산성 혁신을 지원했다. 2014년에는 연구 조직과 기술 서비스 조직을 통합해 철강솔루션센터를 만들고, 산하에 OID open innovation department를 구축해 우수한 아이디어와 노하우를 보유한 중소 고객사를 지원하기 시작했다. 또한 우수한 회사는 송도에 위치한 '포스코 글로벌 R&D센터'에 입주시켜 공동으로 핵심 기술을 개발하고 합작사업화까지 지원하는 체제를 구축했다. 2014년에는 5개사[10]가 송도연구소에 입주했고, 추가로 5개사가 협력을 검토 중이다.

경영 컨설팅 및 교육 지원은 2008년부터 본격화됐다. 포스코와 거래하는 중소기업을 대상으로 전국경제인연합회의 경영 자문단과 함께 협력해 추진한 경영닥터제를 시작으로 같은 해에 포스코 전문 인력을 활용해 혁신, 안전, 에너지, IT 등에 대한 맞춤형 컨설팅이 시행됐고, 온라인과 오프라인을 통한 교육 서비스도 제공됐다. 특히 2010년에는 포스코 임원으로 구성된 동반성장지원단을 출범시켜 맞춤형 컨설팅을 추진했으며, 다음 해에는 포스코 그룹사 임원으로 확대해 23개 그룹사 261명의 임원이 매년 약 150개사를 대상으로 컨설팅을 진행하고 있다. 2014년에는 이런 컨설팅 활동을 프로젝트 베이스로 개편해 단발성 지원이 아닌 성과 창출형 지원으로 강화했다.

중소 협력업체의 사업 성장을 위해 2006년부터 포스코가 보유한 특허기술을 공유해 사업화를 지원했으며, 최근에는 중소 고객사와의 사업 협력도 강화하고 있다. 이미 2008년에 국내 자동차 부품사인 오스템과 중국 장쑤성 곤산 시에 합작법인을 설립해 상해 GM向 차체 패널, 샤시모듈, 스틸휠 등의 부품을 공급하고 있으며 사업이 지속 성장해 2013년에는 제3공장까지 설립했다.

이런 부품사와의 합작은 GPB global platform business 모델에 기초한 추진 결과로서 포스코가 보유한 유·무형의 자산인 글로벌 자동차 회사와의 공급 관계, 주요 해외시장에서 직접 구축한 해외 가공센터, 자동차 강판 기술력을 플랫폼화해 포스코의 해외 가공센터와 부품사 간 합작 등을 추진한 사례다.

부품사가 80.1퍼센트의 대주주로서 경영권을 보유하고 포스코는 19.9퍼센트의 지분에 참여하면서 소재 공급권을 확보하고 있다. 2014년까지 12개의 합작법인을 구축한 포스코는 앞으로도 합작법인을 확대 추진할 예정이다. 2012년부터는 중소기업과 일반인들의 신규 아이디어를 사업화하도록 지원하는 아이디어마켓플레이스 행사도 시작했다. 기술 창업을 확대하기 위해 정부 및 벤처기업협회와 '대기업 및 중소벤처기업 창조경제협력' 협약을 체결하고, 벤처기업협회 내 포스코존을 운영하고, 포스코 벤처 홈페이지[11]도 개설했다.

이랜드의 해외 기업 생태계와의 연결

최근 추세를 보면 여러 나라에서 가치사슬이 분업화되는 경향을 보이고 있다. 중견 규모 이상의 대만 기업은 중국에 생산법인을 가지고 있으며, 최근에는 개발 업무도 본토로 많이 이전시키고 있다. 대만과 중국의 기업 생태계가 통합되고 있는 것인데, 대만 입장에서는 산업 공동화의 문제가 대두되고 있기도 하다. 1994년 북미자유무역협정 NAFTA의 출범 이후 멕시코와 캐나다의 기업 생태계도 미국과 통합되고 있다.

미국과 캐나다의 경우 자동차 같은 산업은 NAFTA 출범 이전부터 통합되어왔으나, 멕시코의 경우는 NAFTA 출범 이후 부가가치 활동이 점차 분업화, 전문화, 통합화되고 있다. 멕시코의 총 수출에서 미국의 비중은 75퍼센트를 넘는다. 한국 경제도 중국에 대한 수출 의존도가 25퍼센트에 달한다. 그러나 중국이 점차 생산 기지로서의 강점이 약화되면서 이제는 시장이나 연구개발, 나아가서는 자본의 원천으로서 중국의 비중이 커지고 있다. 이에 따라 국내에서도 성공했지만 특히 중국시장에서 더 크게 성공하는 기업들도 일부 나오고 있다. 그 대표적인 기업이 이랜드다.

이랜드는 1980년 이화여대 앞에서 오픈한 '잉글랜드'라는 작은 의류 매장에서 시작됐다. 1986년 주식회사 이랜드로 법인화하고 공채 1기를 채용했으며, 1989년 아동복 사업에 진출하면서 성장 단계로 진입했다. 1990년에는 시계 및 주얼리 시장에 진출했고 여성 캐주얼 분야에도 진출해 '로엠' 브랜드를 출범시켰다. 1993년에는 국내에서 5000억 원의 매출을 달성했고 계열 매장 수도 2000개가 넘었다. 1994년에는 국내 최초로 백화점식 아울렛을 오픈해 유통업에 진출했고 가격 합리화를 주도한 식품 사업과 프랜차이즈형 내의 브랜드 '헌트 이너웨어'도 출시했다. 1996년에는 가족 단위의 휴식문화 정착을 목표로 호텔산업에도 진출했다.

2000년 이후에도 이랜드는 공격적이고 확장적인 경영을 펼친다. 2003년에 데코, 뉴코아 등 2개 기업과 앙떼떼, 베이비루니툰, 뉴골든, 캡슨, 엘덴, 제이빔 등 6개 브랜드를 인수했다. 2005년에는 해태유통, 태창 내의사업 부문, 삼립개발, 네티션닷컴, 한국카르프 등을 인수합병해 규모를 키웠다. 이랜드의 사업 분야는 2015년 현재 Fashion(衣), Food(食), Living(住), Leisure(休), Retail(美), Theme(樂) 등 6개로 구분되며 각 분야는 다시 세분화된다. 예를 들어 패션 부문은 캐주얼, 스포츠, 아동, 숙녀, 내의, 잡화 및 주얼리로 나뉜다. 2013년 이랜드는 22개국에 116개의 법인을 가진 기업으로 성장했으며 종업원은 6만 5000명에 달한다. 그룹 매출은 10조4000억 원에 달하고 이 중 해외 매출이 2조8000억 원으로 전체 매출의 26.9퍼센트를 차지한다.

이랜드는 설립 초기부터 생산을 아웃소싱했고 마케팅은 프랜차이즈 방식을 선택했으며 기획과 디자인 및 유통에 주력했다. 고객이 제안한 아이디어를 제품 개발과 판매에 적극 반영했고 2005년 초에는 2000명에 달하는 대규모 고객체험단을 모집해 고객 주도의 마케팅도 추진했다. 이를 통해 기획, 디자인, 조달, 생산, 판매에 이르는 가치사슬 전반에서 다양한 이해관계자들이 서로 긴밀하게 연결되도록 했다. 수평적이고 개방적인 기업문화를 통해 협력업체와는 동반성장한다는 목표를 가졌다. 특히 기독교 정신에 기반한 정직 및 신뢰 경영으로 이해자 간의 협업을 성공적으로 이끌어냈다.

이처럼 이랜드가 국내에서는 드물게 강건한 기업 생태계를 구축한 기반은 무엇일까? 이는 이랜드의 4대 경영 이념인 나눔Sharing, 바름Rightness, 자람Growth, 섬김Serving에서 잘 나타난다. 나눔은 벌기 위해서가 아니라 쓰기 위해 일한다는 의미로 남에 대한 배려를 나타내고, 바름은 돌아가더라도 바른길을 가는 것이 지름길이기에 이익을 내는 과정이 정직해야 한다는 것이고, 자람은 인생의 학교라는 뜻으로 직장의 의미를 두고 기업의 성장과 함께 개인이 커가는 것을 강조하며, 섬김은 만족한 고객이 최선의 광고라는 의미라 한다. 이랜드는 이와 같이 기업은 소비자를 위해 운영되어야 한다고 강조한다.

이랜드의 경영 이념은 기업 구석구석에 배어 있어 고객과 관련 업체, 지역사회, 정부기관 등 이해관계자 모두에게 신뢰를 주었다. 이러

표 9-1 | 중국 법인 이렌의 패션 매출 추이 및 매장 수 (단위: 억 원, 개)

	1997	2000	2004	2007	2010	2013
매출액	25	91	735	4709	12000	21500
매장수	28	46	217	1621	3753	6200

자료: 이랜드 상하이 법인, 네이버 블로그(글로벌전략경영 인하우스컨설팅회사 ESI 공식 블로그)

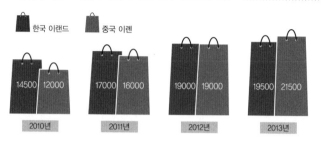

그림 9-1 | 한국 이랜드와 중국 이렌의 패션 매출 비교 (단위: 억 원)

한국 이랜드　　중국 이렌

14500　12000　　17000　16000　　19000　19000　　19500　21500

2010년　　2011년　　2012년　　2013년

자료: 네이버블로그(글로벌전략경영 인하우스컨설팅회사 ESI 공식 블로그).

한 신뢰는 투명한 재무관리 등에서도 그대로 나타나 1997년 외환위기 당시 파산위기에서도 해외 투자를 유치할 수 있었던 자산이 됐다. 이랜드의 또 다른 성공 요인은 남들과 '다르게 생각Think Different'하는 개방적인 기업문화다. 이랜드는 구성원이든 고객이든 협력업체이든 간에 다양한 생각과 아이디어를 내는 것을 장려한다. 이랜드의 지식 경영이 크게 성공한 것도 이러한 개방적인 문화가 있었기에 가능했다.

관리 시스템을 아무리 잘 만든다 해도 경영층과 구성원들이 열린 마음으로 대하지 않으면 성공하기 어렵다. 이처럼 이랜드는 국내 기업으로는 드물게 창업 초기부터 기업 생태계 구축에 노력을 기울여왔다. 그리고 기업 생태계 역량을 해외 진출에 연결시켜 가시적인 성과를 거두었다. 대표적인 사례로 이랜드가 중국에서 크게 성공한 것을 들 수 있다.

이랜드의 중국 진출은 1994년 이랜드월드 상하이를 설립하면서 시작됐다. 이후 상하이를 거점으로 주요 도시로 매장을 확장했다. 2001

그림 9-2 | 중국 이랜드의 주요 거점 도시

자료: 이랜드 홈페이지

년 '스코필드' 브랜드를 론칭했고 2003년에는 '이랜드 키즈' 브랜드를 출범했다. 이랜드의 중국 법인 '이롄衣戀'의 패션 매출은 1997년 25억 원에서 2013년 2조 1500억 원을 기록해 연평균 53퍼센트 증가했다. 매장 수도 28개에서 6200개로 늘어났다. 중국 이롄의 패션 매출은 한국 이랜드 패션 매출(1조 9500억 원)보다 크다.

이랜드 내부에서는 중국에서의 성공을 5P 관점에서 바라본다.

제품product에서는 제품의 고급화와 차별화를 추진했고 다롄, 칭다오, 상하이, 닝보, 둥관 등에 생산 기지를 구축했으며 다양한 브랜드를 출시해 상품 라인을 제때 확장했기 때문에 성공했다는 것이다.

가격price에서는 고가격을 유지해 낮은 가격을 무기로 한 중국 현지 업체와 차별화했고 고객의 명품 선호 심리 가격에 맞게 현지 소비자의 니즈에 부합했다.

유통place에서는 유통 경로의 차별화를 도모해 백화점 체인과 쇼핑몰을 동시에 공략해 유통망을 확대했고 직영 관리 체계를 도입해 시스템 통합과 통일된 관리 정책을 펼쳤다.

판촉promotion에서는 전사적 마케팅을 도입해 고객으로부터 출발하는 상품 기획 과정과 매장에 배치되는 모든 과정을 한 방향으로 통합했다. 이외 로열티 마케팅, 백화점 연계 마케팅, 집중 노출 지역 마케팅 등 다양한 기법을 동원했다.

사람person 측면에서는 본사에서 검증된 최고의 인력을 중국에 파견해 핵심 지식과 역량을 현지에 전파했고, 중국 내 3퍼센트 안에 드는 우수 대학 졸업자들을 채용해 교육, 해외 출장, 어학연수 등을 통해 인력의 현지화를 추진했다. 또 매월 평가를 통해 인센티브를 제공하고 기준 미달 인력을 퇴출시켰다.

이 같은 노력은 중국에 진출한 대부분의 기업들도 추진했다. 하지만 왜 이랜드 중국 사업만이 연평균 50퍼센트를 넘은 성장을 이루었을까? 이는 국내에서 성공한 기업 생태계를 중국에 성공적으로 확장했기 때문이라고 본다. 기업 생태계 확장에는 최고경영책임자가 앞장섰다. 창업자 박성수 회장은 매년 3개월을 중국에 주재하면서 현지 업무를 진두지휘했다. 국내 기업 총수 중 이런 CEO는 흔하지 않다. 기업 생태계의 해외 확장은 CEO의 의지가 제일 중요하다. 박 회장의 경영 이념과 리더십은 중국 현지에 그대로 이전되어 이윤의 사회 환원 및 정직한 정부 관계를 구축해 신뢰를 얻었다.

2011년과 2012년 이랜드차이나는 충실한 세금 납부 실적으로 상하이 정부가 주는 중화자선상中華慈善賞을 2년 연속 수상했다. 이랜드는 중국에서도 거래업체 혹은 이해관계자에게 술 담배, 금품 제공, 유흥 등 일체의 향응을 제공하지 않기로 유명하다. 그러나 고아원과 양로원 봉사활동, 재해지역 구호 활동, 낙후지역 교육 지원 및 장학금 지급 등 다양한 사회공헌 활동에는 노력을 아끼지 않았다. 또 기업문화 공유 등을 통해 중국인과 평등하게 하나가 됐고 그들을 이랜드인으로 만들었다. 중국 문화를 존중하고 중국에 공헌하는 기업이 되겠다는 목표를 갖고 사업을 추진한 덕분에 현지에서 다양한 생산 협력업체와 연결될 수 있었고, 완다그룹과 같은 대기업과도 협업 관계를 구축할 수 있었다.

강건한 기업 생태계의 속성

앞서 한국의 전통적인 가족 기업의 지배구조와 조직문화 특징이 지속적이고 수평적인 네트워크 구축에 장애가 될 수 있다고 설명했다. 그러나 최근에 와서 새로운 기업 조직이 실험 중이다. 바로 옐로모바일이라는 회사인데, 창업한 지 3년 만에 70개가 넘는 회사를 인수해 일종의 기업연합 형태로 운영되고 있다.

이 회사는 온라인쇼핑, 미디어, 광고, 관광, O2O 등 다섯 개의 사업 분야를 가지고 있으며, 주로 새롭게 부상하는 모바일 관련 산업에서 관련 기업들과 협력해 시장을 확대하고 시너지를 극대화하는 사업 방식을 추구하고 있다. 각 사업부별로 개별 기업이 가진 고객 네트워크를 통합한 뒤 공동 마케팅과 광고를 통해 견고한 고객 플랫폼을 형성, 빠른 성장을 도모하고 있다.

이 회사는 여러 가지 점에서 기존의 기업 형태와 다르다. 먼저 많은 수의 기업을 인수하되, 인수한 기업의 경영자가 그대로 경영을 하도록 함으로써 창업정신과 개별 기업의 기민성 및 변화 대응력을 유지하고 있다. 경영은 분권화되어 있고, 본사 기능은 전략, 재무, 윤리경영 등으로 최소화되어 있다. 인수는 주식교환 방식으로 해 70개 사의 CEO들이 주주이면서 경영자로서 공동의 이해관계를 가지고 협업하고 있다. 아직 상장은 하지 않았으나 회사 가치를 1조 원 이상으로 평가받고 있고 1000억 원이 넘는 벤처투자도 유치했다. 옐로모바일은 실험 중에 있고 아직 성공을 예단하긴 힘들지만, 한국의 전통적인 가족 기업과는 매우 다른 지배구조와 조직문화를 가지고 있다. 네트워크의 구축과 운영이 이 회사의 핵심역량이라고 할 수 있다.

옐로모바일은 앞서 언급한 기업 간 네트워크inter-firm network와는 다르다. 옐로모바일은 일단은 기업 안에 형성된 네트워크intra-firm network다. 그러나 네트워크가 기업 성공의 핵심역량이라는 점에서는 같이 논의할 필요가 있다. 비슷한 사업 모델을 가지고 있으나 훨씬 더 크고 성공적인 기업은 소프트뱅크다. 1981년에 재일교포 손정의에 의해 설립된 소프트뱅크는 2014년 750개의 자회사를 가진 기업이 됐으며 1300개 회사의 지분을 가지고 있다. 2014년 3월에 끝나는 회계연도에서 소프트뱅크의 매출액은 647억 달러, 영업이익은 105억 달러에 달했다. 지금까지는 주로 통신, 인터넷과 정보산업에서 기업을 인수해왔으나, 앞으로는 신재생에너지와 의료서비스에도 진출 계획을 가지고 있다.[12]

소프트뱅크도 인수 회사를 통합하지 않고 독자 경영 체제로 놔둔다. 각 자회사의 사장들에게 주식이나 스톡옵션을 주어 경영자의 이익과 회사 전체의 이익을 일치시키려는 점도 옐로모바일 사업 방식과 유사하다. 다수의 기업을 인수해 이들 기업에게 최대한 자율권을 주고 독자 경영하도록 하는 '연방형 네트워크 기업' 중 성공한 글로벌 기업은 꽤 있다. 중국 텐센트의 최대 주주인 남아프리카공화국의 미디어그룹 내스퍼스, 세계적인 마케팅 커뮤니케이션 회사인 WPP 등의 기업이 그렇다.

국경이 낮아지고 온라인과 오프라인의 경계가 허물어지면서 단시간 내에 산업을 선점하고 강력한 고객 네트워크를 구축하려는 새로운 경영 방식이 확산되고 있다. 내부 성장보다는 인수합병을 통한 성장, 중앙집권적인 강력한 통제보다는 각 회사의 자율권을 최대한 보장하는 연방형 조직이 등장하고 있다. 애플처럼 상당히 제한된 제품 라인을 가지고 있는 회사도 있고, 소프트뱅크와 같이 다양한 산업에 진출한 회사도 있다. 성장 방식, 다각화 정도, 경영 및 통제 방식 등이 다양해 어느 방식과 모델이 더 우수하다고 주장하기도 어렵다. 그럼에도 불구하고 여러 기업과 이해당사자를 네트워크로 묶어서 잘 관리하는 역량, 즉 네트워크 관리 기술은 앞으로 그 중요성이 더욱 커질 것으로 보인다. 그렇다면 강건한 네트워크를 만들기 위해서는 어떻게 해야 할까?

개방성

개방성이 폐쇄성보다 항상 더 좋은 것은 아니다. 애플의 iOS는 폐쇄형인 데 비해 구글의 안드로이드는 개방형이다. 안드로이드가 더 확장성이 있는 것은 사실이나, 애플은 OS을 통해 자사 제품 간 연결성을 강화하고 있다. 네트워크가 개방형이 되려면 가급적 수평적이어야 한다. 대만의 기업 생태계를 보면 개방적이고 수평적이다. 예를 들어 대만의 자전거산업은 분명한 리더 없이 수천 개의 부품 및 소재기업 및 조립 회사가 난립해 있는 것처럼 보인다. 그러나 자유로운 이합집산을 통해 대만의 자전거산업은 중국산 저가 자전거의 공세를 피해 고급 사양의 고가 자전거를 전 세계로 수출하고 있다. 개방적이고 수평적이며 외부 환경변화에 유연하게 적응하는 성공적인 기업 생태계다. 일반적으로 개방성은 확장 가능성이 매우 커서 폐쇄형보다 더 우월하다고 생각된다.

연결성

네트워크가 성공하려면 참여자 간에 서로 연결되어야 한다. 수직적인 위계조직에서는 정보와 의사소통이 상하로는 잘되지만 수평적으로는 잘 안 된다. 대표적인 것이 비밀 조직이나 관료 조직이다. 상위자가 자기 권력을 유지하는 방법 중 하나는 정보를 독점하는 것이며, 하부에서 올라오는 정보를 공유하지 않고 혼자 갖고 있는 것이다.

그러나 인터넷과 SNS가 확산되면서 정보 공유는 이제 일반화됐다. 효과적인 분권화를 하려면 조직의 하부에 있거나 현장에 있는 사람들도 가능하면 많은 정보를 가지고 있어야 한다. 조직이 분권화되면 단위 부서 간의 조정이 어려워지는데, 이런 조정비용을 축소하는 방법이 광범위한 정보의 공유가 될 것이다. 그래서 네트워크 내 단위 조직 간에는 연결성이 있어야 한다.

협업

협업collaboration이란 협력cooperation보다 한 단계 더 높은 기업 간 관계다. 협업은 기업들이 공동으로 문제를 해결하는 것을 의미한다. 한국의 어떤 글로벌 기업에 가면 현지 법인들이 '현지 완결형'이 되어야 한다고 주장한다. 생산, 판매, 개발까지 현지 사업에 필요한 모든 기능을 현지 법인이 수행해야 한다는 뜻이다. 많은 수의 현지법인이 현지 완결형 조직이 된다면 기업 전체의 비용이 크게 증가할 것이다. 글로벌 기업은 가치사슬을 나누어서 그런 활동을 하기에 가장 유리한 입지에서 집중화한 후 결합하는 것이 더 효율적이다. 다시 말하면 독자완결형보다는 분업 및 협업형이 더 효율적이다.

네트워크도 마찬가지로 협업이 원활해야 소기의 목적을 달성할 수 있다. 네트워크의 기본 개념은 전문화—분업—협업—통합의 과정을 거쳐 부가가치를 창출하는 것이다. 앞에서 B2B기업에서는 고객사와의 협업이 성공의 지름길이라는 점을 지적했는데, 이제 협업은 B2C기업에게도 요구된다. 개방형 혁신과 사용자 혁신도 일종의 협업형 네트워크다.

신뢰

네트워크가 제대로 작동하려면 구성원 간의 신뢰가 전제되어야 한다. 기업 이론에서 말하는 거래비용의 가장 큰 이유는 신뢰 결여에 있다. 구성원들이 서로 믿지 못하면 네트워크가 지속되기 힘들다. 신흥 시장에서 비즈니스 그룹이 성공하는 이유는 시장제도의 미발달이 원인이라는 이론이 있는데, 이 제도의 하나는 시장 거래를 지속시켜줄 계약제도와 거래 안정성이 포함된다. 한국의 재벌구조도 산업화 초기에 시장이 미발달해 기업이 많은 부가가치 활동을 내부화함으로써 형성된 면이 있다. 이제 이런 전통을 버리고 기업 외부에 네트워크를 만들어 각 기업이 강점을 갖고 있는 분야에 집중화할 필요가 있다.

그동안은 거래에서 신뢰를 유지하기 위해 인맥과 충성심에 의존해왔다면 이제는 제도적으로 신뢰를 구축하는 노력이 필요해 보인다. 소통과 정보 교환, 회계의 투명성 강화 그리고 기회주의적 행동에 대한 벌칙 강화 등으로 제도적인 신뢰 구축 방안을 강구해야 한다. 흔히 한국을 신뢰가 낮은 사회라고 말한다. 이 점을 극복하는 것이 네트워크 혁신의 전제 조건 중 하나가 되어야 할 것이다.

개방적이고 협력적인 네트워크 구축

기업이 지속 가능한 경쟁력을 갖기 위해서는 핵심역량을 보유하는 것만으로는 불충분하다. 기업이 속한 생태계를 강건하게 유지해야 한다는 주장은 비교적 최근의 각성이다. 이런 각성이 나오게 된 것은 크게 보면 두 가지 이유에서다. 그중 하나는 지속 가능한 경쟁력을 가지려면 협력업체, 외부 개발자, 고객과 소통하고 협력하지 않으면 안 되는 현실이다. 이런 네트워크를 통해 고차원의 경영전략을 짜야 한다. 다른 하나는 기업에 대한 사회적 요구다. 과거에는 기업이 수익 창출에만 집중하면 됐으나, 이제는 사회적 요구도 충족시켜야 한다. 기업의 사회적 책임 중 하나는 건전한 기업 생태계를 만드는 것이며, 특히 대기업은 사회로부터 중소기업과 상생 및 동반성장을 하도록 압력을 받고 있다. 이처럼 기업 스스로의 필요와 사회적 요구의 증가 때문에 생태계 관리는 기업의 전략이자 일상적인 과업이 됐다.

한국 기업들은 과거부터 합작이나 전략적 제휴에서 크게 성공적이지 못했다. 여러 사람이 합자해 사업을 하는 경우 분쟁이 생겨 결과가 좋지 않게 끝나는 경우가 더 많았다. 오죽하면 업계에 "합자는 절대 하지 말라"는 격언이 있을 정도다. 이처럼 기업 내·외부에서 협업이 잘 안 되는 것은 신뢰 부족 때문이다. 신뢰 부족은 미래에 대한 불확실성과 함께 기회주의적 행동을 부추긴다.

또한 기업문화가 위계적이고 중앙집권적이기 때문에 외부와의 접점 관리가 불투명하고 수평적이지 못한 점도 있다. 특히 협력업체나 백화점의 입점업체와 같이 상대적으로 교섭력이 약한 상대방에 대해 부당하게 대우하는 사례도 자주 문제가 된다. 또한 한국의 기업들이 기업을 가업으로 인식해 소유와 지배를 하려는 경향도 기업 간의 다양한 협력에 장애가 되어왔다. 따라서 네트워크를 잘 관리해야 하는 오늘날과 같은 상황에서 한국 기업은 지배구조 및 조직문화에 대한 새로운 검토가 필요해 보인다.

기업 생태계에 대한 또 하나의 시각은 생태계의 해외 연장이다. 기업 간 제휴와 협업이 국경을 넘어서 일어나고 있는 것이 현재 추세다. 글로벌화와 정보통신기술의 발달로 인해 기업의 가치사슬이 국제적으로 분할되어 수행되고 또한 통합되기도 한다. 소위 글로벌 생산이나 혁신 네트워크가 일반화되고 있는 것이다. 생산, 개발, 유통, 마케팅이 아웃소싱되고 자유무역협정FTA이나 관세동맹과 같은 경제 통합이 두 개 이상 나라의 기업 생태계를 통합시킨다. 1994년 NAFTA 출범 이후 멕시코의 기업 생태계는 미국과 통합됐고, 대만의 기업 생태계는 2010년의 경제협력기본협정ECFA 이전부터 중국과 통합됐다. 유럽도 1992년 단일시장 완성으로 생태계가 통합되어왔다.

한국은 과거 부품과 소재의 조달을 일본에 의존했고 최근에는 중국 시장에 대한 의존도가 높아졌다. 한국 경제는 이제 저성장의 국면으로 가고 있기 때문에 해외 진출이 꼭 필요할 뿐만 아니라 글로벌화 때문에 기업 경영에 필요한 여러 자원을 외국의 기업 생태계에서 조달하는 전략을 추구할 필요가 있다. 자본, 기술, 인재, 시장과 같은 중요한 자원을 미국, 일본, 중국 등 외국의 기업 생태계에서 조달하는 것을 습관화해야 한다. 이랜드는 일찍부터 중국의 기업 생태계에 자리를 잡고 지속적으로 성장해왔다. 최근에는 다른 화인華人 경제에도 적극 진출하고 있다. 한국 기업은 앞으로 창업과 혁신이 중요한 만큼 미국의 실리콘밸리와 같은 혁신 클러스터와도 적극적으로 연결하려는 노력을 해야 한다.

네트워크를 통한 기업 경쟁력 제고를 가능하게 하고 나아가 필수 전략이 되게 하는 것이 인터넷과 모바일을 통한 플랫폼 구축이다. 기술 기반의 네트워크는 기업 생태계 구축의 강력한 수단이 된다. 애플, 구글, 알리바바와 같은 인터넷 강자들은 이미 기술 기반의 네트워크와 운영 시스템 그리고 빅데이터를 가지고 강력한 플랫폼을 만들어 사업 확장의 수단으로 활용하고 있다.

기술, 디자인, 브랜드와 같은 경쟁우위를 성공적으로 만들어 세계 시장에 진출한 한국 기업들은 이제 새로운 도전에 직면해 있다. 기술, 원가, 브랜드와 같은 1차적인 경쟁우위를 넘고, 조직 역량이나 환경 대응력과 같은 2차원적인 경쟁우위도 넘어 성공적인 기업 생태계 구축을 통한 3차원적인 경쟁우위를 확보해야 하는 상황에 있는 것이다. 이 같은 과제를 해결하기 위해서는 과감한 인수합병 전략과 함께 글로벌 기업 생태계에 참여해 네트워크 관리 역량을 키워나가야 한다.

파괴당하기 전에 스스로 파괴하라

지금의 변화가 예사롭지 않다는 점은 서문에서 이미 지적했다. 세계 경제의 침체와 경제 중심의 이동, 지정학적 변화, 기술의 대전환과 기후변화에 따른 에너지산업의 변화 등이 지금 우리가 겪고 있는 대전환의 핵심 동인이다. 이런 가운데 한국 경제는 경제의 성숙과 고령화로 인해 저물가와 저성장의 디스인플레이션disinflation 시대로 접어들었다. 이를 종합해보면 지금까지의 경제 운용과 기업 경영 방식에 대한 전반적인 전환이 필요하다는 생각에 이른다. 지금까지 해오던 일을 더 잘하는 식의 혁신이 아니라 일하는 방식, 사고하는 방식, 조직을 운영하는 방식 등 우리의 생각과 전략과 조직을 전면적으로 수정해야 하는 시점이다. 정부도 마찬가지다. 과거의 산업정책과 정부 주도의 경제 운용 방식에서 탈피한 과감한 발상의 전환이 필요하다.

위기에 처한 한국 경제와 한국 기업

대전환 중에서도 특히 세 가지 변화에 대해 기업의 근본적인 성찰이 필요하다.

첫째는 한국 경제의 성숙기 진입에 대한 성찰이다. 인구동학과 자본의 한계생산성 체감 때문에 지금부터 한국 경제의 성장은 거의 전적으로 생산성 향상에 의존해야 한다. 생산성을 통한 경제성장은 연간 최대 2퍼센트 정도 가능하다. 이때의 생산성이란 단순히 노동생산성을 높이는 수준이 아니라 시스템 전체의 효율을 높이는 노력을 요구한다. 이러한 효율화나 경제의 업그레이드를 경제학자들은 총요소생산성total factor productivity, TFP의 향상이라고 부르는데, 총요소생산성은 경제 운용 방식의 효율화와 기업 경영 전반의 효율성 향상을 통해 가능하다.

경제 운용 방식이란 자본시장과 노동시장의 효율화를 통해 경제 전체의 자원 배분이 효율화되는 것을 의미한다. 이를 통해 이미 경쟁력을 잃은 산업에서 낮은 생산성밖에 올리지 못하고 있는 생산 요소를 생산성이 더 높은 산업으로 이동시킬 수 있어야 한다. 이것이 자본과 노동을 포함하는 요소시장 개혁의 핵심이다. 기업 경영에서도 마찬가지다. 이미 경쟁력이 약화된 사업을 유지하기보다는 새로운 기회를 포착하여 경영자원을 재배분하는 전략적 혁신을 해야 기업 차원의 경영 쇄신이 가능해진다.

둘째는 최근 광범위하게 일어나고 있는 기술변화에 대한 성찰이다. 최근의 기술변화는 단순히 와해적 disruptive 인 것이 아니라 총망라적 pervasive 이다. 다시 말해 모든 산업에 걸쳐 중첩적으로 동시에 일어나는 경향이 있다. 예를 들어 무인자동차는 센서, 인공지능, 빅데이터, 위성항법장치 GPS 등이 결합된 두뇌와 고도의 차량제어 기술이 결합된 로봇으로서 여러 기술이 총망라되어야 실현이 가능하다. 사물인터넷이나 신소재, 바이오 등 대부분 새로운 산업은 여러 기술이 융복합되어야 실현이 가능하다. 또한 사물인터넷과 3D프린팅 기술은 제조업과 결합되어 이제까지와는 다른 새로운 제조업의 패러다임 혁신을 가져올 것으로 여겨지고 있고 이미 독일 미국 중국 등에서는 국가 차원에서 정책적으로 추진되고 있다.

이런 총망라적인 기술변화를 주도하려면 시장이 열려 있어야 한다. 여러 분야의 기술들이 서로 융합되고 결합되려면 한 기업이 조직 내부의 자체 개발만으로는 한계가 있을 수밖에 없으며, 시장에서 거래를 통해 혹은 기업 간 협력이나 인수합병을 통한 개방형 혁신의 활용이 불가피하다. 여기에 한국의 폐쇄적이고 수직적인 기업 생태계의 한계가 있다.

과거처럼 기술 패러다임이 비교적 안정되어 있을 때는 표준화된 기술을 바탕으로 대량생산을 통해 원가를 낮추고 효율을 극대화한 기업이 시장을 지배할 수 있었다. 그러나 여러 기술이 계속 변화하면서 동시에 융합되는 시기에는 이런 기업 전략과 조직 방식이 더 이상 효과적이지 못하다. 여기에 한국 대기업의 심각한 약점이 있다. 대량생산을 가능하게 하는 대규모의 자본을 투자하여 과점 상태의 시장 진입장벽을 만들고 이에 안주하던 한국의 많은 대기업이 이제 더 이상 그런 보호막 속에서 살아남을 수 없게 된 것이다.

우리가 당면하는 여러 분야의 유동적인 기술변화는 미래의 새로운 산업을 창출하기도 하고, 기존 산업의 경쟁 방식도 급진적으로 변화시킬 수 있으며, 산업의 경계를 허물어뜨리기도 한다. 앞으로 무인자동차는 현재의 자동차 대기업이 주도하게 될까? 아니면 구글이나 테슬라 같은 신흥 기업이 주도하게 될까? 답은 현재로서는 분명하지 않다. 하지만 과거에 얽매이지 않고 새로운 기술변화에 선응적proactive으로 그리고 개방적으로 접근하는 기업에게 승산이 있을 가능성이 높다.

셋째는 한국 기업의 경영자와 지배구조에 대한 성찰이다. 한국의 대기업들은 1960~70년대 창업가들의 도전과 정부 산업정책의 합작품이다. 그 후 50년이 지나면서 지금의 한국 기업을 지배하는 리더 위치는 창업자의 2세, 3세들이 차지하고 있다. '부富가 3대를 가지 않는다'는 말도 있지만 2세, 특히 3세 경영자의 경우 일부를 제외하고는 대개 도전보다 수성守城에 집중하게 된다. 이는 그들에게 매우 자연스러운 일이다.

그러나 지금의 시대가 변화가 별로 없는 태평성대라면 문제가 없겠지만 현실은 그렇지 못하다. 앞서 언급했듯 근본적이고 광범위한 변화가 산업 곳곳에서 일어나고 있고, 자원의 재배분과 새로운 혁신이 절실한 시기다. 그리고 새롭게 부상하고 있는 중국 기업가들, 특히 알리바바의 마윈이나 텐센트의 마화텅 같은 경영자는 50세 전후의 창업가들이다. 미국 아마존의 제프 베저스나 구글의 세르게이 브린과 레리 페이지 같은 경영자들도 젊은 창업가들이다.

미국이나 중국의 창업가들이 보여주고 있는 비전이나 도전정신에 비해 같은 시대에 살고 있는 한국 대기업의 2세, 3세 경영자들이 갖고 있는 비전이나 기업가정신은 과연 어떤가? 또한 한국 대기업의 기업문화는 실패를 두려워하지 않고 도전과 혁신을 수용할 만큼 열려 있고 자유로운가? 한국의 은행이나 국유기업의 경영자들은 과연 어느 정도로 긴 안목을 가지고 경영에 임하고 있나?

이렇게 보면 문제는 심각하다. 세계적으로 기술과 산업이 근본적으로 재편되는 와중에 있는데, 과연 한국 기업은 미래 비전을 가지고 이러한 변화에 전략적으로 대응하고 있는가? 한국의 노동시장과 자본시장은 자원의 재배치를 가능하게 할 만큼 유연한가? 불행하게도 전혀 그렇지 못하다. 세계경제의 질서가 근본적으로 변하고 있는데 한국 경제는 필요한 구조조정을 할 정치 리더십이 보이지 않는다. 한국의 기업과 기업가들도 수성에 급급해 있고 조직은 경직되어 있다.

2015년 상반기에 국내 경제의 큰 뉴스 중 하나는 신규 면세점의 허가를 어느 기업이 받느냐였다. 지금이 정부의 사업자 라이선스에 대기업이 매달려서 일희일비해야 하는 시기인가? 전기자동차나 무인자동차, 로봇, 사물인터넷, 빅데이터, 딥러닝, 3D프린팅, 바이오, 신소재와 신재생 에너지 등 새롭게 부상하는 미래 산업에 전념해도 부족한 상황에 대기업들이 면세점 라이선스에 미래를 거는 현상은 현재 한국 경제에 얼마나 투자할 만한 사업이 없는지를 그리고 현재 한국 기업들이 얼마나 미래에 대한 비전과 도전정신이 없는지를 여실히 보여준다. 한국 경제와 기업은 총체적인 위기에 처해 있는데, 문제는 경제 주체들이 아직도 위기의식을 갖고 있지 못하다는 점이다.

어떻게 혁신해야 하나

그렇다면 한국 기업은 어떻게 혁신할 것인가? 혁신의 구체적인 방법에 대해서는 실제 기업의 사례를 중심으로 9개의 장에서 자세하게 설명했다. 일부 중복될 수도 있으나, 여기서는 앞에서 제시한 혁신 방안을 한국 기업의 현실과 접목시켜 다시 정리해보겠다. 이 책에서 혁신은 새롭고 유용한 아이디어의 실행을 통해 기업 경쟁력과 경영 성과를 높이는 모든 기업 활동으로 정의했다.

1장에서는 한국 기업들이 단지 더 좋은 제품과 서비스를 싸게 만들어 파는 단순한 비즈니스에서 탈피하여 '고객에게 제공하는 가치와 가치를 전달하는 활동 그리고 수익을 창출하는 사업 구조 통합 시스템'에서 경쟁사와 차별화되는 혁신적인 비즈니스 모델을 고민할 필요성을 제기하고 있다. 구체적으로 비즈니스 모델은 어떤 고객 세그먼트에 어떤 가치 제안을 어떤 마케팅 채널과 어떤 고객 관계 형성을 통해 제공함으로써 지속적인 수익 흐름을 가져갈지 그리고 이를 위한 핵심 자원과 핵심 활동은 무엇이고 어떤 핵심 파트너와 네트워크를 구축하여 유리한 비용 구조를 가져갈지를 결정하는, 모두 아홉 가지 요소로 구성된 비즈니스 모델 캔버스를 이용하여 정의할 수 있다.

이 장에서는 비즈니스 모델 캔버스 중 어느 부분을 어떻게 변화시켜 더 높은 성과를 지속적으로 창출할 수 있을지 웅진코웨이와 골프존의 사례를 통해 구체적으로 제시하고 있다. 하지만 이러한 비즈니스 모델 혁신은 한번에 끝나는 것이 아니라 환경변화에 따라 선제적으로 그리고 지속적으로 진화해야 하며, 이는 경영자뿐 아니라 조직 구성원 모두가 일상적으로 추구해야 할 혁신임을 강조하고 있다.

한편 다양한 전략적 혁신과 더불어 구체적으로 마케팅과 기술 개발에 있어서 어떤 혁신을 어떻게 해야 하는지도 제시하고 있다. 2장에서는 제품 중심 마케팅 1.0에서 소비자 중심 마케팅 2.0을 넘어 경제적 가치뿐 아니라 사회적 가치를 창출하는 마케팅 3.0 전략을 제시하고 있다. 배달의민족이나 카카오, 네이버 라인 성공 사례를 통해 마케팅 3.0으로 도약하기 위한 혁신 전략으로서 개방형 플랫폼을 기반으로 협력업체와 고객 등 다양한 사회 주체들과 기술 및 브랜드 역량을 공유하여 혁신 아이디어의 공동 창출과 동반성장하는 방안을 제시하고 있다.

특히 우버나 에어비앤비 등의 공유경제 비즈니스가 각광을 받는 것은 개인을 포함하여 가치를 창출할 수 있는 다양한 사업 주체가 참여할 수 있으며 창출된 가치를 공정하게 서로 공유할 수 있는 플랫폼이 제공됐기 때문이다. 모바일이나 SNS 등의 정보통신기술이 발전하면서 기술적으로나 사회적으로 개방과 참여, 공유의 가치 패러다임은 오픈소스소프트웨어 운동이나 온라인 무료 강의, 핀테크 등 이미 여러 분야에서 시작되고 있다. 따라서 기업은 다양한 협력업체와 공동으로 혁신을 도모하여 경제적, 사회적 가치를 창출하고 나누는 마케팅 3.0 시대에 맞는 열린 사고를 가져야 하며, 정부 역시 과감한 규제 완화 정책을 통해 기업들의 새로운 플랫폼 및 마케팅 혁신을 활성화할 필요가 있음을 주장하고 있다.

3장에서는 기술 혁신 전략 역시 그동안의 기업 내부 기술 개발 노력에서 탈피해 대학이나 연구소 그리고 고객 기업 등 다양한 외부기술 원천과의 전략적 제휴와 공동 개발 같은 개방형 혁신 전략이 필요함을 역설하고 있다. 그동안 한국 기업은 선진기술이나 제품을 신속하게 모방해 낮은 가격으로 경쟁하며 성장해왔다. 오늘날 선진기술을 추격하는 노력만으로 한계에 이른 한국 기업은 보다 창의적이고 혁신적인 기술과 제품 개발의 필요성을 절감하고 있지만 여전히 기존의 기술 개발 전략에서 벗어나지 못하고 있다. 특히 기술 인력이나 연구개발 자원이 부족한 중소중견기업의 경우 매우 집중된 기술 분야에서 국내뿐 아니라 해외의 무수한 기술원천을 보완적으로 활용하는 개방형 혁신 전략이 대안이 될 수 있다.

아모텍(B2B 제조기업)이나 아이센스(B2C 제조기업) 등 사례 기업들 역시 핵심기술 영역에 집중하여 선제적인 내부 연구개발 활동뿐 아니라 대학과 정부 출연 연구소, 고객 기업 그리고 벤처캐피털과 정부지원

자금 등을 효과적으로 활용하여 부족한 기술과 인력, 자금 그리고 유통망 등을 확보함으로써 월드클래스 300에 선정될 만큼 세계적인 히든챔피언으로 성장했음을 보여주고 있다. 또한 이러한 개방형 혁신 전략이 효과적으로 실행되기 위해서는 경영자의 비전과 리더십은 물론 핵심 기술 인력들이 주인의식을 갖고 기술 개발과 사업화를 주도할 수 있는 조직 환경이 필요함을 역설하고 있다.

결국 기업 조직 환경을 혁신적으로 구축하는 주역은 CEO의 리더십이다. 4장에서는 기업 내부에서 진행되는 변화와 혁신 과정이 결국 조직 관성 혹은 기존 경로를 파괴하고 새로운 경로를 탐색하며 기존 경로 결착을 해체함으로써 새로운 경로를 창출하며, 이 중 불필요한 혹은 비효율적인 경로를 정련하는 일련의 단계로 구성되어 있음을 설명하고 있다. 각 단계마다 리더는 위기의식, 갭 인식과 방향 제시, 외부 자극을 통한 인지의 재구조화, 새로운 루틴 및 시스템의 구축, 비즈니스 모델 변경 등의 역할이 필요함을 현대카드의 정태영 대표 리더십을 통해 구체적으로 제시하고 있다.

이 사례는 다른 기업을 모방하는 데 고착된 기존 기업이 변화와 혁신이 일상화되는 조직으로 변신하기 위해서는 역설적이지만 집권적 구조에서 강력한 경영자의 리더십이 매우 중요하다는 사실을 보여주고 있다. 경영자가 새로운 비전을 제시하고 혁신에 대한 선도적 리더십을 보임으로써 조직 구성원의 신뢰를 확보하면 얼마든지 혁신적인 조직 환경을 구축할 수 있다는 점에서 매우 고무적이다. 물론 조직이 모방에 고착화된 초기에는 혁신을 직접 선도하는 리더십으로 기존 조직의 변화를 가져올 수 있지만 혁신이 조직에 체질화되는 시점에서는 조직 환경을 통해 구성원이 스스로 변화를 주도하고 혁신하도록 하는 간접적인 리더십의 발휘가 필요함도 시사해주고 있다.

5장에서는 구성원들의 혁신적 활동을 활성화하기 위해 그동안 한국 기업이 효율을 추구하던 조직관리 및 인적자원관리 시스템과 어떻게 구조적으로 다른 조직 환경이 필요한지를 제시하고 있다. 조직 환경은 구성원의 행동에 영향을 줄 수밖에 없다. 따라서 업무 효율성과 혁신성 중 어느 것이 기업에서 더 중요한가에 따라 필요한 조직 환경은 달라지게 된다. 이 두 가지를 동시에 효과적으로 관리할 수 있는 조직 대안으로서 구조적 양손잡이 조직과 환경적 양손잡이 조직 특징을 소개한 후 구성원이 자발적으로 새로운 혁신과 협력을 통해 높은 성과를 창출할 수 있는 헌신형 인력관리시스템이 필요함을 역설하고 있다.

실제 월드클래스 300 기업으로 선정된 마이다스아이티와 고영테크놀러지 사례를 통해 한국 혁신형 중소기업에서도 구성원들의 역량을 높이고 스스로 도전과 혁신을 시도하는 기회와 동기를 제공하며 부서 간 수평적 협력이 이루어지는 문화를 가진 헌신형 인적자원관리 시스템이 높은 혁신 성과와 경영 성과를 가져오고 있음을 제시하고 있다.

6장에서는 비관련다각화로 성장해온 대기업을 중심으로 어떻게 구조조정과 혁신을 통해 보다 경쟁력 있는 사업 포트폴리오를 가진 기업으로 거듭날 수 있는지에 대해 살펴보았다. 대기업은 자신의 여유 자원과 핵심역량을 효과적으로 활용할 수 있는 관련 사업 분야로 확장을 하는 동시에 미래 성장 기회를 포착하기 위한 신규 역량을 확보할 수 있도록 선별적인 인수합병에도 적극적으로 나서야 한다. 대신 이러한 확장과 인수합병에 대비한 자원 확보를 위해 비관련 사업의 과감하고 신속한 매각도 동시에 필요하다. 또한 기존 핵심역량을 기반으로 수익성을 위한 사업과 신규 역량 확보와 성장 기회를 포착하는 사업을 분리하여 차별적으로 운영하되, 시너지를 추구하는 양손잡이 조직관리 방식을 통해 지속적으로 혁신할 수 있는 동태적 역량을 구축해야 한다.

아모레퍼시픽과 두산그룹 사례는 CEO가 기회주의적인 비관련다각화에서 탈피하여 핵심역량에 집중하는 과감하고 신속한 사업 매각과 신규사업 성장을 위한 인수합병을 통해 끊임없이 새로운 성공 방식을 개발하고 이를 다른 사업으로 확장하는 혁신을 함으로써 국제 경쟁력을 가진 사업 포트폴리오를 가진 전문 기업으로의 변신에 성공할 수 있었는지를 잘 보여주었다.

7장에서는 중견기업이 국제화 혁신을 위해 어떤 노력을 해야 하는지를 다루었다. 세계시장에 진출하는 데는 필연적으로 외국인 비용을 극복할 수 있어야 하며 이를 위해 최소한 제품 및 서비스 경쟁력을 보유할 수 있도록 부단한 기술 개발 노력을 해야 한다. 이와 동시에 각지역 시장에 맞도록 제품과 마케팅을 차별화하는 노력도 필요한데 자원이 부족한 중견기업으로서는 기술과 브랜드, 자금 및 유통 등의 자원을 외부에서 확보할 수밖에 없다.

휴맥스와 송원산업 같은 성공적인 국제화 기업들은 국내 대기업, 다국적기업, 현지 기업과의 합작이나 전략적 제휴 혹은 글로벌 경험을 가진 인재의 영입 등 다양한 기업 간 네트워크 구축을 통해 이를 잘 해결했다. 물론 해외시장 진입 초기 구축된 기업 간 네트워크 역시 국제화가 진행되고 환경이 변화하면서 끊임없이 진화되어야 한다. 이를 선도하는 역할은 바로 CEO의 리더십과 기업가정신임을 두 중견기업의 국제화 혁신 성공 사례가 잘 보여준다.

마지막 8장과 9장에서는 산업 생태계 및 제도적 환경 조성을 통해 보다 혁신적인 기업들이 많이 창출되고 성장할 수 있도록 하기 위한 제안을 하고 있다. 8장에서는 새로운 혁신적 기업의 창업과 육성 그리고 성장을 위한 기업의 제도적 환경에서 가장 중요한 자원은 바로 인재와 자금의 유입이며, 우수한 인재와 풍부한 자금이 신규 창업에 몰리는 미국과 달리 왜 우리는 모두 대기업에 매달리는지 그 이유를 비교 분석하고 있다. 그 이유는 바로 미국의 경우 능력 있는 인재가 벤처기업으로부터 위험 감수에 대한 충분한 잠재적 보상을 받을 수 있는 기회가 주어지는 반면 우리는 그렇지 못하기 때문이다.

따라서 이를 해결하기 위한 방안으로서 먼저 한국 벤처기업들은 지분이나 스톡옵션을 통해 먼저 우수한 인재를 유치하고 동기를 부여해야 한다. 우수한 인재가 모이면 자본은 따라올 수 있다. 다만 창업자나 경영자가 경영권 방어를 할 수 있도록 차등의결권을 가진 주식 발행 같은 제도적 환경변화가 필요함을 역설하고 있다. 앞서 소개한 골프존도 경영자가 우수한 연구개발 인력을 영입하고 또 벤처캐피털로부터 외부 자금을 투자받아 차별적인 기술 및 비즈니스 모델 혁신에 성공하여 시장을 선도하는 자리에 올라설 수 있음을 잘 보여주고 있다.

9장에서는 산업 생태계에 대해 다루고 있다. 기업 생태계는 소비자나 고객, 공급자, 경쟁자, 보완 제품이나 서비스 제공자, 금융기관, 기술 원천, 정부 규제기관 등 상호 의존적이며, 경쟁과 협력관계에 있는 다양한 주체들로 구성되어 있다. 이런 생태계는 그 자체가 기업 간 네트워크로서 그 안에 활동하고 있는 기업들의 성과에 기업 내부의 핵심 역량 요인 못지않게 큰 영향을 미친다. 여기서는 국내 기업 생태계가 왜 대기업 중심의 수직적 폐쇄적 구조를 갖게 됐는지 그리고 이러한 생태계가 한국 기업의 혁신을 어떻게 저해하고 있는지를 설명하고 있다. 그 이유는 바로 한국 기업의 지배구조로서 오너 경영자의 배타적 지배와 소유에 대한 집착과 위계적인 조직문화, 나아가 이런 문화가 다른 협력회사 간의 관계에서 확대되어 나타나기 때문이다.

이를 해결하고 혁신을 보다 활성화하며 경쟁력을 높이고 있는 세 기업 사례를 소개하고 있다. 먼저 대기업으로서 개방적, 수평적 산업생태계 조성을 위한 포스코 사례와 국내 생태계의 한계를 벗어나 중국을 비롯한 신흥시장의 생태계와 연계 확장하는 데 성공한 이랜드 사례 그리고 기업 내부의 네트워크 생태계 비즈니스 모델을 실험하는 옐로모바일 사례를 통해 새로운 생태계 혁신 전략을 제시하고 있다. 즉 개방성과 연결성, 협업과 신뢰를 기반으로 하는 산업 생태계 조성이야말로 한국 기업이 보다 혁신적으로 거듭나기 위한 3차원의 경쟁력이 될 수 있다.

이와 같이 각 장에서는 혁신 주제별로 개별적인 혁신 전략에 대해 소개하고 있지만 공통적으로 제안하는 한국 혁신 기업의 핵심적인 개념은 개방, 협력, 공유 그리고 신뢰라고 할 수 있다.

그동안 우리는 개별 기업 차원에서 경쟁력을 높이기 위한 혁신 전략에 대해 고민해왔다. 그러나 작금의 기술 및 시장 경쟁 환경은 기업으로 하여금 외부의 다양한 혁신 원천을 어떻게 효과적으로 활용할 수 있으며 이들과의 상생적인 협력 네트워크 자체를 어떻게 차별적인 경쟁력으로 확보할 수 있을 것인지에 대해 새로운 과제를 던져주고 있다. 아무리 큰 기업이라 해도 조직 내부에 혁신에 필요한 인력이나 자금을 모두 보유한 경우는 없다. 그보다는 조직 외부에 훨씬 더 많은 혁신 기회와 자원이 존재한다. 이제 한국 기업은 어떻게 조직의 경계를 넘어 외부에서 혁신 기회와 자원을 전략적으로 확보하고 활용할 수 있을 것인지를 고민해야 한다.

이 책은 한국 기업이 보다 다양한 외부 혁신 원천들과 개방적이고 협력적인 사업 네트워크를 형성하여 새로운 가치를 창출하고, 창출된 가치를 협력 파트너 및 사회의 이해관계자들과 공정하게 공유함으로써 신뢰를 구축할 방법에 대해 시사점을 제공하고 있다. 그러기 위해서는 먼저 조직 내부에서부터 신뢰를 기반으로 보다 개방적이고 협력적인 조직문화가 형성되어야 한다고 주장한다. 그리고 이런 변화를 주도하는 주체는 바로 기업 경영자임을 강조하고 있다.

경제 주체별 혁신 과제

한국 기업이 그동안 추구해온 관리와 효율 중심의 경영 방식은 과거 한국이 선진기업을 추격하고 따라잡는 데 큰 기여를 했음은 부인할 수 없다. 강력한 하향식 경영은 일사불란함으로 스피드를 높일 수 있었고, 경영자의 합리적인 선택과 집중 전략 그리고 내부의 치열한 경쟁은 효율성은 높이고 단기적인 성과에 큰 기여를 한 것이 사실이다. 몇 년 전 애플 아이폰이 출시된 이후 삼성전자가 빠른 추격자 전략으로 스마트폰 시장에서 애플을 누르고 세계 시장점유율 1위에 오를 수 있었던 것도 바로 이런 관리와 효율 중심의 경영 방식이 탁월한 성과를 가져왔기 때문이다.

그러나 여기에는 여러 잠재적인 문제점과 위협 요소들도 상존한다. 예를 들어 관리와 효율을 추구하다 보면 실패 위험을 기피하게 되고 새로운 성장 기회를 모색하는 노력은 위축될 수밖에 없다. 수직적이고 하향식 경영은 구성원들의 창의적인 노력과 자율성을 억제하게 되고 수평적인 협력 대신 부문 이기주의를 가져올 위험이 존재한다. 폐쇄적인 비즈니스 모델은 외부의 수많은 혁신과 자원을 활용할 기회를 놓치는 우를 범할 수밖에 없으며 제조 마인드에 갇혀 서비스 혁신 같은 새로운 비즈니스 모델의 창출도 어렵게 만든다. 지나친 합리주의는 구성원의 감성과 신뢰, 배려 측면에서 문제점을 가져올 수 있고 단기 업적 성과에 매몰됨으로써 장기적인 역량을 창출하는 데 소홀히 할 위험으로 작용할 수 있다.

한국 기업이 시장선도자로서 새로운 산업을 창출하고 스스로 게임의 법칙을 만들어나가기 위해서는 관리와 효율 중심의 잠재적 위험을 극복하고 창의와 혁신 중심의 경영 방식을 추구하지 않으면 안 된다. 이를 위해 이 책은 기업의 비전과 전략을 창의와 혁신에 우선순위를 두고 경영 방식뿐 아니라 조직구조와 문화, 리더십 그리고 평가나 보상제도 등에 있어 새로운 접근이 필요하다고 주장한다.

예를 들면 내부적으로 구성원의 주도성과 창의성, 열정을 끄집어낼

한국 기업의 강점과 혁신 기업으로의 변신

한국 기업의 강점	한국 기업의 잠재적 위협	한국 기업이 나아가야 할 방향
관리와 효율 중심	실패 위험 기피와 성장 기회 실기	창의와 혁신 중심
수직적 하향식 경영 (속도와 일사불란함)	구성원의 창의적 아이디어와 임파워먼트 미흡	수평적 상향식 경영 (구성원의 창의적 아이디어 활성화와 전략적 활용)
구성원에 대한 인식	노동을 제공하며 충성심이 높고, 근면하며, 똑똑한 직원 선호	재능을 투자하며 주도적이고 창의적이며 열정적인 직원을 선호
순혈주의	폐쇄적 사업 모델	개방적 사업 모델 혁신
운영 프로세스 혁신	제조 마인드(inside-out)	고객 주도의 혁신(outside-in)
선택과 집중	창발적 혁신과 신규사업을 위한 여유 자원 부족	신규사업 개발 탐색 조직 (구조적 양손잡이 조직)
합리주의	감성과 배려 미흡	신뢰와 공동체 조직문화 (환경적 양손잡이 조직)
내부 경쟁	부문 이기주의와 사일로 현상	지식 공유와 시너지를 위한 상생 협력 (플랫폼 리더십)
성과주의	단기 업적 치중	장기 비전의 혁신 역량과 균형

수 있도록 수평적이고 상향적인 경영 방식을 추구하는 동시에 신뢰를 기반으로 한 공동체 문화를 조성할 필요가 있다. 외부적으로도 고객이나 대학과 같은 기술원천, 협력업체 등과 공동으로 역량을 개발하고 공유하는 개방형 혁신이나 개방형 비즈니스 모델로의 변신이 필요하다.

이를 위해 보다 장기적인 안목으로 단기 성과뿐 아니라 지속적으로 동태적 역량을 구축해나가야 하며 조직관리 방식에 있어서도 현업 성과를 위한 활용형 조직과 미래 사업 창출을 위한 탐색형 조직을 이원화하는 양손잡이 조직을 운영하는 방법도 고려할 필요가 있다. 이 모든 변화의 정점에는 바로 CEO의 전략적 의지와 혁신을 구체화하는 리더십이 요구된다. 앞의 표는 이런 한국 기업의 강점과 문제점 그리고 변화 방향을 요약하고 있다.

대기업의 혁신 과제

현재 한국의 대기업에게 가장 필요한 혁신은 지배구조와 조직의 혁신이다. 지금처럼 소유경영자가 전권을 휘두르며 하부 조직의 창의성과 자율성을 약화시키면 혁신은 기대하기 힘들다. 산업화 초기의 창업자는 경험도 많았을 뿐 아니라 부하들과의 대화나 교류가 훨씬 수평적이었다.

SK그룹의 최종현 회장은 그룹의 핵심 전문경영자는 부하가 아니고 동료라는 점을 여러 차례 강조했다. 현재 대기업 그룹에서 과연 회장이 전문경영자를 어떻게 생각하고 대하는지에 대한 냉정한 반성이 필요하다. 과연 몇 명의 대기업 회장들이 핵심 임원들을 동료로 생각하고 있을까? 또한 대기업 집단의 핵심 임원들이 회장을 보스가 아닌 동료로 생각하고 있을까? 지금의 사업 환경은 매우 불확실하다. 이런 불확실한 상황에서는 조직에서 다양한 의견이 표출되고 때로는 엉뚱한 발상도 존중되어야 한다. 그러나 한국의 대기업은 관료화되고 경직되어 있다. 전문경영자가 소신 있게 아이디어를 내고 소유 경영자에게 직언하는 문화는 아니다. 경직되고 보수화되고 관료화된 한국 대기업의 조직문화를 바꾸지 않으면 현재의 불확실한 대전환에 제대로 대응할 수 없다.

한편 소유 경영자가 경영에 참여하지 않는 은행이나 공기업(국유기업)은 다른 지배구조 문제 때문에 제대로 작동되지 않고 있다. 한국의 시중은행은 기업보다 더 관료화되고 보수화되어 있다. 우선 CEO(회장)의 임기가 짧게는 3년으로 한정되고, 회장의 선임 과정에 정치권이 개입하는 현재의 여건에서는 CEO가 10년을 내다보는 개혁을 할 수가 없다.

예를 들면 은행의 국제화에는 적어도 10년이라는 사전 투자와 리스크 감수가 필요한데, 3년 임기의 회장이 장기적인 안목으로 의사결정을 하기에는 무리일 수밖에 없다. 대주주의 영향력이 약하다 보니 노동조합이 경영에 간여하는 상황도 만들어진다. 그 결과 과점 상태에 있는 한국의 시중은행은 기업이라기보다는 관공서 같은 조직문화를 가지고 있다. 정부가 지배하는 공기업(이미 민영화된 공기업을 포함해)도 대리인 비용 문제가 심각하기는 마찬가지다. 대주주나 주식 시장이 기업을 규율하지 못하고, 노조의 경영 간섭과 정치권의 개입으로 인해 한국의 공기업은 가장 비효율적인 기업이 되어 있다. 그럼에도 불구하고 한국 사회에서 공기업의 민영화는 이미 10년째 금기어가 되어 있고 민영화의 폐해에 대해 온갖 유언비어가 회자되고 있다.

종합해볼 때 한국 대기업이 혁신을 제대로 하려면 지배구조와 기업 문화의 혁신이 우선되어야 한다. 그러기 위해서는 시장의 작동이 더욱 강화되어야 한다. 자본시장의 혁신을 통해 경쟁력 없는 기업은 시장에서 퇴출되어야 한다. 주식시장도 역할이 확대되어야 한다. 이제는 대기업 집단의 가족 경영에 대한 여러 제도적인 대안도 검토되어야 한다. 차등의결권제도나 공익재단의 기업 주식 보유 확대 등을 통해 기업에 대한 지배권은 안정시켜주고, 그 대가로 창업자 가족을 기업 경영의 일선에서 물러나게 하고 전문경영자가 책임 경영을 할 수 있도록 제도적인 변화를 모색해야 한다.

전문경영자에게는 더 많은 권한과 책임과 보상을 줘야 한다. 동시에 회계 투명성과 이사회의 감시와 규율은 더욱 강화되어야 한다. 민간 기업이든 공기업이든 간에 역량 있는 경영자를 양성하고 선발해 이들이 적어도 10년 이상을 내다보고 경영을 하도록 여건을 만들어줘야 한다. 현재의 단기 업적 평가제도에 의존하는 한 장기적 관점의 경영과 혁신은 기대하기 어렵다.

좀 더 구체적으로 전문경영자의 리더십과 역할을 생각해보자.

첫째, 리더는 냉정하게 외부 환경변화를 파악하여 향후 바람직한 기업의 비전과 성과 수준을 제시한 후 기존의 경영 방식을 통해 달성할 수 있는 성과 수준과의 격차 혹은 갭이 얼마나 되며 이를 극복하기 위해 필요한 전략과 역량이 무엇인지 판단해야 한다. 그러기 위해서는 과거의 관행이나 방식을 더 잘하는 것 혹은 다른 기업에 대한 벤치마킹이나 모방 혹은 추종에 머물러서는 안 된다. 늘 새롭고 차별화된 미래에 대해 고민하는 것이 경영자의 가장 중요한 임무임을 잊지 말아야 한다. 다시 말하면 혁신이야말로 한국 기업의 가장 중요한 생존 전략이다.

둘째, 조직 내·외부적으로 혁신을 기반으로 한 장기 비전과 전략적 의지를 천명하며 구체적인 전략의 수립과 이를 효과적으로 실행할 수 있는 조직 환경을 구축해야 한다. 이때 가장 필요한 것은 그동안의 성공 방식이 갖는 한계를 분명히 인식하고 이 함정으로부터 벗어날 수 있는 과감한 인식의 전환이라 할 수 있다.

앞의 표에 제시되어 있듯 이러한 인식의 전환을 위해서는 기존의 내부에서 외부를 바라보는 혹은 과거에서 현재를 바라보는 'inside out' 마인드에서 외부에서 내부를 바라볼 수 있는 혹은 미래에서 현재를 바라볼 수 있는 'outside-in' 마인드로의 변신이 무엇보다도 요구된다. 현재의 기업 상황을 과거에서 혹은 내부에서 바라보면 무엇이 절실한 문제인지 파악하기가 쉽지 않다. 그것은 과거 모든 내부 구성원의 부단한 노력의 결과가 현재이기 때문이다. 반면 미래의 바람직한 비전을 달성한 시점에서 혹은 고객이나 외부의 시각으로 현재를 바라본다면 한국 기업의 현재 모습이 갖는 여러 가지 문제와 위협 요소를 통찰할 수 있게 된다.

셋째, 현재의 기업을 혁신적으로 변화시키기 위해서는 역설적이지만 하향식의 수직적 리더십도 효과적일 수 있다. CEO가 강력한 의지를 갖고 일관되게 혁신의 중요성과 절박성을 역설함으로써 전체 구성원과 공감을 하게 되면 효율적으로 조직의 변화를 가져올 수 있기 때문이다. 그러나 유의해야 할 것은 혁신의 기폭제와 방향을 제시하는 데 있어 강력한 동력을 가져다주는 CEO의 리더십은 구성원의 경영자에 대한 의존도를 높이게 됨에 따라 혁신이 조직에 체질화되는 데는 걸림돌이 될 수도 있다.

조직 변화 과정이 진행됨에 따라 경영자의 리더십 역할은 모든 조직 구성원이 자율적으로 창의적 아이디어를 제안하고 혁신적인 시도를 주도하며 수평적으로 협력이 원활히 이루어지는 환경을 구축하는 데 초점을 두는 것으로 변화해야 한다. 즉 혁신을 맨 앞에서 진두지휘하는 야전사령관 리더십에서 혁신이 조직의 DNA가 될 수 있도록 조직을 구축하는 건축가organization architect 리더십으로의 변화가 필요하다. 이 역할이 중요한 것은 끊임없이 변화하는 초경쟁 환경에서는 혁신이 단지 한두 번의 이벤트로 끝나는 것이 아니라 지속적으로 이루어져야 하며 혁신 역량 자체가 동태적으로 진화되어야 하기 때문이다.

예를 들어 GE의 전설적인 CEO였던 잭 웰치가 20년간 혁신을 추구했던 방식을 되돌아보면 초기 5년은 강력한 리더십과 위기의식을 기반으로 대대적인 인수합병과 구조조정, 다운사이징을 주도했다. 이후

5년은 속도와 자신감, 단순함을 추구하는 새로운 조직문화를 구축하고 외부 모범 사례의 학습과 내부 개선을 통한 프로세스 역량 강화, 경영자의 리더십과 핵심 인재의 능력을 증진시키기 위한 교육과 평가 보상과 같은 인적자원관리 시스템을 구축하는 데 초점을 기울였다. 이후에는 각 조직이 갖고 있는 지식과 경험을 서로 공유하는 벽 없는 조직 운동과 도전적인 목표를 추구함으로써 자연스럽게 기존 방식을 재검토하여 새로운 혁신에 도전하게 하는 문화 그리고 기존 제조업에 서비스 혁신을 더하는 방식의 변화를 꾀함으로써 변화와 학습을 기반으로 한 조직을 구축하기 시작했다.

은퇴가 가까워지면서 웰치는 식스시그마 혁신과 핵심 인재 양성 그리고 이비즈니스e-business로의 변신을 시도했다. 이러한 변신의 궁극적 의도는 기존 조직이 현상status quo에 안주하지 않고 환경변화에 선제적으로 대응하는 자기파괴적인 혁신을 일상화하려는 데 있었다.[1] 즉 CEO가 진두지휘하지 않아도 조직 자체의 환경이 구성원이나 다른 경영자들이 스스로 더 높은 목표를 달성하기 위해 부단히 현상을 타파하고 변화와 혁신을 시도함으로써 계속적으로 진화하는 동태적 역량을 체질화할 수 있도록 하고자 한 것이다. 물론 웰치가 이러한 장기적인 관점에서 혁신을 주도할 수 있었던 것은 CEO로서 20년간 재직할 수 있도록 한 GE의 지배구조가 배경에 있었기 때문이다.

마지막으로 한국 대기업의 경영자들은 내부 조직의 혁신뿐 아니라 외부 다양한 혁신 주체들과의 개방적이고 협력적인 네트워크 구축에도 눈을 돌려야 한다. 앞서 이야기했듯 기존 산업 경쟁 체제를 근본적으로 뒤흔들 수 있는 최근의 총망라적인 기술의 변화뿐 아니라 혁신 패러다임 자체가 조직 변경을 넘어 외부 혁신 원천과 협력하지 않으면 생존할 수 없도록 변화했기 때문이다. 최근 이노센티브나 나인시그마 같은 플랫폼을 통한 크라우드소싱이나 리눅스와 같은 오픈소스 소프트웨어와 아두이노Arduino와 같은 오픈소스 하드웨어가 어느덧 상당한 비중을 차지할 만큼 증가하고 있으며, 애플의 앱스토어에서 보듯 애플의 내부 개발자보다 훨씬 많은 외부 개발자들과 사용자들이 애플을 위해 앱을 개발하고 애플은 이들과 혁신 성과를 공유함으로써 경제적 성과뿐 아니라 충성 고객층을 확대하고 있다.

이 밖에도 P&G나 레고, 3M 등은 이미 선도사용자와 다양한 외부의 혁신 원천을 자사의 혁신 과정에 참여시켜 더 적은 연구개발 투자로 더 높은 혁신 투자수익률을 올리고 있다. 이들 기업의 특징은 바로 개방형 혁신을 위해 내부의 폐쇄적인 조직문화를 바꾸고 NIH not-invented-here 증후군[2]을 극복했으며, 나아가 외부 협력 파트너와의 혁신 성과를 공정하게 분배함으로써 신뢰를 기반으로 하는 명성 혹은 평판자본reputational capital을 구축하게 됐다는 점이다.

더 중요한 것은 이를 통해 더 많은 외부의 혁신 원천들이 자발적으로 협력하기 위해 모여들고 있다는 점이다. 그 결과 이들 기업들은 경쟁력 있는 생태계를 구축할 수 있게 됐고 지속적인 혁신 성과를 창출함으로써, 경쟁사가 쉽게 모방하지 못하는 3차원적 경쟁력 원천을 보유하게 됐다.

한국 대기업들도 그동안의 폐쇄적이고 수직적인 협력업체 관리 방식에서 벗어나 보다 개방적이고 협력적이며, 공정한 분배를 통한 신뢰에 기반한 생태계 구축을 통해 보다 효율적이고 효과적인 혁신 성과를 창출해야 한다.

중소중견기업의 혁신 과제

대기업의 혁신 선결과제가 지배구조라면, 중소중견기업의 핵심적인 혁신 과제는 기업 역량의 제고다. 중소기업이나 중견기업은 기업 실적에서 차지하는 CEO의 영향력이 훨씬 크다. 특정 중소기업의 성공은 사실상 창업자에 의한 것이라고 봐야 한다. 그러나 중소기업이 CEO의 개인적인 그릇보다 더 크려면 조직의 역량이 강화되어야 한다.

그러려면 우수한 인재를 영입해서 그들에게 권한과 책임을 주고, 나아가서 성과에 대해서 확실한 보상을 해주어야 한다. 때로는 주식을 주고 관리자와 회사의 이익이 일치되도록 해야 한다. 조직 역량 중에서도 기업의 핵심적인 역량, 즉 기업특유우위의 확보에 중점적인 노력을 기울여야 한다. 그것은 기술일 수도 있고, 고객밀착서비스일 수도 있고, 상황에 따라서는 국제화일 수도 있다. 제품의 경쟁력, 사업 프로세스의 효율성과 고객밀착서비스 등 기업의 성공에 직결되는 역량 개발에 자원과 인력을 집중적으로 투입해 CEO의 역량에 준하는 기업특유우위를 확보해야 한다.

구체적으로 중소중견기업이 혁신 기업으로 거듭나기 위해서는 적어도 세 가지 요건이 갖춰져야 한다. 이 세 가지 요인은 개별적으로도 중요하지만 상호 관련성이 높아 동시에 시너지를 낼 수 있도록 추진되어야 한다.

첫째, 비록 제한된 사업 영역에서라도 경쟁력 있는 제품이나 서비스 혁신을 이루어야 한다. 이를 위해서는 기술 혁신뿐 아니라 가치사슬 전반에서의 비즈니스 혁신이나 마케팅 혁신 역시 필요하다. 경쟁력 있는 제품이나 서비스 없이는 지속적인 성장과 국제화 진출이 어렵기 때문이다. 특히 가격 경쟁에만 의존하면 미래를 위한 역량 개발 투자는 고사하고 당장의 생존이 어려워질 수 있고 대기업 의존적인 구조에서도 탈피하기 어렵다. 비록 소수이긴 하지만 한국의 글로벌 강소기업의 경우 다른 기업이 쉽게 모방하지 못하는 제품 경쟁력을 기반으로 가격 경쟁을 회피하고 대기업의 수직적이고 폐쇄적인 거래 관행에서 자유로울 수 있으며 해외시장으로 진출하는 사례가 이 책에서 소개되고 있다.

둘째, 비록 제품 시장 영역은 좁긴 하지만 지역 시장 영역을 확장함으로써 사업을 성장시키기 위해서는 해외시장으로 진출해야 한다. 중소중견기업이 국제화하기 위해서는 외국인 비용을 지불하고도 경쟁할 수 있는 제품이나 서비스를 기반으로 장기적인 안목에서 지속적인 노력을 기울이지 않으면 안 된다. 상대적으로 OEM 방식이 쉽긴 하지만 종속적 위치에서 벗어나기 어려운 점을 감안하면 OBM 혹은 합작, 전략적 제휴 등의 다양한 국제화 전략을 모색할 수 있다. 이때 부족한 기술이나 인력, 마케팅, 브랜드나 유통망 등의 자원을 외부 협력업체와의 네트워크 형성을 통해 확보 활용할 수 있어야 한다. 이러한 국제화를 추진하기 위해 가장 중요한 것은 CEO의 전략적 의지와 리더십이다. 국내 인력으로 해결하지 못하는 부분을 채우기 위해 해외 인력을 영입하거나 협력업체와의 장기적인 신뢰관계를 구축하는 노력은 CEO의 의지를 필요로 하기 때문이다.

셋째, 마지막 요인은 조직 구성원이 제품이나 서비스의 혁신과 국제화 혁신을 주도할 수 있도록 조직 환경을 구축하는 CEO의 리더십이다. CEO가 경쟁력 있는 제품이나 서비스를 개발하고 해외시장으로 진출하는 활동 모두를 직접 진두지휘하면 좋겠지만 현실적으로 어려운 경우가 많다. 대신 CEO는 미래의 바람직한 비전을 제시하고 인재를 중시하여 유능한 인력을 영입하고 이들이 자신의 역량을 발휘할 수 있도록 조직 환경을 구축하며 그 결과 달성한 성과의 혜택을 공유함으로써 이들을 동기부여시킬 수 있는 리더십을 발휘해야 한다. 경영자는 자신의 기업에 우수한 인재가 들어오고 싶어 하게 만들고 이들이 자신의 역량을 마음껏 발휘할 수 있도록 조직 환경을 만들 수 있는지 진지하게 고민해야 한다.

사실 경영자의 비전이 얼마나 많은 사람들에게 공감을 주고 동참할 수 있을 만큼 신뢰를 줄 수 있을 것인지에 따라 기업 성장의 한계가 달라질 수 있다. 웰치 시절 GE의 핵심역량은 "세계에서 최고의 인재를 육성하거나 영입할 수 있고, 이들이 매일 더 높은 목표를 달성할 수 있도록 역량을 키워주고 기회를 제공하는 것"이라고 정의하고 있다. 이러한 비전에 맞는 조직 환경을 만들기 위해서는 자율적이고 개방적이며 수평적으로 협력할 수 있도록 해줘야 한다. 이 책에서는 실패를 두려워하지 않고 주도적으로 새로운 아이디어와 도전을 할 수 있도록 권한을 부여하고 이들에게 필요한 지식과 역량을 키워주고 공유하게 하며 성과에 따라 충분한 경제적, 심리적, 사회적 보상을 제공해주는 조직 운영 방식이 필요함을 제시하고 있다.

보상 자원이 부족한 중소중견기업의 경우 유능한 인력을 영입하고 동기부여를 하기 위한 방안으로 스톡옵션이나 주식배당, 이익공유제, 새로운 경험을 통한 향후 경력 개발 기회의 제공 그리고 차등의결권제도 도입을 통해 가능함을 제안하고 있다. 결국 CEO의 영향력이 클 수밖에 없는 중소중견기업이 성장하고 혁신 기업으로 변신하기 위해서는 CEO의 리더십과 결단이 필수불가결하다고 할 수 있다.

정부의 역할과 혁신 과제

대전환의 시기에는 정부도 발상의 대전환을 해야 한다. 우리 경제가 지난 50여 년 동안 괄목할 만한 성장을 통해 선진국 수준으로 발전하게 된 것은 정부 정책결정자들의 혜안과 적극적인 산업정책이 큰 역할을 해왔음을 부인할 수 없다. 과거 정부는 우리 경제에 필요한 새로운 산업을 선정하고 제한된 자원을 관련 대기업들과의 인프라에 집중 투자함으로써 큰 성공을 거둘 수 있었다. 그 결과 조선, 철강, 전자, 석유화학, 자동차 등 일부 산업에서 세계적인 시장점유율과 국제 경쟁력을 가진 글로벌 기업을 육성할 수 있었다. 하지만 이런 정부 주도의 산업정책 성공 방식이 향후에도 계속 효과적일지는 의문이다.

우선 선진기업을 추격하는 시대와 달리 현재 탈추격을 도모하고 있는 한국의 경우 향후 시장과 기술, 경쟁의 변화, 불확실성이 과거와는 크게 달라 사전에 어떤 신흥산업이 어디서 어떻게 생겨날지 그리고 이 산업에서 어떤 기업이 어떻게 성공할지 예측하고 계획하는 것이 점점 어려워지고 있기 때문이다. 게다가 이런 초기 신흥산업의 변화에 대한 정보와 지식은 정책결정자보다 현장에서 치열하게 경쟁하고 있는 산업체나 연구자들이 더 빨리 더 많이 그리고 더 깊게 갖고 있는 경우가 많기 때문이다.

따라서 정부 역시 과거의 성공 방식에서 벗어나 한국 기업의 혁신을 활성화할 수 있는 새로운 정책적 패러다임의 변화가 요구된다.

첫째로 정부는 산업정책의 마인드에서 벗어나야 한다. 산업정책이란 정부가 미리 승자를 정해 자원을 몰아주고 시장을 보호해주는 정책이다. 대표적인 방식이 수백 혹은 수천 개의 기업을 지정해 이들 기업에게 정부의 자원을 몰아주는 것이다. 이런 방식의 직접적인 기업 육성 방식은 이제 지양되어야 하며, 요소시장을 활성화해 유망 산업과 기업으로 자원이 전달되도록 해야 한다. 우선 노동시장의 경직성을 풀어주어야 하며, 자본시장이 제대로 역할을 하도록 해야 한다. 경쟁력을 상실한 기업에 투입되어 있는 자본과 인력이 다른 데로 갈 수 있도록 해야 한다. 부실화된 기업을 계속 생존시키는 것은 여러 면에서 경제의 경쟁력을 약화시킨다. 보조금을 받거나 생존하기 힘든 좀비

기업은 저가격을 통해 건강한 기업의 수익성도 좀먹는다. 단기적인 고용이나 사회 안정 때문에 경제의 근본적인 경쟁력을 훼손해서는 안 된다.

둘째로 정부는 기술 우선주의의 환상에서 벗어나야 한다. 한국은 이미 GDP의 4퍼센트 이상을 연구개발에 투입하고 있으나, 앞서 지적한 새로운 기술 개발에서 주도적인 역할을 하지 못하고 있다. 지금의 첨단산업인 무인자동차, 전기자동차, 로봇, 바이오, 소재, 신재생에너지, 인공지능, 사물인터넷이나 클라우드 컴퓨팅 등 미래 신산업에서 한국 기업의 약진이 크게 눈에 띄지 않는다.

그 이유는 한국의 국가혁신시스템이 폐쇄적이기 때문이다. 시장과 유리된 연구개발은 성공하기 힘들다. 대학에 대한 기초연구 지원이라면 어차피 장기적인 성과를 보고 지원하기 때문에 당장의 상업화나 사업 성공을 기대하기 힘들다. 그러나 사업화나 실용을 위한 연구개발 예산도 시장의 수요나 상업적 성공 가능성과 크게 관련이 없이 정부부처나 관료들의 인위적인 선택에 의해 자원 배분이 이루어진다. 이런 방식의 연구개발 예산 배분은 중단되어야 한다. 기업, 대학 출연 연구소의 협업은 물론, 해외의 주요 연구 주체들과 협업이 이루어지도록 시스템이 재설계되어야 한다. 한국의 국가혁신시스템은 개방적이고 협업적인 방향으로 수정되어야 하며, 시장이 활성화되어 자원이 유망 산업과 기업으로 흘러가도록 해야 한다.

셋째로 산업의 구분이 없어지는 것에 맞추어 정부의 조직과 부서 및 규제가 대폭 바뀌어야 한다. 예를 들면 앞으로는 자동차 부품의 50퍼센트가 전기 및 전자 부품이 될 것이다. 그렇게 되면서 자동차산업과 전자산업의 구분이 애매해졌다. 그러나 우리 정부의 조직은 기존 산업의 정의와 경계에 따라 관리하는 부서가 다르고 법이 다른 구조로 되어 있다. 또 다른 예로는 소위 '핀테크'라고 불리는 금융산업의 변화다. 이제는 카카오나 네이버 같은 회사가 결제 기능을 수행하게 되고, 신용카드와 스마트폰이 결합되게 됐다. 한편 중국 정부는 알리바바와 같은 회사의 금융 기능을 대폭 용인하고 있고, 미국은 애당초 규제가 많지 않은 나라이기 때문에 이런 신산업이 활발하게 전개되고 있다.

한국에서는 예를 들면 크라우드펀딩과 같은 혁신도 규제 때문에 활성화되지 못하고 있다. 한국에서는 정부의 부처와 개별 국이나 과까지도 자기의 관할 산업과 영역이 있고 관리의 법적 근거가 있기 때문에 해당 산업과 정부부처가 하나가 되어 신규 진입을 막고 규제를 통해 기득권이 있는 기업을 보호하는 형국이다. 한마디로 지금의 대한민국 정부의 조직은 기술과 산업의 변화에 제대로 적응하지 못하고 있다. 역대 정부가 규제 철폐를 항상 우선적인 정책으로 추진했지만, 아직도 성과가 지지부진한 것은 바로 정부 조직과 운영 방식이 시대의 변화를 쫓아가지 못하고 있기 때문이다.

마지막으로 장기적인 안목으로 국가 정책의 일관성을 유지하고 보완하는 것이 필요하다. 그동안 한국은 정권이 교체될 때마다 정책의 초점과 철학이 바뀌면서 일관된 정책 실행이 이루어지지 못하고 있고 시류나 정치적 이해관계에 따라 바뀌어왔음을 부인할 수 없다. 하지만 한국 경제의 지속적인 성장과 한국 기업의 국제 경쟁력을 강화하기 위한 정부의 혁신 관련 정책은 정권과 상관없이 일관되게 추진하지 않으면 안 된다. 특히 정책적 효과가 단기적인 경우라면 몰라도 기업의 혁신 역량을 키우고 구체적인 성과가 나타나기 위해서는 인력이나 관련 기술 개발뿐 아니라 혁신 시스템의 물리적, 제도적 인프라의 구축과 혁신 주체들 간의 공정한 경쟁과 생산적이고 협력적인 신뢰관계가 형성될 수 있도록 사회 규범과 생태계 조성 등의 간접적이고 장시간이 소요되는 정부 정책이 요구되고 있기 때문이다.

따라서 정부는 장기적인 안목에서 정책적 일관성을 유지하면서 실행 과정에서 나타난 예기치 않은 시행착오나 부작용을 해결하고 새로운 환경변화에 따라 보완하는 노력이 필요하다. 그렇지 않으면 정부 정책의 변화에 따라 혁신 주체들의 도덕적 해이나 기회주의적인 행동을 유발하는 부작용을 초래할 수 있기 때문이다. 한국 경제와 기업이 이제까지의 추격 패러다임에서 벗어나 진정으로 창조와 혁신을 선도하기 위해서는 과거의 성공 방식에서 벗어나 새로운 패러다임의 정책적 변화가 인내심을 갖고 장기적으로 추진되기를 절실하게 기대한다.

대표저자 정구현, 김영배

1장

1 2013년에는 구글이 총 1조2000억 원으로 1위를 차지했고, 2014년에는 직구가 총 1조7000억 원에 이른 것으로 추산된다.

2 'Connect & Develop'의 약자로 외부의 아이디어와 기술을 내부의 것과 결합시켜 새로운 제품을 개발하는 것을 의미한다.

3 'Free+(Pre)mium'의 결합어로, 일정 부분까지는 무료로 제공하고 그 이상은 유료로 제공하는 방식을 의미한다.

4 베타 버전은 소프트웨어나 하드웨어 제품이 출시되기 전에 미처 발견하지 못한 결점을 찾아내기 위해 일반인에게 무료로 배포해 제품 테스트와 오류 수정에 사용되는 제품을 말한다.

- 골프존 홈페이지 www.golfzon.com 및 각 사업연도 연차보고서
- 코웨이 홈페이지 www.coway.co.kr 및 각 사업연도 연차보고서
- 바디프렌드 홈페이지 www.bodyfriend.co.kr 및 각 사업연도 연차보고서
- IBM, "Expanding the Innovation Horizon," *The Global CEO Study*, 2006.
- Christoph Zott, Raphael Amit and Lorenzo Massa, "The Business Model: Recent Developments and Future Research," *Journal of Management*, July 2011.
- Michael Porter, *Competitive Advantage* (The Free Press, 1985).
- Constantinos Markides, "Strategic Innovation," *Sloan Management Review*, Spring 1997; W. Chan Kim and Renee Mauborgne, *Blue Ocean Strategy* (Harvard Business School Press, 2005).
- Alexander Osterwalder and Yves Pigneur, *Business Model Generation* (John Wiley & Sons, Inc., 2010).

- 고광범, "라인, 세계 1억 명의 메신저로… 일본 총리실·태국 경찰도 사용," 〈조선비즈〉, 2013년 3월 9일자.
- 김민기, "네이버 '라인', 성공요인은 '다양성'," 〈뉴시스〉, 2013년 8월 22일자.
- 김지연, "3억 5000만 명의 시대! 글로벌 메신저 '라인(LINE)'의 성공요인은?," 〈인벤〉, 2014년 2월 25일자.
- 김효정, "[신년 특집 | 온라인 교육 혁명] 하버드대 최고 인기 CS50을 안방에서 mooc 200 퍼센트 활용법," 〈주간조선〉, 2340호, 2015년 1월 12일자.
- 네이버 홈페이지 www.navercorp.com/ko
- 네이버, "2014년 3분기 실적," 2014년 10월 30일자.
- 숍윈도 홈페이지 shopwindow.naver.com/home.
- 서지혜, "네이버의 도전… 라인 성공 비결은?," 〈헤럴드경제〉, 2013년 11월 25일자.
- 아이디어오디션 홈페이지 www.ideaaudition.com.
- 양효석, "글로벌 SNS 반열… '라인' 성공비결은 '절박함'," 〈비즈니스워치〉, 2013년 11월 27일자.
- 유진투자증권, "핀테크Fin-Tech 금융에서 본 핀테크, IT에서 본 핀테크," 유진투자증권, 2015년 1월 27일
- 윤재언·추동훈, "배달앱 수수료 파괴 '치킨게임'," 〈매일경제〉, 2015년 1월 9일자.
- 이상헌·하준영, "카카오, 카카오를 통해 본 라인의 가치," 하이투자증권, 2013년 4월 24일자.
- 이상헌·하준영, "NHN, 라인의 가치가 반영될 시기," 하이투자증권, 2013년 4월 24일자.
- 이선애, "네이버, 라인, 수익성 개선은 지금부터," IBK투자증권, 2014년 10월 31일자.
- 이은민, "네이버와 다음카카오의 서비스 동향," 정보통신방송정책, 26(19), 19-28.
- 이초희, "네이버, 쇼핑 O2O 플랫폼 '샵윈도' 서비스 공개," 〈아시아경제〉, 2014년 11월 21일자.
- 정우철·우윤철, "'라인'과 '네이버재팬' 2013년이 기대된다," 미래에셋증권, 2012년 10월 8일자.
- 조윤정, "ICT업계의 금융업 진출에 따른 시장영향 분석," KDB산업은행, 〈산업이슈〉, 50-68, 2013년 12월 9일자.
- 조진호·정용제, "네이버, 4Q 실적 컨센서스 부합 전망," 미래에셋증권, 2015년 1월 9일자.
- 최윤미, "네이버, LINE의 플랫폼 경쟁력에 대한 확신," 신영증권, 2014년 3월 13일자.
- 키즈노트 홈페이지 www.kidsnote.com.

- 하영원, "고객과 가치 공유한 마케팅 3.0, 한계와 발전 방향은?," 〈동아비즈니스리뷰〉, 116, 2012년 11월.
- 홍원상, "[新유통인] 음식배달 앱 市場의 60퍼센트 장악 '주문 순간에도 재미 느끼세요'," 〈조선일보〉, 2015년 1월 21일자.
- 황정수, "다음카카오 위협하는 잠재매물 980만株," 〈한국경제〉, 2014년 10월 8일자.
- KBS파노라마, "한국경제, 플랫폼으로 진화하라," 〈KBS〉, 2014년 10월 17일자.
- LINE 홈페이지 line.me/ko

3장

1 한국 정부는 매년 세계적인 수준의 기술 경쟁력과 제품 경쟁력을 확보한 기업을 'World Class 300'으로 선정하고 있으며, 2011년부터 2014년까지 126개 기업이 순위에 올랐다.

2 아모텍의 성장 전략과 경영을 소개한 김영배의 《전자부품장비의 강소기업》, 지성사, 2011년을 참고했으며, CEO 강연, IR 자료, 연차보고서 등도 참고했다.

3 김영배, 《전자부품장비의 강소기업》, 지성사, 2011년.

4 이들 제품은 모두 별도의 회사를 설립해 개발했으나, 1998년 외환위기 직후 미래에셋증권 등 15개 외부 기관으로부터 투자를 유치하면서 아모텍이라는 하나의 회사로 합병됐다.

5 당시 이 제품의 경쟁 기업은 미국의 AVX, 일본의 TDK, 유럽의 EPCOS 그리고 한국의 세라텍 등이 있었으나 상대적으로 개발 시점 격차가 크지 않았고 이제 막 시장이 형성되던 시기였다.

4장

1 Sydow, J., & Koch, J., "Organizational Path Dependence: Opening The Black Box," *Academy of Management Review*, 34(4), 2009: 689-709.

2 정태영 현대카드 사장, "여러 회사에서 '영감' 얻어…누구도 안 간 영역에 도전," 〈한국경제〉, 2014년 10월 17일자. http://m.hankyung.com/apps/news.view? aid=2014101608201

3 "파격적 자율… 신속한 결정 창의력을 키운다," 〈동아비즈니스리뷰〉, 2008년 2호. http://www.dongabiz.com/Business/HR/article_content. php?atno=1201000701&chap_no=1

4 Schein, E., "Models and Tools for Stability and Change in Human Systems,"

Reflection, 4(2), 2002; 34−46.

5   이것을 Schein은 생존불안(survival anxiety)이라고 정의했다.

6   앞의 연구.

7   "마케팅으로 세상을 바꾼다: 현대카드," 〈서울경제〉, 2010년 6월 28일. http://
     economy.hankooki.com/lpage/industry/201006/e2010062816142947430.
     htm

8   "정태영 현대카드캐피탈 사장 '디테일은 고객과 멋지게 대화하는 방법론'," 〈중앙일보〉,
     2009년 5월 2일. http://article.joins.com/news/article/article.asp?Total_
     ID=3593155

9   앞의 신문.

10   이하의 내용은 〈동아비즈니스리뷰〉(2008)를 참고했다.

5장

1   식스시그마제도란 프로세스의 품질을 높이기 위해 100만 개 산출물 중 3.4개 이내(6
     sigma)로 예외를 제한하는 경영 혁신 프로그램을 말한다. 품질의 안정성과 효율성을
     높일 수 있는 반면 다양성을 제한함으로써 창의성과 급진적인 혁신 성과에는 부정적
     인 효과를 갖는 것으로 알려져 있다.

2   Brian Hindo, At 3M, "A Struggle between Efficiency and Creativity," *Business
     Week*, June 11, 2007.

3   이경묵·홍길표, "성공적인 한국기업집단의 경영체제 특성과 미래방향 모색," 〈인사
     조직연구 특별호〉, 2014: 1−38; 김양민·서정일, "한국 대기업의 성공적인 성장요인:
     내외부적 요인과 전략적 특성들," 〈인사조직연구 특별호〉, 2014: 95−144; 김성수·
     박지성·박미혜, "한국기업의 전략적 인사관리: 조직역량 구축을 중심으로," 〈인사조
     직연구 특별호〉, 2014: 145−174.

4   이춘우, "한국기업의 조직문화: 조직문화적 역량관점과 공유가치 DNA 구조 관점에
     서의 한국 대기업의 성장동력 탐색," 〈인사조직연구 특별호〉, 2014; 95−144.

5   조영호, 《21세기형 인적자원관리, 한국노동연구원편》, 명경사, 2002. 예를 들어 양
     (量) 중시 경영에서 가치 중시 경영, 성장 확대주의에서 견실 이익주의 모방, 돌관 방
     식에서 혁신 창조 방식, 가족주의에서 이익공동체주의로의 전환이 필요하다.

6   신동엽·구자숙·정동일, "IMF 위기 이후 한국 인사조직경영의 패러다임 전환: 특별
     포럼의 의의와 목적 그리고 학문적 과제," 〈인사조직연구〉, 19(2), 2011; 1−29.

7   배종석, 《인적자원론》(제2판), 홍문사, 2012.

8   C. O'Reilly and M. "Tushman, The Ambidextrous Organization," *Harvard*

Business Review, 2004: 74–83.

9   J. Birkinshaw and C. Gibson, "Building Ambidexterity into an Organization," *Sloan Management Review*, 45(4), 2004: 47–55.

10   헌신형 인적자원관리 시스템은 고성과 작업 시스템High Performance Work System, HPWS 혹은 고관여High Involvement 인적자원관리 시스템과 마찬가지로 역량 증진, 동기부여 증진, 기회 증진의 세 가지 차원으로 구성되며, 여기서는 서로 같은 용어로 사용하고자 한다(K. Jiang, D. Lepak, J. Hu, and J. Baer, "How Does Human Resource Management Influence Organizational Outcomes? A Meta-analytic Investigation of Mediating Mechanisms," *Academy of Management Journal*, 55(6), 2012: 1264–1294. 참조).

11   P. Patel, J. Messersmith, and, D. Lepak, "Walking the Tight Rope: An Assessment of the Relationship Between High-performance Work Systems and Organizational Ambidexterity," *Academy of Management Journal*, 56(5), 2013: 1420–1442.

12   고몰입 인사 시스템이 혁신에 긍정적인 효과를 가져온다는 연구 결과는 다음 문헌을 참고했다. 김동배·이인재, "인사 관행이 기술 혁신에 미치는 영향," 〈인사관리연구〉, 33(3), 2009: 1–26; 김건식, "고성과 작업 시스템이 기술 혁신에 미치는 영향: 혁신 분위기와 인적 자본의 매개 효과를 중심으로," 〈인사조직연구〉, 21(1), 2013: 65–109; 헌신형 인사 시스템이 양면 조직에 적합하다는 연구 결과는 다음 문헌을 참고했다. 배종석·박오원·황인섭, "양면성 혁신 전략, 헌신형 인적자원관리 시스템 및 기업성과," 〈산업관계연구〉, 20(1), 2010: 21–52.

13   마이다스아이티 사례는 회사 홈페이지와 내부 자료, CEO 및 경영진과의 인터뷰 그리고 류랑도, 《우리가 꿈꾸는 회사》, 쌤앤파커스, 2012년을 참고했다.

14   고영테크놀로지 사례는 회사 홈페이지와 내부 자료, CEO 및 경영진과의 인터뷰를 기반으로 작성됐다.

6장

1   Christensen, C. M., Alton, R., Rising, C., and Waldeck, A., "The New M&A Playbook," *Harvard Business Review*, 89(3), 2011: 48–57.

2   Ramachandran, J., Manikandan, K. S., and Pant, A., "Why conglomerates thrive (outside the U.S.)," *Harvard Business Review*, 91(12), 2013: 110–119.

3   Franko, L. G., "The death of diversification? The focusing of the world's industrial firms, 1980 - 2000," *Business Horizons*, 47(4), 2004: 41–50.

4 Nippa, M., Pidun, U., and Rubner, H., "Corporate portfolio management: Appraising four decades of academic research," *The Academy of Management Perspectives*, 25(4), 2011; 50−66.

5 한국 경제 및 기업의 성장 과정에 대한 고찰과 향후 과제 및 전망에 관해서는 다음 저서를 참고했다. 정구현,《우리는 어디로 가고 있는가》, 청림출판, 2013년; 정구현,《한국 기업의 글로벌 경영》, 위즈덤하우스, 2008.

6 McGrath, R. G., "Transient advantage," *Harvard Business Review*, 91(6), 2013; 62−70.

7 양손잡이 조직 이론은 5장에 상세히 소개되어 있다.

8 양손잡이 조직관리에는 효율을 추구하는 조직과 혁신을 추구하는 조직을 구분해 운영하는 동시에 최고경영층이 이들을 통합하는 구조적 양손잡이 방식과 한 조직 내에서 구성원들이 효율과 혁신 업무의 균형을 이룰 수 있도록 조직 환경을 조성하는 조직 환경적 양손잡이 방식이 있다. 전문화된 중소중견기업들과 달리 다각화된 대기업의 경우 다른 조직 운영 방식을 동시에 사용하는 구조적 양손잡이 방식이 적합하다. O'Reilly, C. A., and Tushman, M. L., "The ambidextrous organization," *Harvard Business Review*, 82(4), 2004; 74−83.

9 "이재용 부회장 '삼성, 2년 후엔 전혀 다른 모습으로 변해 있을 것'," 〈조선일보〉, 2015년 5월 6일자.

10 삼성그룹 계열사 중 특히 시장의 영업이익 추정치와 실제 발표된 실적 간 괴리율이 10퍼센트(적자 전환 포함)를 넘어 '실적 쇼크'로 볼 수 있는 계열사는 제일모직(−85.91퍼센트), 삼성SDI(−77.09퍼센트), 삼성중공업(−74.78퍼센트), 삼성물산(−66.83퍼센트), 삼성엔지니어링(−18.70퍼센트), 에스원(−16.74퍼센트), 삼성SDS(−12.07퍼센트) 등 7곳이나 됐다. "삼성그룹 계열사 절반 1분기 '실적 쇼크'," 〈연합뉴스〉, 2015년 5월 11일자.

11 "이재용 부회장 '남과 중복되는 사업은 안 한다. 자동차 진출 없을 것'," 〈조선일보〉, 2015년 5월 7일자.

12 O'Reilly, Charles A., Harreld, J. Bruce, and Tushman, Michael L., "Organizational ambidexgterity: IBM and emerging business opportunities," *California Management Review*, 51(4), 2009; 75−99.

13 Ghemawat, Pankaj E., *Strategy and Business Landscape*, (Boston: MA: Prentice Hall, 2009).

14 Dyer, Jeffrey H., Kale, Prashant, and Singh, Harbir, "When to ally and when to acquire," *Harvard Business Review*, 82(7−8), 2004; 112.

15 Dranikoff, L., Koller, T., and Schneider, A., "Divestiture: Strategy's Missing

Link," *Harvard Business Review*, 80(5), 2002; 74–83.

16 두산그룹 사례는 회사 홈페이지, 각 연도 사업보고서, 기타 내부 자료 및 외부 발표 자료, CEO 및 경영진과의 인터뷰 그리고 다음의 자료들을 기반으로 작성됐다. 김동하, "두산그룹, 중국에서 100년을 준비하다," *CHINDIA JOURNAL*, Vol.73, 2012; 도미니크 바턴, 클레이턴 G. 터치, "OB 맥주 팔자 두산 위기설…그래도 우린 혁신을 택했다," 〈동아비즈니스리뷰〉, Vol.19, 2008; 신태진, 이윤철, "장수기업의 기업 변신을 위한 구조조정과 M&A 전략–두산그룹 사례를 중심으로," 〈전문경영인연구〉, 제16권 2호, 2013; 신헌철, 두산그룹, "M&A로 100년 가업마저 바꿨다," 〈매일경제〉, 1월 22일자, 2008 "이건희, 두산그룹의 기업 활동과 경영전략," 〈한국경영사학회 연구총서 3〉, 2002: 129–191; 장세진, "'한국의 슈나이더' 두산그룹," 〈조선일보 위클리비즈〉, 2014년 4월 19일자; 최종학, "자회사 매각, 꼭 필요할 때 과감히," 〈동아비즈니스리뷰〉, No.104, 2012.

17 "두산계열사 사장, 전 본부장 구속, 두산인프라 국책연구비 77억 횡령," 〈중앙일보〉, 2009년 10월 31일자; "두산인프라코어, 인천에 글로벌 연구개발센터 준공," 〈중앙일보〉, 2014년 7월 30일자.

7장

1 이중우, 《글로벌 경쟁시대의 네트워크 전략》, 두양사, 2005년.

2 이중우·안영갑, "한국기업의 전략적 네트워크 구축에 관한 연구: 대우자동차의 폴란드시장 진입 사례," 〈국제경영연구〉, 제13권 제2호, 2002.

3 Joong-Woo Lee, Ibrahim Abosag and Jooyoung Kwak, "The Role of Networking and Commitment in Foreign Market Entry Process: Multinational Corporations in the Chinese Automobile Industry," *International Business Review*, 2012.

4 Joong-Woo Lee, Hong Sun Song and Joo-Young Kwak, "Internationalization of Korean Banks during Crises: The Network View of Learning and Commitment," *International Business Review*, 2014; 이중우·전용욱·Jan Johanson, "해외시장 진입에서의 비즈니스 네트워크의 학습과 몰입: 삼성전자의 영국시장진입," 〈국제경영연구〉, 제17권 제3호, 2006년.

5 이중우·고광근, "신흥시장 진입 과정에서 기업의 네트워킹 역할과 몰입에 관한 연구: 현대자동차의 중국과 인도자동차시장 진입 사례," 〈국제경영연구〉, 제24권 제4호, 2013년.

6 휴맥스 홈페이지 www.humaxdigital.com/korea

7   휴맥스 변대규 사장의 특별 강연 '휴맥스 혁신의 경험'에서 경영 위기의 극복 활동 내용을 발췌함.

8   이 사례는 "휴맥스의 글로벌 성장전략"(손용민·신인혜·박용석, 2008)에 기초해 수정 보완했다. 선행 사례에서 셋톱박스의 시장을 다음과 같이 구분했다. 디지털 방송 업계는 크게 직거래시장과 일반 유통시장으로 나눌 수 있다. 직거래시장은 방송사가 제조업체로부터 셋톱박스를 공급받아 가입자에게 콘텐츠 제공 서비스와 함께 판매 대여하는 형태의 시장이다. 일반 유통시장은 소비자가 원하는 제품을 직접 구입하는 시장이다.

9   ODM(Original Development Manufacturing)은 OEM과 달리 주문자의 요구에 의한 것이 아니라 개발자가 스스로 제품을 개발해 주문자에게 제공하는 방식이다.

10   "휴맥스의 글로벌 성장전략"(손용민·신인혜·박용석, 2008).

11   휴맥스 손용민 부사장과 〈Global Business Development〉 박준석의 인터뷰(2015년 3월 30일).

12   휴맥스 손용민 부사장과 〈Global Business Development〉 박준석의 인터뷰(2015년 3월 30일).

13   휴맥스와 〈Global Business Development〉 박준석의 인터뷰(2015년 4월 7일)

14   휴맥스와 〈Global Business Development〉 박준석의 인터뷰(2015년 4월 7일)

15   송원산업 홈페이지 www.songwonind.com

16   윤광호·홍지현·정구현, "송원산업: 히든챔피언," 〈KBR〉, 제18권 제3호, 2014년에 기초해 수정 보완했다.

17   송원산업 홈페이지 www.songwonind.com

18   송원산업 홈페이지 www.songwonind.com

19   윤광호·홍지현·정구현, "송원산업: 히든챔피언," 〈KBR〉, 제18권 제3호, 2014년.

8장

1   http://www.businessinsider.com/heres-where-ivy-league-students-go-when-they-graduate-presentation-2012-6?op=1

2   신생기업의 자본 조달에 관해 쉽게 쓰인 최근 저서로는 Geoffrey Gregson, *Financing New Ventures*, 2014이 있다. 창업과 일반 취업의 선택에서 기회비용 역할 그리고 휴먼캐피털 관점에서 학력, 경력, 임금 수준 등에 관한 실증 연구 및 통계 자료들은 주요 기업가정신 혹은 경영 저널에서 많이 발표되어왔다. 최근 검토 논문으로 Shepherd et al., "Thinking About Entrepreneurial Decision Making," *Journal of Management*, Vol. 41 No. 1, 2015; 11-46이 있다. 특히 pp.19-22를

참고할 수 있다.

3 http://minimaxir.com/2013/07/alma-mater-data/

4 Midas List-Tech's Top Investors(http://www.forbes.com/midas/); http://www.forbes.com/sites/truebridge/2013/05/09/the-education-of-venture-capitalists-midas-list-2013-edition/.

5 신생기업 자체의 잠재적 가치보다 referral, 즉 일종의 자금 지원 결정에 큰 영향력을 미치는 이유다. Kirsch D., Goldfarb B. and Gera A., "Form or substance," *SMJ*, 30(5), 2009: 487-515; "Investors Pay Business Plans Little Heed," Study Finds, *The New York Times*, May 13, 2009.

6 〈포천〉이 실제 종업원들 설문을 기준(Trust Index)으로 매년 발표하는 the Fortune 100 Best Companies to Work For나 50 Best Small & Medium Workplaces의 기준들과는 많이 다르다. http://www.businessinsider.com/heres-where-ivy-league-students-go-when-they-graduate-presentation-2012-6?op=1

7 하규수, "대학 졸업생들의 중소기업 취업 촉진 방안에 관한 연구: 기대가치이론을 중심으로," 〈벤처창업연구〉, 제9권 제4호, 2014년: 55-64.

8 그 규모와 영향력 면에서 보면 카우프만재단을 언급할 수 있는데, 예전과는 달리 단순한 연구지원 사업보다는 직접적인 창업 교육, 연대 및 지원 사업이 강조되고 있다. 한국에서 직장으로 선호되는 재벌기업이 재단 등을 통해 이와 같은 활동에 앞장서면 신생기업에 인재들이 유입되는 데 도움이 될 수도 있다. 대기업의 창업 지원을 통한 혁신에 관한 연구는 다음 자료를 참고했다. Weiblen and Chesbrough, *CMR*, 57(2), 2015: 66-90; Lerner, *Harvard Business Review*, 91(10), 2013: 86-94.

9 한국도 벤처포아메리카를 벤치마킹해 2015년 9월 본격적으로 창업인턴제를 도입하고 있다.

10 https://www.wealthfront.com/tools/startup-salary-equity-compensation.

11 John Hand, "Employee Stock Options in Private Venture-backed Firms," *Journal of Business Venturing*, 23, 2008; 385-404.

12 샘플이 상장기업(publicly traded)이 아닌 비상장 벤처캐피털로부터 출자받은 기업 (private and venture-backed firms)이고 연구에 사용된 2004~2005 Venture One Survey가 10년 가까이 되어 대표성과 시의성이 다소 떨어진다. 또한 미국에서 매년 약 60만 개의 창업이 이루어지는데 벤처캐피털로부터 출자를 받은 기업 수는 연평균 1000여 개에 불과하다(SBA 통계).

13 벤처기업 지분구조 현황 http://kosis.kr/statHtml/statHtml.do?orgId=142&tblId=DT_A12006C&vw_cd=MT_ZTITLE&list_id=142_14203_f_001&conn_path=F0&path=

14 유럽에서는 신생기업으로의 투자를 지원하기 위해 엔젤투자Business Angel 등에 상당한 세제 혜택을 주어 투자 위험을 보전한다. 엔젤투자와는 달리 벤처캐피털의 경우는 LP(유한책임 파트너)와 그 운용을 담당하는 GP(무한책임 파트너) 간의 대리인 문제가 발생할 수 있어 투자절차도 훨씬 정례화되고 규제도 심한 편이다. 미국의 경우도 엔젤투자들의 전체 투자 규모가 벤처캐피털의 10배(high-tech 벤처기업들에서는 100배)를 넘어섰다. 반면 벤처캐피털 투자는 2008년 이후 전 세계적으로 매년 20 퍼센트씩 감소 추세다(Gregson, 2014). 미국 벤처캐피털의 60퍼센트 이상이 시장수익률조차 달성하지 못한다는 연구도 있다(Mulcahy, et al. 2012). 그 밖에 벤처캐피털에 관한 오류들을 지적한 논문으로는 Diane Mulcahy, Six Myths About Venture Capitalists, *Harvard Business Review*, 2013; pp.80-83을 참조하라.

15 골프존의 사례는 한국에서 창업해 자본을 조달하고 자리 잡기 얼마나 힘든지 그리고 성공적인 창업자들이 누구인지 잘 보여주고 있다. 2000년 5억 원으로 창업할 때 김영찬 사장은 삼성전자 15년 경력에 이미 50대 중반으로 들어선 사업부장이었다. 2011년 상장 시에도 가족의 지분이 60퍼센트를 넘었다. 벤처캐피털이 투자를 결정할 때 기업의 매출은 이미 100억 원을 넘고 있었다. 벤처캐피털은 구조적으로 창업 초기에는 투자를 꺼린다. 명문대 출신이 아니라도 한국에서 보다 많은 청년들이 취업 준비보다 창업을 시도하거나 신생기업에 참여하도록 하려면 창업 초창기에 소액이라도 자금지원(seed capital)이 이루어질 수 있는 창업자금지원시스템이 필요하다. 아직 부족한 수준이지만 크라우드 펀딩의 대상 기업들이 주로 젊은 엔지니어 출신 창업자들에 의한 초기 단계의 신생기업들이라는 점이 고무적이다.

16 경영권 유지를 위해 상장을 기피하는 성향은 미국에서의 연구 결과에서도 유사하게 나타난다(Brauand Fawcett, 2006). 상장 시 주된 고려사항 역시 자본조달 비용이 아니라는 것이 주목할 점이다. 특히 저렴한 대출이 가능해진 최근 서베이몽키SurveyMonkey와 같이 상장하지 않고 자본확충recapitalization을 택하는 IT 기업들이 늘어나고 있다. 한국에서 창업자들이 소유 지분에 대한 집착이 강해서 추가 자본 및 인재 확보가 어렵다면 증자를 통한 자본조달에 주력하는 벤처캐피털이나 비즈니스엔젤보다는 주식과 채권을 혼합하는 프라이빗에쿼티가 향후 보다 효과적인 창업 자금 조달원으로 기능할 수 있다.

17 그럼에도 불구하고 여러 가지 사기행위가 적발되고 있다. 2013년에는 일본 와규로 육포를 생산한다는 프로젝트가 약 12만 달러를 펀딩받았으나 회사가 종적을 감췄고 최근에는 미국 연방거래위원회가 킥스타터에서 보드게임을 만든다고 1246명으로부터 12만 2874달러를 지원받았으나 개인적인 일에 사용한 것으로 드러난 모금자에게 벌금형을 선고했다.

18 KB금융지주연구소, 크라우드펀딩 현황 및 파급효과, 2012년 8월.

19 앞의 자료.

20 신생기업의 단계적 자금조달방안에 대해서는 Gregson, Figure 2. 3, 2014: 55를 참고할 수 있다.

21 최근 미국에서 보드게임 '애틀랜틱시티 운명의 날(the doom that came to Atlantic city)'을 제안하며 사기 행각을 벌인 에릭 슈발리에라는 사람이 연방거래위원회의 수사 대상이 됐다(KickStarter Fraud case, http://blog.naver.com/parkdog3/ 220388051468).

9장

1 Iansiti Marko and Levine Roy, "Strategy as Ecology," *Harvard Business Review*, March 2004.

2 Alain Verbeke, *International Business Strategy* (Cambridge University Press, 2013).

3 Rita MacGrath, "Transient Advantage," *Harvard Business Review*, June 2013.

4 3M은 "총매출의 40퍼센트 이상을 최근 5년 내에 개발한 제품으로 달성한다", "연구원의 시간 중 15퍼센트는 자유롭게 연구를 하게 한다", "불황에도 연구 개발과 인력을 구조조정하지 않는다" 등과 같은 원칙을 가지고 있으며, 기술의 사내 시장화와 플랫폼화 등 혁신을 촉진하는 다양한 제도를 가지고 있다.

5 삼성전자는 2015년 2월 미국 모바일 결제 솔루션 업체 루프페이LoopPay를 인수한다고 발표했다. 이번 인수는 정보기술과 금융의 융합인 핀테크시장 선점 경쟁이 치열한 가운데 삼성전자가 미국에서 애플페이에 맞설 수 있는 자체 결제 서비스인 삼성페이(가칭)를 출시하려는 노력의 일환이다. 삼성전자는 이번 인수를 통해 모바일 결제 플랫폼 생태계를 구축해 고객을 고착화시키려 하고 있다.

6 Ronald H. Coase, "The Nature of the Firm," *Economica*, 4(16), 1937; 386.

7 Jeffrey H. Dyer and Harbir Singh, "The Relational View: Cooperative Strategy and Sources of Interorganizational Competitive Advantage," *Academy of Management Review*, 23(4), 1998; 660–679.

8 혁신을 판매 목적이 아니라 사용 목적으로 개발하는 것을 말한다. 레고의 경우 성인 팬들을 자발적으로 새로운 신제품 개발에 참여하게 함으로써 혁신 성공 가능성을 높이고 있다.

9 2014년 8월 31일부터 PHPposco honored partner로 변경됐다.

10 ㈜아산, WPK, ㈜에드벡트, 한우물중공업, 디젠스.

11 www.poscoventure.co.kr.

12 소프트뱅크의 몇몇 자회사를 예를 들면 미국의 통신사인 Sprint, 모바일기기 유통회사인 Bright Star Global, 모바일 게임회사인 Supercell Oy과 Gungho Online Entertainment, 로봇회사인 Aldebaran Robotics, 모바일 광고회사인 InMobi, 중국의 모바일 검색회사인 Wandoujia가 있다. 그리고 소프트뱅크는 알리바바의 최대 주주다.

발문

1 이러한 노력에도 불구하고 최근에 GE는 식스시그마제도를 중단하고 획기적 혁신 breakthrough innoration을 강조하고 있다.
2 내부에서 개발되지 않은 외부의 기술이나 혁신을 인정하지 않는 배타적인 조직문화 현상을 말한다.

필진

소개

대표 저자

김영배

KAIST 경영대학 교수. 서울대 경제학과를 졸업하고 KAIST에서 경영과학 석사학위와 박사학위를 받았다. MIT 박사후과정, 워싱턴주립대학 객원교수, 태국 아시아공과대학원(AIT) 파견교수 등을 거쳤고 한국전략경영학회장, 기술경영경제학회장, 인사조직학회부회장 등을 역임했다. 주로 혁신을 위한 전략과 창의적 조직관리를 연구하고 있다. 공저서로 《전자부품 장비의 강소기업》 《21세기형 인적자원관리》가 있고 공역서로 《기술변화와 혁신전략》이 있다.

정구현

KAIST 경영대학 초빙교수이자 전 삼성경제연구소장이며 연세대 명예교수. 서울대 경영학과를 졸업하고 뉴욕주립대학에서 경영학 석사학위, 미시간대학에서 경영학 박사학위를 받았다. 미시간대학 객원교수, 연세대 교수를 거쳤고 삼성경제연구소장, 한국경영학회장, 자유경제원 이사장, 경기개발연구원 이사장 등을 역임했다. 경영전략과 국제경영을 공부했고 세계화와 국제정세, 기업의 글로벌화, 기업의 지배구조, 동아시아 경제통합 등을 연구하고 있다. 공저서로 《우리는 어디로 가고 있는가》 《한국의 기업 경영 20년》 《한국 기업의 글로벌 경영》 외 다수가 있다.

(이하 가나다 순)

김경찬

포스코경영연구원 수석연구원. 연세대 독문과를 졸업하고 동대학원에서 경영학 석사학위와 박사학위를 받았다. 연세대 경영대학원 강의교수, 한국국제경영학회, 한국국제경영관리학회, 한국경영사학회 상임이사를 역임했다. 산업재 마케팅, 철강 마케팅, 글로벌 경쟁 전략 등을 연구하고 있다. 공저서로 《한국 기업의 글로벌 경영》 《한일 산업경쟁력 비교》 《중국 일등기업의 4가지 비밀》 등이 있다.

김성민
시카고 로욜라대학 교수. 연세대 경영학과를 졸업하고 일리노이대학 어버너샘페인 캠퍼스에서 경영학 박사학위를 받았다. 클리블랜드주립대학 교수, SERI 초빙교수, KAIST 초빙교수 등을 역임했고 전략경영학회, 국제경영연구원, 한국경영학자협회 회원이다. 조직경제학에 기초한 전략 경영과 기업가정신, 소매업체의 조직생태학 등을 연구하고 있다. 저서로 《글로벌 운영의 무형자산 평가*Valuation of Intangible Assets in Global Operations*》 등이 있다.

김용준
성균관대 경영대학원 교수이자 중국대학원장. 서울대 경영학과를 졸업하고 텍사스대학에서 경영학 석사학위, 노스웨스턴대학에서 마케팅 박사학위를 받았다. 브리티시컬럼비아대학 조교수, 중국 칭화대학 객좌교수, 홍콩중문대학교 객좌교수 등을 거치고 성균관대 현대중국연구소장, 한국마케팅학회장, 한국국제경영학회장 등을 역임했다. 중국 마케팅, 마케팅 전략, 국제경영전략 등을 연구하고 있다. 공저서로 《중국 일등기업의 4가지 비밀》 《현대마케팅론》 《차이나마케팅》 등이 있다.

김창도
포스코경영연구원 수석연구원. 중국 길림대학을 졸업하고 연세대에서 경영학 석사학위와 박사학위를 받았다. 전국경제인연합회 통일경제위원회 자문위원이며, 중국 북경대학 한반도문제포럼 자문위원, 길림대학 상학원 겸임교수, 중국 국제무역촉진위원회 단동시 지부 자문위원 등을 역임했다. 국제경영전략, 중국 및 북한 지역을 연구하고 있다. 공저서로 《중국 일등기업의 4가지 비밀》 《한국 기업의 글로벌 경영》 《중국 철강산업의 오늘과 내일》 등이 있다.

박대순
비즈니스디자인포럼 대표. 연세대 경영학과를 졸업하고 동대학원에서 경영학 석사학위를 받았다. 국가생산성대상 심사위원, 산업통상자원부 생산성경영체제 심의·운영위원, 한국생산성본부 CFC(Consultant For Consultants), 한국능률협회컨설팅 주임교수 등을 겸임하고 있다. 비즈니스 모델을 중심으로 한 경영전략, 사업전략, 경영 혁신 등을 티칭, 코칭, 컨설팅하며 서울대 등 여러 대학원에도 출강하고 있다.

박영렬

연세대 경영대학 교수. 연세대 경영학과를 졸업하고 일리노이대학 어버너샴페인 캠퍼스에서 경영학 석사학위와 박사학위를 받았다. 연세대 경영대학장 겸 경영전문대학원장, 한국국제경영학회장, 한국경영사학회장 등을 역임했다. 국제경영, 경영전략, 국제마케팅 등을 연구하고 있다. 공저서로 《기업의 경쟁력을 높이는 글로벌 경영전략》《사례로 본 EU시장 공략 노하우》《유럽 기업의 성장 전략과 경쟁력》《중국 일등기업의 4가지 비밀》 등이 있다.

신현암

삼성경제연구소 자문역. 서울대 경영학과를 졸업하고 동대학원에서 경영학 석사학위, 성균관대에서 경영학 박사학위를 받았다. 삼성경제연구소 수석연구원, CJ엔터테인먼트, 삼성경제연구소 사회공헌연구실장 등을 역임했다. 사회공헌, 마케팅, 경영전략 등을 연구하고 있다. 공저서로 《잉잉?윈윈!》《브랜드가 모든 것을 결정한다》《21세기 성장엔진을 찾아라》《디지털 충격과 한국경제의 선택》 등이 있다.

신현한

연세대 경영대학 교수. 연세대 경영학과를 졸업하고 오하이오주립대학에서 경영학 석사학위와 박사학위를 받았다. 재무관리연구 편집위원장이며 한국경영학회, 한국재무학회, 한국증권학회, 한국재무관리학회 이사 및 회원을 역임했다. 기업 지배구조, 기업 가치 평가, 기업 인수합병, 벤처캐피털, 가족기업승계 등을 연구하고 있다. 공저서로 《CEO들이여, 파이낸스타가 되어라!》《DATA GUIDE와 함께하는 9일 동안 배우는 기업 가치평가》 등이 있다.

이병헌

광운대 경영대학 교수. 연세대 경영학과를 졸업하고 KAIST에서 경영과학 석사학위와 박사학위를 받았다. 과학기술정책관리연구소 연구원, 하나로통신 전략기획팀장, 한국전략경영학회 학술위원장, 기술경영경제학회 부회장, 기술혁신연구 편집위원장 등을 역임했다. 조직 경영, 전략 경영, 기술 경영, 벤처기업 경영, 정보통신 경영 등을 연구하고 있다. 공저서로 《공학 기술과 경영》《국내외 공공 연구 시스템의 변천과 우리의 발전 과제》 등이 있다.

이중우

인제대 글로벌경영대학 교수. 연세대 경영학과를 졸업하고 스웨덴 웁살라대학에서 경영학 석사학위와 박사학위를 받았다. 웁살라대학 조교수, 현대경제연구원 경영전략실 실장, 한국국제경영학회장, 한국중견기업학회 부회장, 인제대 교학부총장 등을 역임했다. 국제경영 전략, 기업 국제화와 시장 진입의 네트워크 전략, 글로벌 기업의 지식 경영 등을 연구하고 있다. 공저서로 《중국 일등기업의 4가지 비밀》《한국 기업의 글로벌 경영》《유럽 기업의 성장 전략과 경쟁력》외 다수가 있다.

이홍

광운대 경영대학 교수. 고려대 경영학과를 졸업하고 KAIST에서 경영과학 석사학위와 박사
학위를 받았다. 한국인사조직학회 편집위원장, 한국지식경영학회장을 역임하는 등 활발한
학회 활동을 해온 중견학자이며, 정부혁신관리위원회 위원장, 금융감독선진화 위원, 국무
총리실 정상화위원회 위원 등으로 정부 활동에도 활발하게 참여해왔다. 조직 혁신, 창의성,
조직 이론과 설계 등을 연구하고 있다. 저서로 《비즈니스의 맥》《창조습관》《지식점프》《K-
매니지먼트》외 다수가 있다.

허진

SK경영경제연구소 팀장. 연세대 경영학과를 졸업하고 동대학원에서 경영학 석사학위와 박
사학위를 학위를 받았다. LG경제연구원 책임연구원을 역임했다. 기업의 지배 구조와 경영
혁신을 연구하고 있다. 공저서로 《2010 대한민국 트렌드》《중국 일등기업의 4가지 비밀》등
이 있다.

홍덕표

한국수력원자력 경영연구소장이자 전 LG경제연구원 상무. 연세대에서 경영학 석사학위와
박사학위를 받았다. LG경제연구원 경영연구부문장 겸 상무, LG생활건강 상무, LG경제연
구원 전자전략실 실장 등을 역임했다. 글로벌 기업 전략과 경영 혁신을 연구하고 있다. 공저
서로 《중국 일등기업의 4가지 비밀》《한국 기업의 글로벌 경영》《한일 산업경쟁력 비교》등
이 있다.

혁신의 시간

1판 1쇄 발행 2016년 1월 22일
1판 3쇄 발행 2016년 3월 15일

지은이 김영배, 정구현 외

발행인 양원석
본부장 김순미
책임편집 송상미
디자인 RHK 디자인연구소 김미선, 엔드디자인 홍석문
해외저작권 황지현
제작 문태일
영업마케팅 이영인, 양근모, 이주형, 박민범, 김민수, 장현기, 이선미

펴낸 곳 ㈜알에이치코리아
주소 서울시 금천구 가산디지털2로 53, 20층(가산동, 한라시그마밸리)
편집문의 02-6443-8878   구입문의 02-6443-8838
홈페이지 http://rhk.co.kr
등록 2004년 1월 15일 제2-3726호

ISBN 978-89-255-5837-0 (03320)